让我听见你的声音
一个家庭战胜孤独症的故事

[美]凯瑟琳·莫里斯（Catherine Maurice）● 著

梁海军 ● 译

Let Me
Hear Your Voice:
A Family's Triumph
over Autism

图书在版编目（CIP）数据

让我听见你的声音：一个家庭战胜孤独症的故事/（美）凯瑟琳·莫里斯（Catherine Maurice）著；梁海军译.— 北京：华夏出版社，2018.1（2019.7重印）

书名原文：Let me hear your voice: A family's triumph over autism

ISBN 978–7–5080–9227–0

Ⅰ.①让… Ⅱ.①凯…②梁… Ⅲ.①孤独症－儿童教育－特殊教育 Ⅳ.①G766

中国版本图书馆 CIP 数据核字（2017）第 150990 号

Copyright © 1993 by Catherine Maurice
Foreword copyright © 1993 by Bernard Rimland
Afterword copyright © 1993 by O. Ivar Lovaas

©华夏出版社 未经许可，不得以任何方式使用本书全部及任何部分内容，违者必究。

北京市版权局著作权合同登记号：图字 01-2013-2531 号

让我听见你的声音：一个家庭战胜孤独症的故事

著　　者　[美]凯瑟琳·莫里斯　　译　者　梁海军	
责任编辑　刘娲	

出版发行	华夏出版社
经　　销	新华书店
印　　装	三河市少明印务有限公司
版　　次	2018 年 1 月北京第 1 版 2019 年 7 月北京第 2 次印刷
开　　本	880×1230　1/32 开
印　　张	11.5
字　　数	330 千字
定　　价	39.00 元

华夏出版社　地址：北京市东直门外香河园北里 4 号　邮编：100028
网址：www.hxph.com.cn　电话：（010）64663331（转）
若发现本版图书有印装质量问题，请与我社营销中心联系调换。

一个充满希望、父母执着的爱、艰苦工作和最终胜利的故事,意义深远。
　　　　　　　　——《波士顿邮报》(The Boston Globe)

一个家庭经历孤独症的感人记述……《让我听见你的声音》是一位母亲历经磨难取得成功的故事。面临失去女儿、噩梦成为现实时,莫里斯做了我能想象的我们能做到的所有事情。她经历了否认、哭泣、震怒,不断阅读,到最后采取行动。在最坏的情况过去后,她通过写作让人了解如何理性地看待这段可怕的经历……在《让我听见你的声音》一书中,康复的过程是一个奇迹,包括了亲笔记录和亲身感受。这是一个可以重复的奇迹,给很多人带来希望,这本身就是最好的奇迹。
　　　　　　　　——《妇女书评》(The Women's Review of Books)

这是一个生动、令人振奋的故事……可以给那些拒绝放弃孤独症孩子的父母以新的力量。
　　　　　　　　——《科克斯书评》(Kirkus Reviews)

这是一部杰作……能够触动心扉……是相似家庭的生命线。
　　　　　　　　——《图书期刊》(Library Journal)

献给

玛丽莲（Marilyn）、乔治亚娜（Georgianna）、加利纳（Galina）、
罗宾（Robin）、莱斯利（Leslie）、辛迪（Cindy）、
露西尔 P.（Lucille P.）、露西尔 S.（Lucille S.）、乔安妮（Joanne）、
莫琳（Maureen）、梅利莎（Melissa）、唐娜（Donna）、琼（Joan）、
葆拉（Paula）、埃米（Emmy）、爱米 P.（Amy P.）、伊丽莎白（Elizabeth）、
温迪（Wendy）、拉丽莎（Lalitha）、帕蒂（Patty）、
凯茜（Cathie）、林恩（Lynn），

还有他们的孩子！

> 过来，我亲爱的，可爱的你，过来。
> 让我看到你的脸庞，让我听见你的声音。
> 你的声音甜蜜，
> 你的脸庞美丽。
>
> ——歌中之歌

为保护子女的隐私，本书作者用化名写作。

书中提到的医生和心理学家的名字也做了改变，但以下人士以真实姓名出现：斯蒂文·布劳斯坦博士（Dr. Steven Blaustein）、艾拉·科恩医生（Dr. Ira Cohen）、雷吉娜·德卡洛医生（Dr. Regina DeCarlo）、伊瓦尔·洛瓦斯博士（Dr. Ivar Lovaas）、莉利亚·帕齐科医生（Dr. Lilia Pasik）、理查德·佩里医生（Dr. Richard Perry）、伯纳德·瑞慕兰博士（Dr. Bernard Rimland）、维基·苏哈特医生（Dr. Vicky Sudhalter）、玛莎·韦尔奇医生（Dr. Martha Welch）。

目录

前言 I

致谢 V

第一部 马莉 1

第二部 米歇尔 201

第三部 凯瑟琳的恢复? 273

第四部 更多思考建议和父母的声音 285

后记 303

附录 I 诊断 306

附录 II 教学计划 309

    前言 309

    术语 310

    米歇尔的课程 312

    米歇尔的言语/语言重估 339

        数据收集与表格 344

译后记 347

前 言

在本书里，凯瑟琳·莫里斯尊称我是她的导师。某种程度上没错，我们两人都是孤独症儿童的父母，走过惊人相似的历程，只是我与孤独症领地的巨兽做斗争比她早三十年。我是作为理论心理学家开始的战斗，她的背景是文学评论。然而，我们在战胜孤独症这条路上不期而遇。知道一个人的斗争和来之不易的教训能够为后来人铺路，本身是令人高兴的事。孤独症孩子的父母深切体会这个心路历程：首先是怀疑的折磨，不断加剧的失望和恐惧，最终确定为孤独症的恐惧，随之而来一系列的惊恐……就让凯瑟琳·莫里斯来讲她的故事，因为她是出色的叙述者。

在某些方面，凯瑟琳也是我的导师。她对精神分析家的那些假说和假定有洞见的分析，是对那些无效和过时的治疗方法的新的、有根据的批判。她以锐利的眼光和智慧，运用巧妙的技术分析其他治疗方式及其实践者似是而非的说法。她在本书第33章中对治疗领域透彻的分析阐述，应该成为父母和专业人士的必读内容。

多年来，我一直鼓励孤独症儿童的父母"尝试各种方法"，只要有一些积极的效果证据，就可以尝试各种形式的治疗。每一个孤独症孩子都是特别的，每个孩子的反应也各不相同。一些孤独症儿童会改善，另一些则不会。有一点我很清楚，如果父母像莫里斯夫妇那样，采取积极、进取的姿态，尝试各种为其他人所证明的有益的治疗方式，孩子得到改善的机会将会有截然不同的增加。

《让我听见你的声音》阐明了积极态度的价值。十年前几乎从未听说过孤独症能够恢复正常，而在过去的五六年间，有关孤独症患者功能恢复正常的报道猛然增长。然而，在这些实际案例中，仍然存在孤独症的残余特征。我很高兴地说，我曾实地造访莫里斯家庭并见过她的孩子们。在多个场合，见证了他们是快乐的孩子，没有看出任何孤独症的残余迹象（感

I

谢上帝！）。我不可能对这样的生活情形做出保证，但是在莫里斯孩子们的事例中，父母的努力和好运气似乎取得了突出的效果。

让莫里斯的孩子得以恢复正常的一个最有效的方法是教学程序，即行为干预。我在 1964 年出版《婴幼儿孤独症》[1]一书后不久，得知行为干预可能对孤独症儿童有帮助。后来我访问了加州大学洛杉矶分校，心理学家伊瓦尔·洛瓦斯[2]博士在那里对此方法做了开创性实验研究。我的亲身观察证实了我在科学杂志上读到的相关内容——这个看上去简单的技术不仅帮助了孤独症儿童，而且对他们的帮助极大。

"很奇怪，"洛瓦斯博士对我说，"这些年来，我们知道这个方法对海伦·凯勒有多大帮助，但是没人想到在孤独症儿童身上试一试。"

之前，行为干预未应用于孤独症儿童的原因很简单：当时一边倒的信条是，孤独症儿童是生理正常的孩子，他们因为受到"冰箱母亲"所谓不适当的心理对待而导致与人交往封闭起来。他们在情感上受挫，如果要恢复过来，就急需心理治疗和获得安全感。只有两种治疗方法，即精神分析和药物治疗。科学证据显示前者没有效果，甚至有相反作用，后者有害。我对行为干预的潜力印象深刻，为此我创立了全国家长组织（现为美国孤独症协会，有近两百个分支机构），尽快推动该方法引起公众关注，提供传播相关详尽资料的途径。

我的计划产生了效果。在几年内，作为对孤独症儿童治疗的选择，行为干预代替了精神分析，希望代替了负疚感。获得新的活力的父母和倡导

---

1 译注：原书名为 "Infantile Autism: The Syndrome and Its Implication for a Neural Theory of Behavior Infantile Autism"。该书指出，孤独症为神经发育障碍，批判了对孤独症进行精神分析的方法。

2 译注：伊瓦尔·洛瓦斯博士（Dr. O. Ivar Lovaas, 1927-2010），是通过实验把行为科学应用于孤独症干预领域的先驱，开创了行为干预治疗孤独症的先河。早期著作有《我书》（Teaching Developmentally Disabled Children: The Me Book）。1999 年美国首席医生（美国卫生部发言人）把洛瓦斯方法看作"基于 30 年研究基础的方法，对降低不适当行为，增加沟通、学习和适当的社会行为上证明有效"。洛瓦斯方法被称作"早期强化行为干预"（EIBI），或洛瓦斯实用行为干预方法。洛瓦斯博士曾于 2003 年访问中国。

者，在七十年代中期，力促国会立法，规定公立学校为孤独症儿童提供教育。在此之前，多数州里，孤独症的管理属于精神健康方面。（"告诉我，妈妈，你是怎样把你的孩子搞成孤独症的？"）举一个例子，加州特别从公立学校排除孤独症儿童，理由是他们的问题是"精神病层面"，而不属于教育方面。

行为干预，发端于系统运用奖励和惩罚的训练动物的较为原始的方法，在过去的二十五年里不断进步，成为高度精细和有效的教学方法。它主要依靠任务（即使是复杂、抽象的任务，如交流语言）的分解，成为一系列层次的步骤，每一步骤为下一个做准备。行为干预通过运用"回合尝试"开展教学，由治疗师和家长共同工作，创造出高度结构化和一致性的学习环境。孩子每掌握一个小的步骤就给予奖励。逐渐地，儿童不仅从学习内容的分解片断中学习，更重要的是，他们集中注意力，更有效地专注，让学习变得更容易。所有这些在凯瑟琳的家庭故事里都有说明。正如她在书的结尾部分反复强调的那样，行为干预不能仅被简单看作"矫正行为"，而应该视为经科学验证、经受时间考验、对孤独症和其他学习障碍儿童展开有效教学的课程。

几项最近的研究表明，若强化的行为干预开始得足够早，比如在四五岁之前，或许有 50% 的患者可以获得充分的改善，与他们正常发展的同伴一起上公立学校，有合理的光明前程。

然而，尽管取得了显著的成功，行为干预也遭遇了不应有的诋毁，凯瑟琳·莫里斯这本书对此仍有充分的描述。如她所经历的那样，许多专业人士仍在家长咨询中反对这个方法。为什么会这样？一些专业人士对行为干预包括什么内容似乎一无所知；还有一些人相信这个方法非常依赖残忍和不必要的厌恶物，或者惩罚。正如凯瑟琳指出的那样，一些人天真地相信，即使没有使用厌恶物，强加要求和结构性课程内容于特殊孩子身上也无异于虐待。还有少数人仍然抓住陈旧的、对孤独症儿童的精神分析残余不放。总会有一些人认为自己的方式是唯一的方式，不惜给儿童和他们的家庭造成戕害。经验数据清楚地显示，高度结构化的行为项目在大多数孤独症儿童身上可以持续产生好的效果。虽然如此，有人仍然不顾这些事实而坚定反对使用强化控制。我把他们称为狂热的倡导者。这些人声称是儿童的代言人，实际上在兜售他们自己的理论意识。

我是行为干预发展早期热心的支持者。经常有人问我，"既然你相信孤独症是生理的缺陷，你怎么会认为行为方式是有效的治疗呢？"我的回答很简单："行为干预没有恢复海伦·凯勒的视力和听力，她的生理残疾仍然伴随着她，但是行为干预使她能够学习需要的技能并适应环境。"（如果安·苏利文相信固定结构和约束的方法对她可怜的、严重残疾的学生过于苛刻和不人道，并因此杜绝使用这个方法的话，不知道海伦·凯勒的命运会变成什么样，但我肯定那将是一个错误。我也同样相信类似的错误今天还在发生，每天都有，这由好心但信息缺乏的家长和专业工作者铸成。）

是的，孤独症是一种生物性障碍，我们对它的原因知之甚少。在过去的几十年里，我花了许多精力寻找自然补充剂而非药物，去帮助孤独症儿童和成人的大脑恢复正常功能。我和其他人的研究（至今有十六项连续进行的研究）已经明确，给予大于正常量的维生素 B 和镁，半数孤独症患者服用后，在不同方面都有改善。还有一些有希望同样起作用的天然补充剂在研究中。那些使用过这些补充剂，并使大脑功能得到部分改善的儿童，再接受行为矫正或其他任何干预方法，效果都会更好。

《让我听见你的声音》传递一个有力也是父母和专业人士期盼已久的信息：如果你要帮助孤独症儿童，摒弃你的偏见和成见，发现那些在别人身上有作用的东西，给这些方法一个诚心诚意的尝试。抛开教条主义，采纳实用主义，你将得到丰厚的回报。这个方法对凯瑟琳·莫里斯和她的家庭起到了作用。

伯纳德·瑞慕兰博士[1]

---

1 译注：伯纳德·瑞慕兰博士（1928-2006），美国理论心理学家、作家，美国孤独症研究所（Autism Research Institute）和美国孤独症协会（Autism Society of America）创始人，孤独症人士家长，《孤独症研究国际概览》杂志（*Autism Research Review International*）编辑，传播有经验和证据支持的方法，其著作《婴幼儿孤独症》一书最终结束了精神分析在孤独症治疗领域的统治地位。

致　谢

马克,是我力量的不竭源泉,"是我愿意听到赞美的第一人选"。我希望我的孩子在成长中,能效仿他的善良,尊敬他的智慧。未来他们会知道,爸爸多么珍惜他们的妈妈,给她带来幸福。

感谢我的家人、马克的家人、达米安修女和坦特·卡梅尔教堂始终不渝的支持和祈祷。我也向那些与我们并肩走过峡谷、始终倾听我们的朋友表达最诚挚的感谢。

孩子们未来的光明前景,要归功于布里奇特·泰勒(Bridget Taylor)、罗宾·罗森塔尔·帕克(Robin Rosenthal Parker)、玛丽·贝丝·维拉妮(Mary Beth Villani)、安妮·玛丽·拉金(Anne Marie Larkin)、凯莉·麦克多诺(Kelly McDonough),我对他们感激不尽。保佑天下所有经历这个磨难的父母都能有幸得到像他们那样可以给予承诺、智慧和技能的治疗师。

感谢孩子所在班级的教师,对孩子们富有信心、耐心和同情。格蕾琴·布琛霍兹(Gretchen Buchenholz)、瑞秋·卡勒顿(Rachel Cullerton)对所有儿童,包括健康和特殊儿童的坚定承诺应该得到赞誉。

感谢我的导师伯纳德·瑞慕兰博士,我的朋友黛比·阿塔纳西奥(Debbie Attanasio),我的代理人海德·兰格(Heide Lange),我的编辑科罗娜·麦克赫默(Corona Machemer),他们的鼓励让我写成此书,感谢他们对初稿给予敏锐而内行的审读。他们所有人,瑞慕兰博士、黛比、海德和科罗娜在我动笔前就相信我的能力。从写第一章开始,他们的支持就不可或缺。

最后,在本书的叙述当中,如果我能够在孤独症儿童治疗上指出什么方向,这不是我的功劳,而是由于一些有天赋、有远见的人在我之前的建树。在我身处孤独症情景之前很久,瑞慕兰博士面对孤独症领域的精神分析巨人歌利亚[1]，对虚假的知识发起了一个人的战斗。伊瓦尔·洛瓦斯博士在新的领地探索出一条路径，在康复的旅程上竖起一面旗帜。无论我在治疗风格或内容的细节上与他可能存在什么争论，我都确信，没有他的全情投入，我们无法拯救马莉和米歇尔。对于两位学者和导师在我之前所从事的工作，我感到高兴，感激之情无以言表。正是他们的工作，为我指明了方向。

---

[1] 译注：源于圣经故事，巨人歌利亚（Goliaths）沉浸物质享受，蔑视知识。公元前10世纪被以色列大卫王打败。

第一部　马莉

1

"她看上去好严肃!"马莉的爸爸面带疑惑地笑着说。

我们在庆祝马莉人生中第一个生日,最亲近的人簇拥着小家伙:妈妈、爸爸、快两岁半的哥哥丹尼尔。马莉坐在一个高凳上,双脚几乎够不到脚蹬,手蜷曲着放在膝盖上,身穿蓝白相间的小礼服。我们刚刚鱼贯而入,把蛋糕摆在她面前。

丹尼尔兴奋地和大家齐唱生日快乐歌,我们高声喊叫烘托气氛,吹灭唯一一盏蜡烛。马莉脸庞娇小,皮肤白皙,略带红晕的两颊粘满褐色蛋糕屑,爱尔兰式的蓝眼睛无表情地盯着蛋糕,小身子一动不动,脸上没有笑容。

"马克,这是她的个性,你不能期望她和丹尼尔一模一样。"

这些安慰的话我说得很勉强,毕竟这些日子我自己也有点为她的忧郁神情担心。

"马莉,小宝贝,你看!"我递给她一个礼物盒,里面有彩球、棒棒糖和巧克力。

她瞥了一眼礼物盒,用手随便移动了其中几件。我一个一个拆开包装把礼物递给她,每件礼物她都随便摆弄一下,随即失去兴趣。

她似乎有些不高兴,甚至有点忧郁。我不由得暗自把她和她的哥哥比较。丹尼尔过第一个生日时,他忙着撕扯礼物包装,兴奋和迫不及待地喊叫,急于知道每件包装里面是什么。

我再次强迫自己打断对比他们的念头和忧虑。这就是个性差异,不过如此。

没有人确切记得马莉最初在什么时候开始不知不觉地疏远我们。是庆祝她第一个生日的时候,还是之前或之后?我想更恰当的说法是,谁记得我们在什么时候开始注意到最初的那些迹象?现在回想这些事情反而比当时经历时清晰许多。

早在她 10 个月大时，我对她的手指怪异动作就有觉察。当马莉伸手拿摆在她座凳托盘里的小食品时，好像用正常的"钳型手指"拿不起来，只是用拇指和小指一遍一遍地拿各种东西。

我脑海里刹那闪过一丝担心：这是问题吗？有什么不对劲儿？这样笨拙的手指，奇怪的拇指和小指并用，看上去怪怪的。担忧瞬间揪住我的心，直到我告诫自己放松下来。她非常可能在玩弄手指，做某种触摸尝试，或者是其他什么。

早些时候，她的保姆帕齐说过她很乖，可以独自坐着玩很长时间。"多乖的孩子！"一天下午帕齐感慨道，"她可以不挪窝玩两小时！"听她这样说，我真不知道应该高兴还是担忧。我也注意到了马莉不好动，安静，近乎镇定地独自玩耍。

她很少爬行，肯定也没有像丹尼尔那样翻箱倒柜，所到之处一片狼藉。对于丹尼尔，我们不得不把房间里的抽屉和门都锁起来，以免对他有伤害。不要说是什么没有关好锁好的东西，就算是特意放在他够不到地方的东西，他都有办法拿到，胡乱放进嘴里或者顶在头上。

我有时会有一种感觉，就是我把氨水放在水池里、火柴盒放在地板上，马莉也不会有兴趣，所以不会有危险。她好像很满足在一段时间里手持一件玩具，翻来覆去盯着看，在地板上来回推移这些玩具。

她 1 岁这一年里，我们谈到过她害羞敏感。"我敏感的小东西"，我向母亲这样描述她。她爱哭，而我们常常不知道为什么。最初几个月我们想可能是她胃肠不适，但随后她不时啼哭，似乎生性如此。我第一次让她使用助行器时，她的身体僵硬，似乎害怕。我开始想，至少她哭的一些原因是害怕不熟悉的事情。

在她生命最初的日子里，我们偶尔对她的担忧转瞬即逝，她还没有什么固定的行为模式。可能有过某些迹象，但是我们不知道它说明什么，至少那时是这样。

的确，她经常哭，但是同样经常欢笑和喜悦。

6个月大时,马莉常常兴高采烈、笑声不断,眼睛盯着爸爸,期盼他再次搔痒、把她托在半空和给她深深的亲吻。

13个月大时,她开始小心翼翼地挪步,然后回头看着我,对她学会的新技能高兴地笑着。她对自己很自豪,也希望我同样为她骄傲。

另外,她开始学些事情,不仅学坐,还"巡视"周围,学走路。一岁时她开始学说话。

我记得,爸爸回家时她摇摇晃晃地走到门廊处,张开手臂说:"爸爸!"那时她15个月,是爸爸的宝贝女儿。

我还记得,她会常常走到厨房看我准备晚餐,双手抱住我的腿,惹人爱怜地抬头盯着我看,有时脸上掠过一些笑容。我会把她抱起来亲吻,叨念着为你的甜蜜亲吻,为你的完美亲吻,为我爱你亲吻!接受了我的爱意,她心满意足地走开。

早上,每当爸爸经过她的小床去冲澡时,她都会坐起来,小脸尽力往上伸,试图看到床沿外,发出婴儿的呜噜:"喂,爸爸!"

她是一个漂亮、温和的孩子,皮肤姣好,黑发,优雅而柔弱。我们喜爱她的全部,包括她害羞、犹豫和安静。我们相信,她令人不解的行为就是独特个性使然。不管怎样,她通过了儿科常规体检,一切正常。

她2岁后,我和巴克斯特医生[1]讨论有关她的许多事情。我们常谈起她的语言发展,对她高于各项测试标准感到满意。实际上我觉得她的语言比同龄孩子要早一些。

6月的一天,马莉15个月大,我在诊所告诉医生:"她能说两个字的组合词。"我想到的是她偶然说出的"喂,爸爸"。我对15个月大的孩子说出这样的词组感到有些惊讶。

"这有点早,"巴克斯特医生赞同地说,"这个年龄段的孩子多数情况会有很多咿呀学语,说含有一个词的话。"

"但是她确实经常哭,"我说,"我总想回忆起丹尼尔这个年龄时是不是也经常哭。"

---

[1] 译注:马莉的家庭医生,化名。

我和巴克斯特医生说起"两岁缠人"的说法不适合她,她早在 2 岁前就表现出独立和好奇,可能就是这样。或许她会比同龄孩子更独立。

然而,允许我们沉浸于这个想法的时间并不长。与巴克斯特医生谈话后不久,马莉的许多异常举动更明显地出现。我们不知道这意味着什么,但已经很难视而不见了。

同一个月,1987 年 6 月,马克的弟弟在巴黎结婚,我们曾答应参加他的婚礼。随着婚礼日期临近,把马莉留在家里的想法越发使我焦躁不安。

"你怎么这么紧张?"马克问我,"她有帕齐在这里,她在自己家,而且就几天时间。"

确切地说是四天。我和马克琢磨着把这次出行当作一次微型假期,可最后还是选择了周末航班,周四夜间启程,周一下午返回。我仍是烦躁担心。她会没问题吧?是否应该让我父母过来待几天?我为什么这么担心她,而不是丹尼尔?唉,她只是那么敏感!近来她哭的时候更多了。她会整个周末都哭吗?

"不,不,不,"朋友和家人安慰我说,"她会很好的。"当然如此,我知道几个因为母亲度假、住院或其他原因离开更长时间的孩子,他们在母亲不在的时候也过得很好。

但是在飞往法国的途中,整个周末,马莉的影子在我心里挥之不去。我打电话回去问,帕齐告知:"他们很好,只是马莉想妈妈。"

"什么意思?"

"嗯,今天早上她不愿离开小床,她就想待在那里。"

"她现在没事吧?"

"嗯,没事。"

我一刻也不想多待,希望赶紧回家。

周一下午我们到家,从巴黎没有带什么像样礼物给孩子。我们走进房间,丹尼尔因为见到我们又得到小礼物而兴高采烈。

马莉坐在帕齐腿上抽泣,嘴在抖动。"宝贝,到妈妈这儿来!"我伸开双臂,但是她不肯离开帕齐。我终于忍不住流泪,从帕齐手里抱过马莉,进到卧室竭力哄她安静下来。

我和马克都听说过孩子因为觉得被妈妈"遗弃"而生气。我嫂子曾告诉我,她2岁的孩子因为她离开一周后不让她靠近,后来还是怨气未消,勉强地亲她一下完事。但是马莉似乎并不生气,她好像是害怕而不是别的。这个想法在我的脑海一闪而过,可是,她似乎不记得我是谁!我抱着她,她很烦躁,始终不抬头看,只是依偎着我。看样子,她只想回到帕齐怀里才觉得安全。

我抱着她摇摆,给她唱歌;过了一小时,她停止哭泣,靠在我身上。

恢复安静后,我开始询问帕齐周末发生的事情。

"啊,一切都好,除了马莉做的一件很有意思的事。"

"是什么?"

"嗯,她长时间坐在我腿上,不仅如此,如果我动动胳膊她就哭。我不得不用同样的姿势搂着她。如果我动动身子,她就开始哭!"

她的话让我深思,那时我不懂其中的含义。对孤独症有更多了解后,我想我知道它意味着什么。我的出行对马莉不仅是一次痛苦的分离,也破坏了她自己世界里宝贵的秩序。她用自己的方式竭力保持原样、不变和熟悉的环境。坐在帕齐怀里不动是她避免更多变化的方式。

那时我一无所知。我只知道出了问题,却不知道问题是什么。我有时会感觉沮丧、害怕:她是一个陌生人。一次我突然对我姐姐戴比说:"我担心她。"她问我担心的原因,我却无言以对。

正值夏季,天气炎热。我又怀孕了。丹尼尔活泼有生气,而马莉却不快乐。

她哭得更糟糕,略微不同的是她开始因为被冒犯或被迫做什么而哭,比如放入洗澡池,抱出洗澡池,给她穿衣脱衣,抱起来放下去,她都会哭;无论家人还是外人进屋,她或者哭或者对他人不看一眼。

面对谜团,我和马克只能捱过这段不幸日子,期盼这种状况很快过去。她15个月大时去看医生,还有前后两次电话咨询医生时,我都提到她闷闷不乐的情绪,而医生对此好像并不吃惊。无疑这是一个过渡时期,虽然要依据马莉的哭泣调整许多日常安排,但我们还是尽量保持生活如常。

"我们都去公园!"我会高兴地宣布。随后艰难地把马莉放入婴儿车,她很不情愿地啼哭。丹尼尔、马莉、帕齐和我启程出发,一个兴奋的男孩,一个可怜的小姑娘,两个不知所措、紧张兮兮的大人。

帕齐和我都为马莉不高兴找理由。

"她累了。"

"她热了。"

"她饿了。"

"她不愿去公园。"

"她不愿离开公园。"

周围陌生人多时,马莉会哭得更厉害,带她乘公交车或其他公共交通成了问题。如果我们进到商店里,她要么哭要么完全麻木,目光呆滞,不看任何东西。

或许她觉得无趣?仅此而已。她的生活很枯燥,需要些刺激。我查询到一些小的出游和冒险活动。一天我决定,我们步行穿过公园去美国自然历史博物馆。丹尼尔兴致勃勃地看大象和恐龙的化石,他太喜欢这些动物了。马莉坐在推车里,整个参观期间没有一点声音,毫无表情地低着头。"哦,看来她不感兴趣。"我辩解道,更多是说服自己,而不是帕齐。"她还太小,我们需要给她多些时间。"

8月,我们全家前往西班牙度假。我们要见到马克的父母,还有他的兄弟、姑嫂、外甥、侄女。

我们想让孩子和他们的法国表兄妹一起玩。马克21岁时从家乡法国来到美国,在西北大学获得工商管理硕士,后来在投资银行工作。我们在一个都认识的朋友举办的巴士底节晚会上结识,那时我是纽约大学法国文学专业研究生。我们婚后至少每年去见他父母和兄妹一次。或者我们过去,或者他父母来参加我们的家庭重要活动,如孩子受洗等。这次是我们第一次过去度假。

这次旅行像一场噩梦。凌晨三点在马德里转机时,我们不得不叫醒孩子,手持护照排长队,走几里路去坐转接航班。丹尼尔和马莉几乎歇斯底里,只要妈妈抱他们。机场内看不到推车,马克只好一人拖着四个大行李。我们在机场乱走乱撞的情景看上去一定很可怜:两个哭叫的孩子,一个怀孕的妇女勉强抱着这两个孩子,一个丈夫拖着几件行李,嘴上衔着证件。"高兴?我们现在高兴吗?"我嘟囔着。

几天后我们终于安顿下来,找到了住处,也适应了时差。

我们躺在沙滩上,似乎半数法国人都集聚在布拉瓦海岸度假。每个人都占着一块长方领地,刻意忽略周边人。我们一家在这里有些显眼,不仅是沙滩上皮肤最白,也是穿着最多的人。在周围古铜色身体和超短泳衣的映衬下,我宽大的孕妇泳衣看上去像晚礼服。

一个懒洋洋的上午,我们看着孩子拿着沙滩玩具筒和铲子在沙滩上玩。马莉挑了红色沙筒和铲子,这一整天她都没再放下过。实际上,余下的整个假期她都拿着它们不放。她早上醒来第一件事就是找她的红铲子。拿到后就爱不释手,吃饭、在沙滩上,甚至睡觉时都不离手。姑姑、叔叔和我们都觉得她这个举动滑稽可爱,"看,她拿着红铲子过来了!"

马莉对红铲子着迷,对她的兄妹却没有兴趣,她几乎一次也没有主动接近他们。"这让我吃惊,"马克的母亲说,"她是多么独立。"

"是的,她很独立,"我回答说,"但是她很爱我们。"我看着马莉慢慢走开,没有迟疑,不回头看后面谁在跟随,自顾自地走开。我再次快步跟上把她带回来。

我在育儿书里读到过,幼儿在活动时会不时环顾父母或看护,确定他们在周围,他们才会走开,但要不断返回来确定亲人在旁边。这好像是合情理的做法。马莉什么时候开始这么做呢?

几天后,我们去购买食品,我和孩子坐在车里等候马克去买东西。天气炎热,我们利用这个空隙做小游戏:我说词,马莉重复。

"小汽车"……"小汽车。"

"芭比"……"芭比。"

"点心"……"点心。"

"爸爸"……"爸爸。"

我说了大约十个马莉会说的词。游戏结束时我想：看，她能说话。我知道她能说话。她的姑姑、叔叔总是说她安静寡言，我觉得有必要为她做点辩护。

可是，如果她能说话还需要我在这里让她重复这些词吗？我又一次出现莫名的不安和愧疚。我是否觉得女儿迟钝？我把她和她哥哥比较公平吗？她身上的某种东西让我惴惴不安，难道是我出了什么问题？孩子给我带来的欢乐在哪里？

2

回到纽约家中,生活一如既往。夏天快要结束了。除了带他们去公园、看医生和购物外,我准备给丹尼尔报名上秋季游乐班,给马莉找找我们母女能一起参加的游戏活动。

我读了更多关于儿童成长的书。马克对马莉不太担心,我却不是。我开始对愿意倾听的人说马莉的事情。和朋友谈,阅读有关书籍,观察她。我们希冀的改变没有出现;相反,她似乎更少讲话和更多发脾气。最近,在特别剧烈哭泣或生气时,她开始用头撞地板。

一天,我在公园里推她荡秋千,旁边有个妇女,她也经常到这里来。马莉在秋千前后摆动时露出笑容,恰巧被这个妇女看到:"这是我第一次看到她笑。"

虽然这句话随着笑声说出,却深深刺痛了我。我心里萌发了一个并不清晰的念头,这使我感到阵阵恐惧。

"马莉有什么不对劲儿?"那天夜晚我问马克。

"不对劲儿?你说什么不对劲儿?"

"她不快乐,她哭闹太多,她怎么到现在还不能说更多的话?"

"她会说一些话。她说'喂,再见',还能说'橙汁,不要,点心',把奶瓶说成'巴巴'[1],她甚至可以说'我爱你'。"

她的确以自己的方式说过"我爱你",我们拥抱她说"我爱你"时,她会说:"阿哦欧。"[2] 我想这也好,她很快会说些新的、不同的话,而不是每次说到她语言发展话题时我们总举的那几个例子。随后她会开始组词,问这问那,告诉我事情,而且……她会开始让我们知道她是谁。

---

[1] 译注:"瓶子"在英文里是"bottle","巴巴"发音为近似音。
[2] 译注:"阿哦欧"是英文"I love you"的近似模仿发音,马莉因语言障碍发音不准。

这期间，我决定花更多时间和马莉待在一起，用更多的"有效时间"，给她读书，坐在地板上陪她玩。我要给她找到玩伴，让她多些时间和其他孩子在一起。是的，就是这个原因。她需要更多接触外界，这样会使她变得不那么执拗。问题就在这里！她需要看到其他孩子，而不仅是她的哥哥。我给她太多溺爱，过分呵护她。我预计到她所有需要，让她觉得无需自己表达什么。虽然我们的心愿是公平对待每个孩子，或许因为丹尼尔活泼话多，我们不自觉地给了他更多关注。就这样，我不断臆想可能导致马莉行为的各种原因。

我们有几个熟人觉得，这事再明显不过了：马莉知道我怀了孩子，她为此不快和生气。我没耐性听完这个说法。弗洛伊德学派有关儿童的精神分析总让我听上去不舒服，但那个时候我没去多想。我读过一些弗洛伊德的书，已经感到他的主观臆断：不受最基本的经验和证据束缚，没有可证明的方法，其陈述无需任何可信度，这类心理学可以主张需要的任何事情。其意图是找到阉割身体的隐晦幻觉，藏在每个幼儿内心深处的性压抑和渴望父母死亡的强烈动机。它的实践者声称具备特异能力洞察儿童的内心世界、感知和情感，以及理解世界的途径。

那时马莉18个月大，就算她看出妈妈隆起的肚子意味着新生儿的来临，她到底通过什么样的高级认知过程，才能（荒诞地）猜出这个未来事件意味着取代她？之前她在这个家庭经历过新生儿出生？除了"起床"、"夜间"、"晚饭，洗澡或讲故事"时间外，她有未来的概念吗？

虽然我对这些人草率的精神分析感到气愤，也很想辩驳，但仍充满内疚和怨气。即使在马莉行为异常的初期，理智上我拒绝接受自己是一个特别坏的妈妈造成孩子长期不幸的看法；但在情感上却没那么清晰的想法。我开始有了挫折感，苦苦审视我们的家庭生活，竭力从自我纠结中理出头绪。

问题恰恰要由我面对，因为我是全职妈妈。自丹尼尔出生后，帕齐分担了好多家务，按理说，我可以给孩子更多快乐的时间和母爱。可是不知什么原因，在马莉身上我没能做到。或许我没有恰当的养育技能：一定是我没能给她足够的激励。可是这个想法使我内心矛盾。我的六姐妹里有三人是律师,其中两个尚在实习期,需要在办公室长时间紧张工作,下班回家后疲惫不堪,还要面对需要妈妈全身心关注的孩子。与我和马莉在一起的时间相比,她们每天工作日程很满,和孩子在一起的时间少得可怜。简的女儿和特里萨的女儿都比马莉小,然而她们的语言发展都超过马莉,看上去聪明快乐。也许我和马莉在一起的"有效"时间不足。

我开始不愿意离开马莉,哪怕是一两个小时。短暂离开后会匆匆返回,询问帕齐和马莉在一起过得怎样。每次回家后,我尽量多花些时间坐在地板上和她玩。问题是,无论我做什么都不能引起她短暂的兴趣。我带更多的新玩具和书回家,坐在她身边给她读故事吸引她的注意,但这一切都白费力气。她总是转过身去玩那两三样玩具,期间沉默无语。

确切了解她的问题前,我已有承担责任的强烈冲动。她是我的孩子我的骨肉,出生到现在主要是我照顾她。如果在她身上出了问题,错肯定在我。不是马克的错,不是她本人的错,就是我的错。无论我的理智是什么,都无法与内心深处根深蒂固、最终也是危险的想法相敌,那就是孩子是我的作品和延伸。这些天我和马莉接触中的消极情绪加重了我的负疚感:错愕、沮丧和压抑。自夏季以来笼罩我的问题总不能让我释怀:想到她时我没有快乐,没有骄傲,我自己出了什么问题?

丹尼尔出生以来健康成长、个性绽放,看着他总让我高兴。相比之下,马莉也一岁半了,我还在等待她的自我表现。

事情一片混沌,她出了问题?我出了问题?——"出错"的念头在我的脑子里翻来覆去。有一件事很清楚,就是对这两个孩子的不同感觉让我无地自容。丹尼尔总是给我带来喜悦和骄傲,马莉却让我忧心忡忡。为改变这种情况,我想我应该减少一些和丹尼尔在一起的时间。我总是操心着这个默不作声、不高兴的孩子。我开始让帕齐更多地照看丹尼尔,其间我可以照顾马莉。这个安排证明没有任何人受益,反而使整个家庭气氛忧伤。看不见丹尼尔我会想他,享受不到之前他给我的快乐。

我一直在想,如果我了解发生的事情会觉得好许多。"正常"的概念、正常发育和行为标准令我纠结。我大量阅读早期儿童发育书籍,却找不到任何对应马莉的描述。书中的许多观点告诫读者,切勿把自己的孩子与其他儿童比较。"如果隔壁的詹尼能说成句的话而你的孩子只能说一个词,不要紧张。"这些书传达的信息大同小异,"切勿成为一个攀比好胜的父母,你孩子有自己的发展时间表。"没有一本书提到过某些儿童会有发育障碍。这些作者担心吓着家长读者吗?他们是在担心任何涉及有关儿童发育障碍的话题都会让"普通"家长难以接受吗?我急切希望找到一本以较小篇幅论述诸如"不要蹂躏你孩子的自尊心"之类的劝诫批评,以更多篇幅解释语言发展正常阶段的书。

虽然在这些书里找不到对应马莉的描述,我的朋友却提供了许多孩子的事例,信誓旦旦说他们与马莉的情况一样。

我急于听到这些经历并不断寻求下一个事例,比如,一个叫马瑞的小女孩,直到三岁才说出一个词;一个叫山姆的男孩成天在哭;另一个叫詹尼森,直到四岁才会讲话,之后就滔滔不绝讲成句的话!据说还有一个少年天才七岁时才说话(尽管我贪婪地寻求确证,但还是将信将疑)。我无数次听到有关爱因斯坦说话很晚的说法,他到底在几岁时才开始讲话讲述人提到的年龄不一致,但是爱因斯坦确实在他能说话前为相对论提供了现身说法。

这期间马莉越发沉默,我再也不能哄着她说出只言片语。我常常怀念那时她挪到门口迎接爸爸回来的情形。她最后对我们说"喂,再见"是什么时候?我最后一次听她说"阿哦欧"在何时?

好吧,如果在这些有关儿童发展的畅销书里找不到马莉,如果那些讲话晚的故事不再给我安慰,我想我不得不做些认真的研究。

我和马克有过很长一段不孕经历(三次流产后又有一次夭折),为此我成为医学刊物的贪婪读者,无论医学书籍、文章或教科书,只要与我们的情况有关我都百读不厌。

可是不知什么原因,我一直偷偷摸摸地阅读。那时我还在读研究生,应该正是写论文期间,我却躲在图书馆的一个角落,埋头苦读《新英格兰医学杂志》。我的床边摆着医学手册,我字斟句酌,犹如读圣经。一天,我没顾上多想，匆忙买了一本厚厚的妇产科医学教科书。我觉得好像买了一般读者不屑一顾的东西，类似萨德侯爵的性爱著作。可是，任何人瞥见医学书籍里恐怖的黑白照片就不会想到它是一本性爱书籍。我尴尬地僭越了应该是研究者和专业执业人士的保留地，我既不是研究者也不是医生，我似乎在篡夺一种权威，无形中破坏了某种医生和病人间不成文的、微妙的社会契约。

我实际上是个博士，但是博士头衔不能让我在医学领域获得任何资历。更糟糕的是，我也受到了社会对医学博士学位的敬畏以及人文领域博士学位边缘化的影响。虽然法国可能不一样，但在美国，哲学博士不具有医师特有的权力和权威。我从来没有搞清楚我的文学学位能有何用途，像我从前的许多同事那样在所有信纸上印上一英寸大小的字，或者把多年的分析训练作为实际收获，而不去考虑头衔。尤其我现在是"不工作"的母亲，第一个选择好像假模假式自命不凡，第二个选择似乎是我屈服于我始终抵制的一种文化倾向。每当一个医师或者家庭医生带着轻松口吻、父辈般熟悉的神情和我打招呼，"你好，凯瑟琳，我是琼斯医生"，我总是尴尬，无言以对。医学院的年轻学子到第三学年时大都具备这样的派头。

可是一旦破解这些环境里常用医学术语的实质，我确实渴望得到他们提供的东西：客观性、经验式探究。

那时，研究生学习法国文学和文艺批评，可悲地欣赏和沉溺于捉摸不定的知识。经过各种角度，如结构主义、后结构主义、现象学、女权主义批评、解构等游戏般地看待各种可爱的诗作和小说之后，我像只饥不择食的老鼠猛扑在医学上。我厌倦了真理的相对性，转变了视角和看问题的方法。我所需要的是派得上用场的信息和科学，通过经验数据验证的知识体系，而不是它的推行者是否有口才天赋；多些实在东西少些灵感发现，至少少些那些法国知识分子的灵感体验。我和一个朋友说起如何安排业余时间时，她回答我说："知识就是力量。"她本人就是医师中间的少数派，似乎真诚欢迎外行人介入医学专业领域和提出自以为是的问题。我的其他一些朋友对我的转变不太接受：

"你成了抑郁症患者。"

"你把自己吓傻了。"

"你为什么要知道每种疾病的每个细节，那是医生关心的事。"

但是我还是孜孜不倦地阅读《默克医学手册》，女儿的健康肯定是我的事。痛苦的忧虑解除前，我要追究有关女儿的问题。

9月的一个晚上，我和马克躺在床上。大半年过去了，我们无知的时期也缩短了，这时我和自己梦寐以求的东西不期而遇。

"儿科和遗传"一章下面的副标题是"少年儿童神经障碍——幼儿孤独症或凯纳综合征"。

书里的定义很笼统，只有这个神经障碍的主要特征，没有提到行为的各种表现，让任何试图判断的人都感到困难重重。

我读到，孤独症是以极度孤独为特征的儿童早期综合征（缺乏依赖感，没有依偎和避免目光对视），固守原样（固守仪式，拒绝变化，病态沉溺于相似物品，重复行为等）、言语和语言障碍（由完全没有语言、语言发生滞后到使用语言明显怪诞）及差异明显的智力表现。

这本书没有更多描述，没有说到患病原因，但是暗示某些证据指向因遗传因素导致的神经功能障碍；过半障碍儿童预后恢复"一致性差"，只有四分之一的儿童能够"轻微好转"。我不知道这些说法的确切含义，看不到任何有关"治愈"或"恢复"的字眼。这是个不祥征兆。

我的第一反应如寒风刺骨，极度恐惧。马莉可能在每个行为上都有对应表现。我无法马上中断这段不愉快的阅读。"不，感谢上帝，这不像她！"我下意识脱口而出。我内心深处的某种东西在退缩、蜷曲、恐惧。

随后我再次阅读这些描述。凯瑟琳，你疯了，请你严肃对待。继续读。去问问马克的看法。

"听听这些，马克。"

马克非常恼怒，情绪差点失控。他说："让我看看。"他读了这一页，随后气愤地把书扔在一边说："这不是马莉！"

这当然不是马莉。哦，上帝，我做了什么，我把女儿诊断为神经病患者！

"你是对的,马克。这多么可笑。我是说,'极端孤独'是什么鬼话?马莉爱我们!她总是要我抱她!"

我们逐一分析这些行为的四个方面。极度孤独?不,绝对错误。生人面前她有些害羞不错,但她很爱我们。言语和语言障碍?她还没有发展足够的语言也许可称为障碍,但她只是说话晚而已。固守原样?她可能有类似行为,但和书里所述的着魔程度不沾边。至于所说的不均衡智力表现,我们不知所云。我们不知道她的智商有多少,但看上去她智力正常。

我们停止了这次讨论,我再次发誓不自找麻烦,不再扮演医生角色。

可到了第二天,我给巴克斯特医生打电话,口气和缓地说:"我只是想带她去做一岁半的常规体检。"

一周后,我们坐在医生诊所,我诉说了所有的隐忧。她的哭泣、恐惧、撞头……她始终不快乐。她是否会有孤独症症状?

"不,"巴克斯特医生接着说,"你见过孤独症儿童吗?"不,我没有。我回忆当时除了在《默克医学手册》读到的那点东西,事实上我对孤独症一点都不了解。在早已记不清的哪部纪录片里我有模糊印象,一个孩子坐在角落里,无语,晃动,形单影只。

"他们通常是完全冷漠。如果那样,马莉不会像现在这样依恋你,这样抗拒医生给她做体检,她不会在乎的。"

他说的安慰话几乎使我晕眩,我感到有些羞耻,我什么时候能放下包袱接受女儿的现状?我何德何才,读了书里一页东西就提出孤独症这个说法?

"感谢上帝,对不起,我是这样一个神经兮兮的妈妈。"

我笑了,期望医生受到我自责的感染,责怪我无事生非。此时我又想起一件困扰我的事情,此事很具体,我要不要提出来?

"巴克斯特医生,我还有一个心事。好像她说话少了,我感觉她比几个月前说话更少。是的,我肯定,她甚至不再有婴儿的喃喃自语。"

不料,这句话引起了更多的讨论。自那时我开始有些了解,无论当时儿科医生对早期孤独症症状多不了解,多数医生所受的训练都要求他们从不忽略任何语言丧失的迹象。

"这一点必须检查，要尽快安排她做一次听力测试。"他建议去市中心的健康科学院亨特学院分部。我可以预约沟通障碍中心的言语和语言评估。

"当然，我会马上预约。我很高兴我们完全排除了孤独症。"我边说边用期待的目光看着他。

他稍作犹豫后说："我们不能完全排除任何可能性，但是我要说那种可能性很小，很小。"

说句公道话，巴克斯特医生称职干练，我说的所有关于马莉的话，只有提到她明显的语言丧失这一句引起了他的警觉。在一次二十分钟的问诊时间里，把马莉不快乐的程度全面描述出来并非易事。"她总是哭"不足以说明我们和她一起经历的日日夜夜。如果说巴克斯特医生对孤独症儿童的描述后来证明过于笼统和有误，那或许是因为他只见过神经紧张型孤独症病例所致。好像医学院也没有专门训练儿科医生辨识五六岁前儿童孤独症早期症状。不少案例说明，儿童在上幼儿园后，许多病例才得到确诊。在这一点上巴克斯特医生在同行里突显出来，即使最麻木的父母、最骄傲的医生对此也无可否认。

我打电话给亨特学院预约评估测试。我急于把整个事情搞定，我有些讨厌自己总揪住马莉的事不放，而她看上去很好。

然而，在评估测试之前，命运捉弄了我。与巴克斯特医生见面后没几天，我自己的医生下令我立即住院。怀孕后期出血，经超声检查出我胎盘位置低，边缘性前置胎盘可能给我和胎儿带来灾难性崩血。产科医生要我当晚住院。更糟糕的是她不肯说我可能住院多长时间，一周？一个月？"现在还不能确定。"

"不，我不能住院。"我说。

我快疯掉了，气愤、争辩，甚至大哭。医生对我很生气，因为他从未见我过这样。"我要求另找一个医生诊断，"我坚持这样做，"这很可笑，我知道你们是过分小心谨慎，我有两个小孩子在家，要我怎么做，丢下他们不管吗？"

我还是住进了医院。被囚禁的前几天我仍喋喋不休。一次，值班护士长走到我床前，告诫我需要不时地离开孩子，因为除此以外还有什么别的办法能教会他们独立？我点头说："是，是的。"心想她最好尽快走开。她离开后我哭了好一阵子。

我自己搞不清状况时又怎么向马克、妇产医生、这些护士说清楚我为什么这样情绪反常？想到要离开马莉，毫不夸张地说，我近乎绝望。几个月来苦苦思索马莉的状况，我理智上不愿承认心灵深处的一种声音：她在离开我们，加快疏远我们。我们需要尽快了解事实真相，孩子在一步一步走向深渊。

看着马莉睡着的姿势，我一次次感到心脏狂跳和莫名恐惧，不断祈祷上帝保佑孩子。之后我"无限期住院"。

住院期间，我父母和姐姐过来照顾孩子。马克抽出工作时间匆忙回家，接上孩子在探访时间到医院看我。每次他们来访，马莉总是哭，在走廊里和我待上一会儿，离开时还在哭。一次，马克抱着两个孩子进到拥挤的电梯，丹尼尔因离开我大哭，这时马莉也哭叫起来，可是她不像丹尼尔那样向我伸出手来，也没有求助的表情和话语。她似乎像往常一样很害怕，但不能从我或者爸爸那里得到安慰。

十天后我出院了，产前异常最终没有大碍。我回到家里时，马莉从房间一侧出现，径直从我眼前跑过去。

"哦，这个孩子有些害羞，"当天晚餐时我父亲对我说，"她一个星期里都没有看我一眼。"

我们终于到了亨特学院言语和语言门诊做评估测试。与儿童发展专业人士打交道确实令人沮丧。我们做了听力检查，结果正常。之后就是数十分钟的言语和语言评估。三个表情严肃、做早期儿童教育论文实习的女士，她们的实习主管，我和马莉一同坐在地上吹泡泡、玩气球，还有一个小丑玩偶和各色玩具用来引发马莉说话。最后诊断主管终于说了她的意见。

"哦，莫里斯太太，我们认为有问题，而且我们……"

"什么问题？"

"哦，我们不做诊断。我们建议你去看心理专家，他会给一个正式诊断。同时我们建议你一周两次带马莉过来参加游戏治疗。"

"为什么？什么是游戏治疗？为什么她需要做这个？"

"游戏治疗就是我们今天做的，莫里斯太太。我们认为她需要这个，因为她有问题。"

我心想，你们小心翼翼不向我透露消息，当成一个秘密守口如瓶。

"莫里斯太太，我们现在是否可以约定游戏治疗时间？"

"哦，不，我要向我的儿科医生咨询，我也希望得到一份你们的书面评估报告。"

"啊，不行，莫里斯太太，我们只能给你的儿科医生一份书面报告，他收到后你可以向他了解。但是我们非常忙，他在两三周后才能得到报告。这期间我们希望你决定过来做游戏治疗。"

游戏治疗。

这些非常认真、忙碌的人们试图为孤独症给孩子造成的残缺未来打上几个好看的创可贴。一周两次游戏治疗——我们要看看多吹泡泡、放气球能否让她开口讲话。

我给巴克斯特医生打电话咨询。他同意我对游戏治疗的看法："她在家从你和她哥哥那里得到了足够的刺激。他们能给她的和你已经给她的东西差不多。我们等看到这个报告再决定马莉是否确有问题。如果她真有问题，在咨询德卡洛[1]医生前，你不要开始任何治疗方案。"

"谁是德卡洛医生？"

"她是儿科神经专家。"

每隔几天我就打电话给巴克斯特诊所，想知道他们是否收到诊断报告。这期间我又开始提到"那个词"——"孤独症"。我开始和我的姊妹、朋友公开谈论，把这个话题摆在明处一起面对。大家对此说法不屑一顾，认为那完全不适合马莉。"这些儿童非常内向，马莉很依恋妈妈。她只是在生人面前害羞罢了。"我的一个姐姐说。

---

[1] 译注：雷吉娜·德卡洛医生（Regina DeCarlo），医学博士，哲学博士，儿科神经专家。

孤独症这个词似乎具有自身的生命，好像我们通过集体蔑视和声讨可以让它变得无关紧要。

马克和我们同感，只是反应更强烈。他不但像我这样排斥这个问题，驳斥这个说法，还要彻底清除它。他气愤地说："我再也不想听到孤独症，这个词和马莉没有任何关系。"

然而我又读了书中这段更多内容，只是多一点点。所有内容十分可怕，暗示没有希望。字里行间不可避免地提到"严重，终生残疾"，不是"严重"而是"终生"这个字眼令人生畏。

11月，亨特学院的评估报告终于到了。那天，我的电话很快转给了巴克斯特医生。他说："是的，我收到了报告，已经看过了。当然我不确定我是否同意报告所述。我希望你预约德卡洛医生。她是唯一有资格做这类诊断的医师。"

"哪类诊断？"

"我不想揣测任何事情。你来和德卡洛医生谈，她周五上午在这里。"

我预约的时间是12月18日，这几天孩子可能随时出生，但是我还必须预约。我再也不能忍受等待和猜测马莉的情况继续下去。

圣诞节很快到来，我们没有圣诞树、花篮，我一件礼物都没买。我浑身无力，头重脚轻，行走困难，等待分娩。接近年终岁末，昼短夜长，我迫切期待分娩。一是结束这次怀孕分娩，也希望从一年来对女儿的担忧中走出来，让事情有个结果。我中止了未来的一切活动计划和期望，直到我们从当前承受的重负中解脱出来。

一个明亮可喜的时刻刺破浓重的阴霾：米歇尔出生了。

12月13日晚上10点30分，我开始产前宫缩。每隔五分钟子宫收缩快速而强烈。午夜，我们到达纽约大学医院，走进产房时，我知道孩子会很快出生。他现在就要出来。

我们这些热衷"谈孩子"的姊妹都认可一点，就是我们的生产过程不会很顺利。生孩子时，我们都不是那种高高兴兴的度假宿营者。经历分娩剧痛前我们需要麻药止痛，最好在分娩前提早注射。我知道每个产妇感觉不同，我很羡慕那些从头至尾无须太多助产生孩子的妇女，孩子分娩后她们声称"感觉不错"。可对我来说，好像有个邪恶怪兽执意要镇定缓慢地撕扯我肚里的肌肉和器官。

每次宫缩如火山爆发一样突如其来，不知道是什么鬼神作祟让我敢于再次怀孕，对此我十分后悔！"我要麻醉剂！"我惨叫道。不，这时用麻醉剂为时已晚，孩子就要出生，我们正往产室去。"马克，救救我！"我向这个不知所措的可怜人呻吟，催他按我说的做，顾不上他已经忧心如焚。

更糟糕的是，这个医生是临时替班，他相信橄榄球教练式助产办法。他越大声喊，我就要越用力。"来，凯瑟琳！"他大声喊叫，"我说用力，你要用力，这不是开玩笑。"这时我哭了起来，但不得不忍住哭泣，歇斯底里地哀求他，求他马上去找麻醉师过来，因为我决定使用阴道侧切。

幸运的是，一个穿着助产服的好心、和蔼、慈祥的天使在这个时候出现了！她说服我开始用力，有节律地用力。

几分钟后，一声婴儿啼哭在产房回荡。

生孩子最美妙的感受是孩子出生的一刹那，母亲感到的巨大释放和喜悦，经过几个小时撕心裂肺疼痛后的瞬间放松，以及进入到无痛地带。一个小宝贝送到你怀里，听到简单的话语"这是你的儿子（或女儿）"，那一刻母亲沐浴着巨大的喜悦。新生儿放到我的手臂上，我轻轻亲吻他湿漉漉的面颊，产后的那种喜悦除了在产床上我从未体验过。

米歇尔好极了，是一个好漂亮的小家伙。

马克和我对视着，精疲力竭。不知何故，我们两个不完美的人竟然能够把一个完美无缺的生命带到这个世界上。他是上天托付给我们照管的生命，可爱得无法形容。守护他、指引他将是我们一生中最艰巨的任务。然而，分担造物主的奇迹让我们受宠若惊。这个婴儿是从我和马克身上脱离出来的完全"独立个体"，同时也反映我们身上最崇高美好的东西，他的出生促使我们不断努力完善自己。马克和我对视，除了传递着宽慰、精疲力竭和喜悦外，还有说不出的骄傲。我们为开辟了一条光明而曲折的路，为我们给予彼此这个礼物而感谢对方。

马克抱着他的新生儿轻声细语地用法语说:"米歇尔,我的儿子……"

我心里默默祷告着感恩和颂扬,尽情地让自己沉浸在这一刻纯粹的喜悦中。

这样的喜悦要持续很长时间。奇怪的是,产后第二天醒来我没感觉到一点产后抑郁和情绪低落,只有平复一些的狂喜。丹尼尔和马莉出生的头几天,我担心自己能否胜任照顾他们。我总担心他们吃奶不够,他们每次哼叽、身体抽动都会引来我一番问询。在米歇尔这里我已是熟手,表现出母亲的自信镇定。我把他抱在怀里,充分享受这个小生命来到世间的最初时光。

我庆幸当时全身心地享受他带给我的这段美好时光。在他出生后第四天,乌云无情地席卷而来,悲哀时刻就在眼前。

12月18日,我出院的第二天,马克、我、马莉和米歇尔前往大学医院面见儿科神经专家德卡洛医生。帕齐在家照看丹尼尔。那天很冷,下着雨,一路上我和马克沉默无语,各自抱着孩子心事重重。

德卡洛医生镇定、和蔼地问了各种问题,每个细节的具体内容。整个过程持续了一个半小时。终于,她放下笔转身看着我。她的声音柔和、严肃。

"哦,我认为可以确定地告诉你,马莉身体健康,似乎也聪明敏捷,只是……"我的心怦怦直跳,手掌顿时浸满汗水。

"莫里斯太太,我认为有理由相信你的怀疑是对的。"

我收回说的话!对不起,我愚蠢!我胡说八道!出于难以名状的惧怕,我的思路本能地抵抗这个打击。

"马莉符合有发育缺陷孩子的特征。"

啊,上帝,请不要这样做!

"她应该立即看其他专家,但是我相信……"

啊,求你,求你别说了!

"她的状况和症状指向幼儿孤独症。"

这个打击几乎是身体上的,仿佛一只拳头猛击我的胸口。出于自我保护,我马上竭力排斥医生说的话。如果能闭上眼睛捂住耳朵,让时光倒流,我们不会坐在这里,医生也不可能说这些话。发疯的想法接踵而来,唉,马克,我们回家。我是多么糊涂才要到这里来。我为什么这样做?我不停地瞎说孤独症,瞎说马莉,结果造就了这个妖魔!我发誓不再担心马莉,她很好!我再也不谈论这些东西,我发誓!

婴儿哭起来了,我僵硬地抱着他,看着医生。我的眼睛充满泪水。眼泪从何而来?我没有感到悲伤,只有震惊、麻木的恐惧。

马克开始问问题,我慢慢地转向他。我从前也见过一次他这样的表情。那时他抱着第一个出生没有活下来的儿子,脸色煞白,眼神惊惧,嘴僵硬不动。

我们对孤独症已经有了一点点了解,而且知道的这点情况已是非常非常严重。

3

我们问了德卡洛医生几个当时看来至关重要的问题。

"预后恢复情况怎样？"

"现在不能确定她的症状的程度，她年龄太小，我可以说她看上去不像智力落后。有此症状的儿童通常伴有严重的智力落后。"

"我们应该怎么做？"

"在诊断确定之前让她参加治疗。她越快得到治疗，进步的机会就会越大。"

"进步"，又是一个委婉的说法。我们读过的几篇文章里反复出现过这个词，而没有提到"恢复"或者"治愈"。在德卡洛医生那里我们已经了解到孤独症被看作永久性障碍，根据医学界的主流意见，我的女儿将永远不会正常讲话、做事和爱。

我们带着马莉、米歇尔乘出租车回家。一路上马克和我都没有讲话。阴冷的天气，出租车鸣笛，巴士沿街缓慢行驶，人群熙熙攘攘。采购、工程和噪声，生活总是不受打扰地进行。

然而，我们几乎停滞下来，生活有了不同。我们被挤出了主干道，进入了另外一个时空，我们对它的范围和边界一无所知，却真实感受到它悲哀的重压。有一些时刻，我们仅有过几次，当顺畅的时间流转猛然汇入泛滥的洪流时，我们经历着不可逆转的从已知到无知的跳跃。我们被卷入到一个未来，它突然间变得充满敌意、可怕。我们在内心呼喊着："我们不想走这条路，我想回来。让别人的孩子患白血症，让其他的妈妈死去，让她们的丈夫出走。我没有准备，我不想失去白天的欢乐和夜晚的静谧。我心底的愿望不能消失、死亡。我不想这样。"

这种内心的呼喊是人类的古老习惯。即使完全被动，无可争辩的事实明摆在眼前，人们还是觉得有某种控制能力。灾难的声音萦绕耳边："无论你沉下去还是奋力划水，你总是和我在一起。无论你要我还是不要我，我永远在这里。你无力改变我，我要改变你。"

现在就是这个时刻。我不知道马克的感觉，我是设身处地。我已经无法退回去：往前走，我知道意味着某种巨大的、恐怖的损失。我强制自己不要前行，麻木地抓住现在，恍惚觉得自己陷入无声的虚幻世界，没有感觉，没有反应，隐约听到我外面的世界崩塌。

回到家，我像一个机器人，把米歇尔放在沙发上换尿布。我尽力倾听丹尼尔对我说的话，这时措辞恰当回答他很重要。镇静，镇静下来，不去想它，我心里告诫自己。

"医生怎么说？"我姐姐问我。

"她说马莉可能是孤独症。"我小心翼翼说出这个拗口的字眼，眼泪又流下来。多么奇怪，在我还没有被这个痛苦吞噬前我这么容易流泪。孤独症，孤独症，孤独症，犹如一个闷声作响的鼓震耳欲聋。这个声音还在不远处，我的周边，渐行渐近，还没有完全吞噬我。

我小心地安排家务和孩子。"现在马莉和丹尼尔吃午餐，米歇尔要睡几个小时。我去办事，很快回来。"说完我进了卧室。

马克跟进来，不知所措地问我："凯瑟琳，你还好吧？"

"马克，我……"

"什么？告诉我。"

"我很抱歉。"

"你说抱歉，什么意思？"

"是我的错，是我给你造成的。"

"你在说什么？"

"我本想让孩子们好好在一起，你看我做了什么。"

或许是因为我没有给她足够关注，或许是我读到的这些东西和太多的谈论让每个人都相信马莉是孤独症，都是我一手铸成的这个噩梦。我肯定。

马克伸手抱住我，表情复杂而痛苦。"这不是你的错，亲爱的。我们会战胜它。我们一定能做些什么，我不信我们没有办法。"

可是我却不能谈下去。这时我肯定谈不了我们能为马莉做什么，甚至不能忍受心里想到我女儿的名字，我借故做事离开。

"莫里斯太太，祝贺你有了新生儿！"在走廊上，大楼管理员高声喊道。"他叫什么名字？"

"叫米歇尔。"

听到我的声调，这个人一下子怔住，瞬间变成冷淡，没有表情。我知道我的声音空洞木讷，但无法控制。他在远处隔着一段距离高喊祝贺，我在这里巴不得马上走开。我必须讲话让他听见，编些话给他，我必须保持正常姿态。

孤独症。在银行，一个不耐烦等候的妇女和我搭讪。我排在前端呆呆站着。哦，对不起。我向前移动。

孤独症。严重。终生。

我再次回忆起破碎现实的一些片断。我和出纳员讲话，话音带有明显的控制和费劲儿。后面的对话越发困难。我的嘴、舌头和声带似乎冻结，声音沙哑，本来日常的对话交流，此刻带有某种虚幻、飘忽不定、捉不住的感觉。世界危在旦夕，随时坍塌。是我在独撑局面，也是我在维持寒暄、生活的忙碌和目标。

"哇，莫里斯太太，孩子已经出生了？"药剂师见我时大声说道。

"是的。"

沉默。

"我需要，"我努力做到专注，"请给我婴儿尿布……一打奶嘴，几瓶药。"

"好的。"药剂师马上变为专业姿态。是我吓着她了？她一定在想我的孩子有什么问题。我必须让她抛弃这个想法。是的，现在别让她不高兴很重要。

"孩子很好，很漂亮。"

"哦，那就好。"

漂亮，像他哥哥。

娇贵，像他姐姐。

他的姐姐，我的女儿，我的马莉！哦，上帝！

我感到压抑的哽咽冲出冻结的喉咙。我跑出药店，热泪模糊了我的视线。别再想它！别提到她的名字！要忍住不哭！那个不祥字眼攫住了她，如同一个神秘另类的黑色斗篷笼罩着她。她甜美的眼睛。孤独症。她娇小的嘴。孤独症。我宝贝漂亮的眼睛曾笑着看着我。她在哪里？她是谁？我走在纽约街头，当这个字眼最终进入我的生活，接受女儿是这样的现实时，我最后的防线崩溃了。是的，她是孤独症。我束手无策，曾激烈顽抗的心最终破碎了。心痛，哭泣。我踯躅在回家的路上，为了我的孩子。我要拥抱他们。让我抱住他们，永远。有我的保护，危险还能靠近他们身边吗？

4

随后的日子似真似幻，如同梦魇。

时间变得难以追寻，我们被卷入旋涡，身处风暴中心。米歇尔12月14日出生，12月18日马莉得到确诊，圣诞节来临。我记得19日或20日我父母和黛比姐姐一家人来访，给丹尼尔和马莉带了礼物，给新生儿买了外衣。感谢上帝，有人为孩子们准备了礼物。庆贺米歇尔出生的鲜花送到家门，有人送来一瓶香槟，还有人送来一个硕大的蓝色气球，上面写着："是个男孩！"电话铃声不停，朋友们向我们祝贺。随后，听我们解释马莉状况时对方惊愕不语；巴克斯特医生也回了我打疯了的电话，亲戚从芝加哥、长岛和加利福尼亚打电话过来慰问："我们为你祈祷"；马克的父母在电话里用法语问："孤独症？什么是孤独症？严重吗？"

我们不知道和他们说什么好，我们没有这方面的知识，也不知道去哪里找。我们有一个遽然剥夺马莉未来的残疾名称，此外，我们几乎一无所知。

我还在产后恢复期，奶水多，乳房肿胀疼痛，失眠造成眼睛干涩。我觉得我的世界失去了控制，发生了太多的事情：圣诞节，新生儿米歇尔，还有马莉的情况似乎每天都变得更差。电话，护士，鲜花，还有孤独症。问题一个接一个，但无人给出答案。我需要听丹尼尔说话，还要抱着新生儿。准备圣诞烛光，布置节日欢乐气氛，与人交谈，准备餐饮，还有半夜时我极力压抑的哽咽、哭泣。

打击接踵而来，先是回顾过去，反省刚刚过去的一年，我们突然醒悟：这一年实际发生的和我们对这个现实的朦胧感觉之间相差甚远。

马莉变了，不只是和其他孩子不同，而且与我们自认为了解的那个小女孩也不一样。我们知道的那个小女孩是谁？尽管心存许多疑虑，过去我们仍把她当作一个普通的孩子，有着一个普通孩子的需要、愿望和玩耍消遣。

可现在用新的视角审视，这些玩乐消遣没有意义，没有方向，十分怪异。

她总是用一个玩具，她的大鸟（Big Bird）[1]的嘴指向和接触任何其他东西。假如她一时找不到大鸟，她会拿其他尖锐的东西，如棍子或调羹，在屋子里无声走动，接触墙壁、家具和钢琴腿。她常常走到暖气前面用手指前后摸索暖气片。在卧室，我们发现她蹲在小床里很长时间，摆弄床头边的一个小弹簧。她会拉起弹簧，放掉弹回，反反复复。

圣诞节匆匆而过，新年来临，天色灰暗不祥。我看着我的小女孩，看到一个我不熟悉、不了解的孩子。

去除幻觉，我们猛然发现马莉很陌生。不，她不单单是"害羞"，她对任何其他人，包括她的家人，都没有兴趣和好奇。经历过这番意识水平的提升，我突然开始明白一个害羞的孩子会怎么做。她会躲在妈妈裙子后面窥视生人，害怕但仍然盯着对方眼睛。母亲是她的安全岛，通过说好话、微笑和轻微触摸，最终还是可以把她从妈妈的裙下哄出来，慢慢接受生人。

可是马莉完全不是这样。马莉不是害羞：她基本上记不住别人，有时避开他们，包括她的妈妈。她常去屋内偏僻狭窄的地方：屋子里的每个角落，窗帘和座椅后面。如果我在房间其他地方，她从来不去找我，但可以没完没了地摆弄一件玩具，用玩具戳地毯。如果家有访客，她会无视他们做出的各种友好表示，充其量瞥一眼，随后毫无表情地躲开。

不，她不仅是说话晚，她能说的词屈指可数，而且多数是名词，现在几乎也不说了。

她好像不明白任何事情。此刻现实摆在眼前，意识到这一点让我后怕。我在想，普通孩子当然会开始懂事，过去我看不到明摆着的事实，现在我感到深深的自责。幼儿懂事比说话时间更早，他们不一定听得懂每句话，

---

[1] 译注：一本儿童画书中的形象，该书以"芝麻街"的卡通人物和动物对幼儿进行教育，内容活泼有趣。

但肯定知道"洗澡"、"午餐"、"你想出去吗"等词句。朋友的孩子、我的侄女和侄子、丹尼尔早在两岁前就有了这些理解能力。

然而马莉却不是。我总是徒劳地拉着她的手,用更简单的词一遍遍重复同样的信息:"马莉,你想出去吗?""屋外走走?""外面?""外衣?"她好像不记得任何事情,甚至那些她以前有兴趣的词汇,比如"橙汁"、"蛋糕"或"点心"。

还是我父亲最早让我了解了"孤独症"这个词的含义。他说:"希腊语里的'自我'和'自治'、'自动'的词根是一样的:自我满足,自我定向,自我刺激。"这不是一个医学或精神病学描述,其含义对我本来应该是明确的,可实际发生的恰恰不是这样。这个描述与我对马莉的观察非常接近,开始让我对她的与众不同表现有了认识,而她的异常行为现在愈发严重。总之,她和丹尼尔对比鲜明:丹尼尔总要求我们更多地关注,贪婪地吮吸这个年龄的生活、爱和学东西能给他的一切;马莉自我封闭,默默无闻,小心翼翼避开他人,深陷神秘的内心世界。

她不仅不懂语言,对她所处的环境也仿佛没有意识。她不明白自己周围的环境是怎么回事,如钥匙是用来开门的,按按钮可以开台灯,牛奶要放在冰箱里。丹尼尔在一岁前后就试着把奶嘴套在奶瓶上。马莉对这些每天发生在她生活里的简单事情有过任何理解或记忆吗?几乎看不出她有任何这类学习的证据。如果说她有注意到什么,那就是一些地毯上细微的灰尘或发丝,她捡起这些东西总是一直盯着看。

更糟糕的是,她似乎不理解其他人的感受。我仍记得丹尼尔还不会说话时和他的"对话"。那时他还只是个婴儿,我和他一起笑,与他分享快乐,以及他在布鲁克斯动物园第一次看见熊那一刻的兴奋。他害怕突然的声响和陌生面孔,这些场合他会向我伸手求助。过去一年,马莉什么时候有过这样的举动?她最后什么时候对我有任何反应、依恋我?如果在她悲哀、呆板的面孔下面,还有个人真实存在的话,我看不出她对我们有任何依恋。

我忽然想起,她一直没有叫过我,从没有要引起我的注意,或是从房间另一端喊"妈妈"。

什么时候她最后一次模仿说过"妈妈",或跟着我的话重复说这个词?

此刻,我们看到了更多以前不愿意看到的情况:她似乎没有任何非言语交流,没有微笑,没有点头摇头,没有手势和耸肩,也没有表情模仿。曾几何时,她能挥手再见,可现在几乎没再模仿过这个手势。我们记得,她在十来个月时,常用手指向什么,现在也难得一见了。如果她想要什么东西,比如玩具、食品或一个瓶子,她总是就近拉着大人的手朝想要的东西方向推,但从不抬头看人。

最糟糕的或许是她缺乏最本能的联系:我们在其他婴幼儿那里看到的,美妙、专注的目光对视。

德卡洛医生问过我们她的目光对视。在她确诊后的头几天,我们忽然意识到她很少正视他人。随着时间推移,她的状况更差了。与丹尼尔那种期待、探寻和好奇的眼神相比,马莉的眼帘低垂,眼神稍纵即逝,且每况愈下。以前曾有过的目光接触,现在仿佛火花迸射,瞬间熄灭,没有延续,乏味。

偶尔她也朝我这边看,这时我会急切地迎接她邀约的目光,希望和她对视。可怕的是,她的目光投注在某个中间地带,似乎是在我和后面墙壁间的位置,她完全不看我,目光穿行而过!

德卡洛医生问她是否模仿过我们。这个问题让我们着实犯难。她曾模仿过我们吗?是的,我是说……我和马克相视无语。仔细回想,尤其是最近,好像她没有太多模仿。

你们是否能举出具体的、近期她有模仿的事例?医生问道。

哦,一时想不起来。

确诊后的几个星期,她没有日常模仿行为,每天都清晰可见。她快两岁了,我还在等待看到她拿起电话筒和咿呀学语。她从来没有"帮我"擦桌子、拍手,从未拿过我的梳子给自己梳头,或者尝试穿鞋戴帽。我回忆丹尼尔一岁多一点时,他按自己看妈妈做过的那样,大胆拿起我的指甲剪要给自己剪指甲。

回想每一个我认识的两岁大的孩子,我猛然醒悟,他们确实做这些事:

模仿他人行为。他们会决定今天上午做饼,把面粉放在盆里,鸡蛋打在地上,厨房一片狼藉,然后你参与进去让他们体面地完成这项需要认真完成的工作。你让他"帮忙"洗衣服时,他会兴奋异常,把红色内裤和白色衬衣扔到一起,衣物上倒满洗衣液。早上和爸爸一起"刮胡子",晚上把妈妈的口红涂在嘴上。他们乐于参与。

而马莉喜欢一个人待着。

我们容许马莉的这些癖好,接纳她的各种不同表现,但偶尔也会制止她。某些天里,我会坐下来看着她,细心观察她的每个古怪举止。德卡洛医生的诊断尚未得到其他专业人士的确认。我时常看着她美丽的小脸蛋,几乎相信这一切源于某个荒唐的错误,由我和一些可疑的医生导致。她似乎没有脑损伤或智障。仅就面部特征看,她就是一个甜美的小女孩。

德卡洛医生诊断后,我在等另外一个医生跟踪评估。一天,我母亲打来电话。她总是充满爱心,有求必应。我急切地向她倾诉这一段让人发疯的日子,整整几小时,她耐心聆听。

"听着,妈妈,"我小心地解释,"这是完全根据行为观察做出的诊断,没有血液检查、CAT 扫描或 X 光透视,还不能下结论说她是或者不是孤独症。我读过一些有关孤独症孩子的描述,我还是觉得马莉不那么对号。她不摇晃身体,接触她时她不喊叫不退缩,也没有旋转东西或给东西摆长龙。或许德卡洛医生搞错了。还有,你知道是我把'孤独症'这个词先说给这些医生,可能是我影响了医生,给孩子做了孤独症诊断,其实孩子只是离正常标准差一点而已。"

无论什么时候我们交谈,我母亲总是倾听,让我说出那时所有我想说的。她同样接受我的歇斯底里和信心满满,而不是强说自己的判断和意见。只有一次,她轻声和惋惜地纠正我对马莉言过其实的乐观评述。

"哦,"她叹了一声,"我和爸爸确实觉得那天晚上马莉很孤僻。"

我无言以对,我当然知道"孤僻"描述很确切,甚至可以说是对马莉交往行为的善意说法。

我幼稚地期待专业人士帮助的想法很快落空。不知何故,我曾设想那些儿科医生会骑士般奋起救美,告诉我们做什么。"哦,她被确诊是孤独症?"我想象医师这样说,"那好,你必须尽快带她去看 X 医生和 Y 医生;你必须让她做这个治疗;你可以给她注册这个训练计划。这些是专业治疗师的电话联系。我会亲自解决这个问题,把所有的报告交给我一份。"他是权威。最终,他"接手"所有马莉其他的治疗问题。但我们的这个想法很快泡汤了。

我给医生写了一封长信,可怜巴巴地罗列与马莉孤独症倾向有关的"是"和"否"。我长时间等在电话旁,盼着基于我的逻辑表述传来医生给出的有利意见,并亲自告诉我。是的,我的证据足以表明这完全是个误诊。假如不是这样,也盼望他告诉我现在应该做什么。

终于等到了医生的电话。经过一整天门诊,看中耳炎、感冒、麻疹、儿童晚期癌症等,医生显得很疲倦。

"我看了德卡洛医生的报告,"他说,"德卡洛医生认为她是孤独症。"

"什么?"就这样?诊断结束?

"哦,"他说,"我们讨论了这种可能性。"

是的!你们讨论了,但是你们就此打住了。抗议的喊叫如鲠在喉,可我什么都说不出。争论已经发生的这些有什么意义?我一直对巴克斯特医生有好感,不想和他吵架。他性情温和,体谅病人,我一直尊重他的诊断和专业知识。以前我们一起面对过好多事情,包括丹尼尔的哮喘,但不知何故,这次我觉得他有些疏远,显得严肃。现在他电话里的口吻保守、疏远,而且就事论事。是的,我们讨论了这个可能性。德卡洛医生现在确认了这个事实。没有争辩的意思,没有恐惧叫喊的余地。

巴克斯特医生在电话里继续讲着。他告诉我有一个名为"另外街区"的电视节目,就是关于一个成人孤独症患者的节目。为了让我对孤独症有更好的认识,他推荐我看。这就是他要传达给我的全部信息?找出孤独症状并开始调整适应它?

但是我有另一个问题,一个总缠绕于心、事关马莉未来的事情。

"她以后会需要集体托管机构收治吗?"

"有些儿童会，特别年龄大些以后，最终需要专门机构收治。"

"明白。我能为她做什么？"

"我不确定目前能为她做什么，但不要放弃希望。我相信，十年，或许二十年，人们会找到某种治疗办法。锂元素发现后对精神狂躁患者的治疗作用就是例子。"

我把话筒轻轻放下。哦，我明白了。巴克斯特抱希望的观点和我的相去甚远，与当下的现实没有关系。如果那时我想对他的作用归纳一下，应该不难：这不是他的问题，是我们的问题。

在孤独症诊断上，通常要至少看过三四位甚至五位专家后比较再确认意见。经常会发生这样的情况，某一天孩子在一位医生面前显得很封闭，另一天面对另一位医生，交流和配合无可挑剔。专业人士对病人说出"孤独症"字眼前要确定无疑，精神病学家和心理学专家不希望因误诊造成心理创伤而受到起诉。

还有，诊断年龄像马莉这么小的孩子尤其棘手。一方面症状的全部表现和严重程度可能不如四岁大的孩子那么明显，另外缺乏语言本身尚不足以认定为孤独症谱系障碍。许多两岁大的孩子不能说很多词汇，同样也不表现外向。在好多人看来，确诊必须要有其他症状表现。马莉仍然太小，德卡洛医生强烈建议我们寻求其他专业意见。

我的一个朋友推荐纽约医院佩恩·惠特尼精神病诊所的伯曼医生，朋友从一个熟人那里得知伯曼是"著名专家"、"这方面最好的医生之一"。（随后几个月我们总是听到某某是最好的。"史密斯医生是最好的。""你是说你没听说过琼斯医生？""你一定要带她去看布朗医生，他是这个领域的头牌。"）于是，一天晚上我们去看这个著名专家，看他是否有办法帮助我们和马莉。

在我们走上通向佩恩·惠特尼诊所的楼道时，我的脚步不知怎么慢了下来。这怎么可能，我们此刻走到了这个地方？

"你怎么了？"马克问。

"我不想进去。我们在做什么？带我们的小闺女到精神病诊所来？"

"我知道。"马克说,并意识到我的严词争辩就是一种无助时的吼叫。

在诊所里,经过一小时问询讨论,伯曼医生倚靠在大办公桌后面的椅子上,迟疑不决。我们几乎屏住呼吸等着他下结论。

他的诊断并不清楚。他说马莉可能是孤独症,之后又说可能不是。不管如何,她年龄太小。尽管如此,马莉确实有一些行为表现以及发育迟滞让他疑虑。

我的一个朋友后来评价说:"我也会那样含糊其辞,但我不会收你250元。"

过了一会儿,医生要求我们离开一下,让马莉单独和他留在房间。他没解释这样做的理由,或许他想观察父母不在场时马莉能不能与他有某种交流。不解原委使我局促不安。自从我和马克经历过那次流产后,我一直抵制这样的父权主义做法。然而此刻问题不一样,我们惴惴不安,还是依从了医生的要求,接受他所说的一切。

十五分钟后,我们被叫回房间,发现马莉躲在椅子后面。医生没有解释做了什么,讨论艰难持续。

孤独症到底是什么?我们问。

这时,医生谈到该精神障碍的历史渊源。这是1943年由利奥·凯纳[1]观察一组最初被诊断为神经病儿童时辨别出来的……特征是特别的行为方式……最明显的是严重的社会交往障碍,很少或者没有语言发展……没有人真的知道致病的确切原因。伯曼医生以幽默的方式评价说,这几年此病症给心理学专家和精神病学专家带来不少业务。

我们盯着他,心想我们不认同但能理解这些缺乏同情的话语:毕竟,在这个领域行医二十五年,诊断过数以百计的孤独症案例后,他对此可能

---

[1] 译注:利奥·凯纳(Leo Kanner),美国精神病学专家(1894~1981),出生于一个犹太人家庭,1924年移民美国。最早将孤独症从精神病中分离出来,主要著作有《儿童精神病》(*Child Psychiatry*)。凯纳与奥地利精神科医生汉斯·阿斯伯格(Hans Asperger)几乎同时发表对孤独症的定义和论文,因二战和其他限制没有形成直接的交流,后者的研究成果直到其去世后才获得重视。

习以为常。但是不管怎样，我们难以和他一起讪笑。

"哦，如果她是孤独症，我们应该做什么？"

他告知，在佩恩·惠特尼医院就有一个幼儿治疗机构，他不知道我们是否现在能够被收治，如果和彼得斯女士谈，她或许能做到让我们明年秋季进入。

明年秋季？我和马克做出同样的反应。我们对来年秋季不感兴趣，我们关心的是现在。此时，我们对孤独症的治疗和孤独症本身同样无知，急切想找到马莉可以马上开始的治疗项目。德卡洛医生不是说过，即使在确诊前也可以开始治疗计划吗？到来年秋季还有九个月。

他们在幼儿治疗中心到底做什么？

哦，好像有几位心理学专家和精神病学专家，还有社会工作者，密切跟踪儿童的进步，他们定期评估。

我问的是治疗方法措施，听到的却是人员配备和档案管理，大量的测试，评估，进展报告。"但是他们在做什么？"我再次问他，"康复治疗究竟是什么？"

我们还是没有得到肯定的答复。事实上，伯曼医生并不清楚诊所的那一部分做什么。他建议我们和社会工作者彼得斯女士约谈，安排实地造访儿童治疗中心。

两天后，我带马莉去了这个中心。我见到三位女士，一个是中心的教师，一个是坐诊的心理学专家，还有彼得斯女士。除了彼得斯女士带我到旁边一个房间问了许多我如何应对的问题外，其他人没多说什么。心理学专家坐在地上观察马莉，其他人跟随马莉，尝试和她一起玩。

我还是想了解这个中心明确的治疗内容。有没有一个给孤独症儿童的专门课程？一对一教学有多少？每个孩子有没有单独定义的治疗目标？他们希望达到什么样的效果？我确定有一件事一定要得到答案：他们实施的治疗内容是马莉在家里没得到或无法得到的吗？这些人拥有的头衔如哲学博士、医学博士、科学和社工硕士对马莉代表着什么？不管他们的专业技能是什么，能不能教会我在家里做？毕竟马莉生活的大部分时间要和我在一起。

然而，得到的答复让我困惑、失望。概括地说，他们似乎承诺每周提供几小时以爱心、理解和接纳为主题的活动，并伴有大量文案记录以及定期、听上去重要的"会议"，任何进步都会得到"再评估"。

我谢过他们后离开，并马上做了一个决定：马莉将不会去佩恩·惠特尼儿童治疗中心接受治疗。

5

如果说伯曼医生对诊断不确定,我们自己尚存的最后希望和否认也很快消失殆尽了。马莉的症状一天比一天严重。到了1月中旬,她已经不再抬头看进出寓所的任何人。她坐在地板上盯着看一缕灰尘,拣起来慢慢举到靠近眼睛的地方,目不转睛、着魔一样地呆看。她会抽出地毯或家具上的一丝线头,或者玩具娃娃头上的一根头发,在手指间翻来覆去看得着迷。有时候她似乎被光线和声响吸引,有节律地碰撞举在面前的两个物体。

她的活动越发奇特怪异。我惊悚地看到她反反复复把拼版每两个摆一摆,并总是按一个方向摆放好,之后盯着看。唉,孩子,请别这样。求你别这样。你为什么这样做?

圣诞节我们给她一个玩具熊,心想她会像其他孩子那样抚摸它抱它。不料她的玩法很特别,她把玩具熊推过椅子下面的横断,一遍接着一遍。

她的怪癖行为多了起来。刚开始走路的时候她只是偶尔踮着脚尖走,而现在每走一步都这样。一天她开始出现另一个怪癖:抻着脖子,梦寐般仰视上空,磨牙。每次看到她这些怪异行为,出于恐惧我都无法抑制哭泣。无助感压得我喘不过气来。每当我看到她出现新的怪异动作,我就禁不住哽咽。

一天上午,没有任何沮丧或生气前兆,她抬起双手毫无表情地开始打自己的脸。一下,两下,三下,我受惊一样冲过去强行按住她的手。

我们发现,越来越难以把她的注意力从这些怪事上转移开。她或者长时间打量放在手里的什么东西,或者漫无目的地在各个房间游荡,从不看屋里的人,只专注于各种东西。

自我生下米歇尔后,马莉的这些怪异表现有多长时间了?几周?感觉这段时间很漫长。我的日子像一个个凄惨的钟点拼凑在一起，勉强撑过每一天。绝不能垮下来，我要为这三个孩子尽我所能。我是他们的妈妈，他们还需要我的照顾和关爱。白天我尽可能不哭，以免使丹尼尔害怕。

可是，一天早上，丹尼尔看见我在卧室抹泪，他站住没动，感到害怕。他心目中的妈妈不应该哭泣，此刻他深褐色的眼睛噙满泪水。

"妈妈，你哭了？"

"是的，宝贝，现在没事了。"

他站在那里，想要理解发生的事情，给自己一个头绪。我不清楚在这样的危机和恐惧的氛围中他能够了解多少。我们的话题处处与马莉有关，电话里谈的也是马莉，所有的注意力都强迫、偏执地集中在马莉身上。只要没有过多打扰他的事情，丹尼尔似乎也自得其乐。可是我知道他是个敏感和柔弱的孩子，我知道他会讲出来。

"妈妈，你要去看医生？"他的声音有些忧虑。

"是的。"

"你带马莉去？"

"是的。"

"马莉生病了？"

我蹲下来双手抱住他说："她会没事的，我的宝贝。别担心，妈妈和爸爸会永远照顾你、马莉和米歇尔。"

他对我笑了一下，脸上重又漾起幸福的表情。

我始终担心丹尼尔，如果和他待一个上午或下午，要面对一个三岁大孩子没完没了的评论和问题，要做太多的事情，有太多的发现和思索。还有，经常是婴儿哭闹，马莉在屋子角落做怪事，电话铃声在响，丹尼尔朝我哭闹，有几次我差点儿朝他吼叫起来。我常常感到胸口一股火向全身各处发散，下颚、脖颈和喉咙的肌肉僵硬。"让我一个人静一静！"我在心里朝他吼道，"别问我这么多问题！不要总缠着我！我做不了。现在没时间想你的事！"

我学着辨识自己情绪爆发的那些时刻，强迫自己走开，进到卧室关起门，打开电视卡通节目哄丹尼尔,做可以换取片刻宁静的任何事情,恢复自我控制。你不应该这样做,我内心回荡着微弱的理性声音,你不能把自己的恐惧和愤怒归咎于他。

但是,我的气愤时刻吞噬着我,令我难以承受,把我变成随时爆发的疯子。我仿佛有恶魔附身,只有邪恶的女人会对自己的孩子暴怒。

我需要有对冲的力量,防备自我仇恨、悲哀、愤恨和无助。

我必须学会安静下来,学会找点补偿。我每天都设法挤出时间和丹尼尔单独在一起,这样给我俩都带来安慰。

虽然这段时间不长,但我努力做到不去想别的事情。出于无奈,我对过去自己曾委婉讽刺过的"有质量的时间"概念,现在开始有了新的见识。

在帕齐和马克照顾另外两个孩子时,我每天抽出一小时和丹尼尔单独在我的房间。我会把门关起来,排除内心杂念,全身心地关注我儿子喜欢和不喜欢的事,回答他的问题。我们会读故事书,谈论他关心的事情。我总是更多地搂他抱他,内疚于那天我多少次和他说过"不,现在不行,丹尼尔","过一会儿","等一会儿我给你做","我们明天再烤点心","嘘!妈妈在讲电话。"

和丹尼尔在一起的时光,充满了爱,对因自我否定而遭受的心灵创伤起到了疗伤效果。

我内心一直憧憬做个好妈妈,她应该有耐心、有爱、温柔,知道怎样塑造和引导一个年轻生命,如何给孩子有智慧和良好的教育。我知道工作是一种快乐,所有妇女都应享有这个来之不易的权利。就我个人而言,拥有这些孩子就是我的幸福所在。我们计划要三个(三个!)年龄差距不大的孩子的决定,意外地引发各种非议,我一直承受多方面的压力。在曼哈顿上城东区的街道上,我听到路人看到我怀孕时带着两个小不点时的闲言碎语。一个朋友称之为"社会计划生育"说法,似乎成了一种令人头昏的恐惧,在当时的有闲阶层很流行。面对鸡尾酒会上那些穿着阿玛尼外套、脚蹬古奇皮鞋、占据公司各个职位的二十五岁上下的人士,我学会如何应对他们假装的屈尊,不避讳那个无所不在的纽约式问题:

"你做什么？"（潜台词：你有多少荣耀、知名度和影响力？）

回答（略带故意挑衅）："我是一个母亲。"

"哦。"（疑惑。很有趣？？？）

我在想，丹尼尔出生后我全身心在家看护他的生活，习惯了有大片绿茵草地的生活环境，我很满意这样的生活和选择。我是一个母亲，并不完美，但是一个好妈妈。我经历过职业生涯常有的枯燥、孤独和混乱，也尝到每天收获小小成功和欢乐的滋味。

现在，我营造的安乐窝垮塌了，不仅在马莉身上，还有丹尼尔和米歇尔。这些天我经受着深深的挫败感，每件事情都不对劲儿。我在履行母亲责任上缺得太多，几乎不能满足两个健康孩子的需要，同时对患病孩子无能为力。

因此，我和丹尼尔单独在一起的一小时对我弥足珍贵，甚至对我比对他更宝贵。我听他滔滔不绝地说话，赞叹他的漂亮模样，捕捉他每个可爱的表现。我的宝贝，你的眼睛充满欢乐，没有忧愁，没有恐惧。我们彼此拥有，你如此幸福。

在忐忑不安的产后恢复期间，同样我学会了照顾新生儿起码的技巧。这个孩子不论白天还是夜间，每次睡眠不超过三小时，醒来就饿，哭闹着要吃要抱，搞得我疲惫不堪。夜间，我把他放在我们大床边的婴儿床上，不管什么时候他醒来我都会睡眼惺忪地把他抱到我们的床上。一天里，我的大部分时间主要照顾他的身体需要：喂奶，洗澡，换尿布，而内心太多的思绪误打乱撞，使我心惊胆寒。每天熬到晚上，总有马莉和丹尼尔睡着的一段时间，可这时米歇尔总是睁着大眼睛，没有睡意。这时我会靠近他的小床，渴望和他对视，拥抱他。在我的脚步靠近他时，他会给我他人生中的第一个礼物：他的小脑袋转向传来脚步声的方向，我敢断定是一种渴望的表情让他整个面孔活跃起来。当我手扶着他头部抱起他时，他会直视我的眼睛，那种婴儿生命最初几周里就有的令人惊奇的表情。

我的体力消耗殆尽，身体颤抖，眼窝凹陷，但我会强迫自己珍惜这一刻。

我抱着他，闻到他身上的婴儿香气，贴一下面颊感觉到他难以形容的柔嫩肌肤。他的小拳头放在胸前，整个身体靠在我一只胳膊上，他是这么娇小。

你需要我，小东西。谢谢你需要我。谢谢你让我喂奶，给你温暖和爱。我抱着他吃奶，像我和丹尼尔在一起的感受一样，他给我的感觉让我安静下来。他半闭着眼睛，全身放松。身体暖和，换过尿布，吃饱奶，接受我的爱抚后，他很快又会睡着。你哭叫我会安慰你，你冷我给你温暖。你需要我，我也需要你。我的手臂搂着你，我的心充满爱意，此情已日渐消失。我的米歇尔，把头靠在我身上，让我保护你远离危险。

如果说，这期间米歇尔和丹尼尔让我操心也让我安慰的话，马莉是我无法缓解的痛。她疾速滑向某个晦暗的空间，我不知道怎么能够救助她。每一天她似乎更退缩，消失在自己独自游走的梦境里。我们正在失去她。

"你还记得她什么时候总说'嗨，爸爸'？"一天夜里马克问我。

那是什么时候？她真的那么友好、愿意说话、依恋过我们吗？

我们回想过去，尽力回忆什么时候她开始转向自我。我们找出照片集和录像，整晚观看，想尽快找出头绪。

我们有马莉婴儿时的一些相片，其中有几张马莉对着镜头微笑。但是后来她看镜头的照片越来越少，更不用说微笑了。

我们重放了在西班牙度假时拍的录像。所有孩子集中起来在沙滩上拍集体照。马克拍录像，还有一个叔叔拍照片。

马莉只身一人，不合群，孩子们集中起来拍照时，马莉开始抽泣。我们那时认为她不高兴。是什么让她不高兴，我们不知道。她累了，还是在叔侄姊妹兄弟前害羞？周围噪声大、活动多惊扰了她？这次拍摄持续了几分钟，最后马莉还是停止了哭泣。

后来，我们更仔细地查看录像上有马莉出现的镜头，心生阵阵寒意。那一刻她不是"不高兴"而是吓住了：她的手举在胸前不停翻动，嘴巴张着，看上去就要哭出来。

"你看到了吗？"我问马克。我的声音微弱，像是悄悄话。

"是的。"

我找出一些宝丽来一次成像照片，背景是孩子们在大都会博物馆前玩耍，丹尼尔耸着肩，手插裤兜，正对着镜头大笑。马莉坐在秋千上，两腿耷拉着，眼帘下垂，嘴型像一个倒U字。

马莉刚出现异常举止的时候，我们未能及时察觉，为此我深感内疚。发生这样的事情，我们怎么还能照常外出晚餐，去法国参加丹尼斯的婚礼，去做各种其他事情呢？我们和她住在一个屋檐下怎么能没有察觉？医生们都说马莉尚小难以确诊，许多儿童在三四岁，或五岁时，才被诊断出孤独症。我们觉得是自己背叛了她。一年时间我们仍搞不清她的状况，她出现症状时不能断然阻止它，不管这个"它"是什么。

现在的问题是"它"就是她，是她表现的那样。她"是"孤独症，如同某个人是"男人"或"女人"、个子高矮一样。这不像是得知孩子患了癌症或艾滋病那样可怕的病。这样说不是有意降低这类病症的悲惨程度，也不是暗示接受孤独症相对不那么困难：这些病症都会带来各自难以承受的悲痛。我想说，孤独症这个东西完全取代了马莉的人性本质，她不是"有"孤独症，她就是孤独症本身。她对我们很陌生、很疏远。她瞥看我们时，眼里没有光芒，没有看出我们的笑容，我们在她身上没有找到一个存在。她变得冷漠，很冷淡。我仿佛感到她就要滑脱我抓住她的指间。每个漫长的白天，她的精神更加萎靡，"每个缓慢的黄昏，接近更多黑暗。"

我睡眠时噩梦不断：马莉在树林里，马莉独自在一栋房子里，我们把马莉忘在车里。一天夜里，我梦见我们都在海上玩冲浪。我竭力护住三个孩子，担心海浪卷走他们，心里怕极了。丹尼尔紧抱着我的腿，我一手抱着米歇尔，另一只手拉着马莉。突然间，马莉滑倒掉进水里，瞬间没了踪影！我气喘吁吁哭喊着，一只手伸到水底去摸她的身体。我亲爱的宝贝！你在哪里？！我从梦中惊醒，全身浸透冷汗，大口喘着粗气。

马莉夜间睡眠不好。这个综合征的一些表现是一天睡眠周期短暂，不规律，她睡眠的时间越来越少；夜间，我会不时地去她卧室看看，常常发现她醒着没睡，凌晨两点还睁着大眼，默默地注视前方。

一天夜里，她哭了一声醒来，是害怕？是她做了噩梦？我猛地翻身起来，跑到她的卧室。她害怕的时候我要随时出现在她身边，我希望妈妈在场她会觉得安慰，我把她从床上抱起来。这时她身体紧张，使劲儿挣脱我的怀抱，转身面朝墙壁。之后有意什么都不看，伸手用被子把头盖住。

每个上午都没有变化。她从不叫我，也不再咿呀发音，或者弄出声响要人过来从小床里抱起她。她只是没有表情地坐在里面，直到我给她换尿布抱起她。一天我和马克一起进到她的卧室，她恰好站在那里看着墙面。"你好，宝贝！"我喊出来。她甚至没有回头看。

那一刹那，我瘫倒在地板上，身体靠在墙上。"这不是马莉，"我自言自语道，"我不必给她更多的爱，因为她不是马莉。"此刻我感到冷漠、气愤。我们彼此否定，对此我镇定理性。这样做好多了。冷冰冰的淡漠一时让我释然。比一个像截肢的人歇斯底里走来走去好多了。我真的不要再关心这个陌生的孩子了，因为她不是我的马莉。

充斥敌意的镇定持续了一两个小时，随着我一阵剧烈的悲伤片刻瓦解，备受压抑的心情更加悲痛。不，我绝不能抛弃她。她迷失在自我世界里，我对她的感受一无所知，除了一件事：她在那里不快乐。我看着她凄切的面孔、下垂的嘴角和茫然的眼神就知道，无论这个可怜的两岁孩子在哪里漫游，那里肯定不是一个好地方，那里没有欢乐。不言而喻，我的宁静和幸福生活和她紧密相连，她的未来就是我的未来。她迷失在更深的丛林里，但她还拥有我的一颗破碎的心。任何意志和理性都不能把我的心和她分开。她迷失、孤独，无法找到回家的路。我不能放弃她。

"如果，"我在马克的怀里哽咽，"如果她不再爱我们会怎样？"

他沉默了片刻。

"我们要学会没有爱的回报也去爱她。"

"但是她终生受折磨怎么办？"

同样，他的回答似经过深思熟虑："她不会受苦，我们将尽我们所能给她一个好的生活。"

只有和马克单独在一起的时候，我的泪水才能尽情流淌。我的悲伤和恐惧在白天聚积，直到夜晚我再也抑制不住恸哭。每个夜晚他走近我时，我会把缠绕我的种种忧虑说给他听。在夜晚的黑暗里他会抱着我，我的身体因抽泣抖动，我把一天的痛苦和他诉说。他听着，抱着我，和我一起悲伤。他不做任何承诺，因为除了忠诚他无可承诺。我们将一起经历这一切，我们会彼此支撑，面对任何要发生的事情。

6

我们读了更多相关书籍、文章和任何能找得到的东西。我们已经了解，不能指望从文献里发现灵丹妙药，但对这个发育障碍，我们想多知道一些。我的桌子和床头柜上堆满了有关孤独症的书籍和文章。我快速浏览所有内容，力图找到在马莉身上发生了什么、她怎样感知这个世界的答案。

有些资料是孤独症患者的家人记述，其余内容主要可分为两个方面：如何"应对"和病症"描述"。应对类书籍的读者主要是家长和教育工作者，总的来说，就是让他们了解孤独症儿童的一些基本表现和对"如何应对孩子特殊需要"的建议。我自己感觉所传达的都是没有希望和放弃。我不想了解如何"处置"自伤行为，我想知道怎样让它消失得无影无踪；我不想知道孤独症儿童长大后有集体托管机构和喘息服务，我只想把她留在身边，让她安全受宠爱。而这类书籍的信息明白无误：这是要发生的，你需要这样应对。有一本书名甚至直接是：《孤独症，没有终点的噩梦》（*Autism, Nightmare without End*）。

症状描述类书籍主要针对专业工作者，从每个可能的角度分析孤独症个体症状，生化和神经构成，心理、社会和语言方面的描述，大分类后再进一步细分类。在我们看来，这似乎是没有办法的办法，对信息的各个细节详细描述，无休止地反复讨论，每一块拼版能拼接起来但整体画面模糊不清。

这里有人花了一年时间研究一个特别症状或某个单一表现：一些孤独症孩子仿说，在什么时候一个人鹦鹉学舌般模仿他人讲话？哪些因素导致仿说增加或减少？代词仿说，倾向于说"你要苹果"而不是"我要苹果"，是否是仿说所致？

也有人研究某些神经递质在孤独症状中的作用，还有人以孤独症个体觉醒和瞌睡状态的非正常方式为研究课题。有报告指出该病症患者血液中复合胺水平异常。另一个孤独症儿童分类是染色体异常——"脆性 X 染色体综合征"（Fragile X Syndrome）。关于诊断标准著述多如牛毛，不断有各种新的、更准确和"万无一失"的评估项目表问世。

十年或三十年后，许多这方面的信息或许会成为揭示孤独症结构的一砖一瓦：关于它的性质、病因甚至治愈的完整和证实的理论。特别是生化研究，虽然刚刚起步，但似乎给人们更多的希望。

这些对我们基本没用，无法改变我们当下的境况。在新一年最初的日子，我们了解的这一切只增加了我们无望的情绪，更确定了病症的诊断。在这些病症描述文献里，我们随处都能找到马莉的影子。

比如，我们了解没有两个孤独症儿童完全一样：如果其中一个总是触摸各种平滑或粗糙的平面，另一个可能完全不用手掌碰任何东西。最近马莉开始手指后翘拒绝接触和拿取东西。如果一个孩子总哼唧不断，发出咯咯声音，另一个则可能没有声响地目视前方；有人一遍一遍地把东西摆成队形，有人盯着灯光看；手指头或者在眼前不停翻动，或者在暖气片前后摸索。

这些都是"自我刺激行为"，从触觉、味觉、视觉和听觉接受的强迫式和怪异的感官刺激。

有些孩子摇动和旋转身体，另外一些则没有。研究者猜测这些活动表现可能起到对某种活动和平衡感觉障碍的补偿作用，常见的症状有踮脚走路、磨牙和手掌抖动。

儿童反复从事同一活动而导致不与他人交往的现象叫作"刻板行为"，如果成为很固定的形式和日常所为，就可能演变成"重复性仪式"。早在马莉确诊前，我多次看见她反复做的一件事，想起来我总是不安和担忧。她总是一手拿着《大鸟》书，另一只手拿着《金色童书》（Golden Books），把书翻到封底，整个页面设计是小人和动物在各处跑，她一本正经地用大鸟嘴碰画面上每个小人和动物，从页面右上角开始往下逐一接触，翻到背面后自上而下。记得有一次，我坐在她旁边看着她这样做，感到费解。可是那个时候我从没听说过"重复性仪式"这个说法。

我们还了解到，许多孤独症行为，如用脚尖走路、手掌翻动、身体摇动，普通孩子也会有。然而，非孤独症儿童的这些行为出现早、消失快。孤独症儿童这些行为不是过渡性的，随着年龄增长不仅不消失反而表现更明显。这时我们恍然领悟到，为什么不具备一些专门知识的父母很难"看出"马莉这个年龄的孩子的孤独症症状。马莉一岁后出现的令人担忧的行为，我们也时常在其他孩子身上看到。我们渴求获得各种确证，觉得普通孩子身上发生的行为一定是正常行为，所以马莉也一定是个普通孩子。这样想多少让我们有些安慰。

有件事特别让我们困惑不安。早些时候，马莉似乎发育正常，可以说一些话。为什么后来丧失了这些技能？她能说的话跑到哪里去了？她怎么会前面正常发展随后不正常了呢？过去有的语言是否至少意味着她说话的潜能还在呢？

研究者试图根据发病年龄给孤独症儿童群体做不同的分类。一些孩子会在一个阶段和同龄孩子一样快速发育，另一个阶段，或迟或早，通常在十八个月大时，他们的发育变慢、停滞，甚至倒退。还有一组孤独症儿童自出生就有明显差别。第三组（迟发儿童）的发育衰退最早出现在两岁后。一些研究者认为这实际上说明没有真正的正常发育期，包括"迟发"儿童，孤独症的破坏性种子与生俱来。无论哪种症状分类，我们都找不到任何文献指出他们预后情况有什么不同。所有孤独症患者的前景都无一例外地令人担忧。

就这样，我们在孤独症方面一天比一天更"专业"；矛盾的是，我们变得更无助。我们知道了更多关于马莉症状的术语，但是没人确切告诉我们能做什么。当时我的状态差不多就是拿起一本书，阅读前言和目录，然后随手丢到"无用"的书堆里。"通向没希望的路上有这么多里程碑"，我对马克叨念着。

我们很快了解到，至少在医学和生理学方面，孤独症研究才刚起步，相当一部分原因在于早期在孤独症致病原因方面的荒谬观点。在凯纳最初把孤独症作为独立病症诊断分类后的二十五年里，神经病学家和心理学家对病因的看法异乎寻常地一致；他们长篇大论，一再坚持错误的方向。这些专家对病因的一致看法是——现在让你猜都猜不到——导致孩子孤独症的是母亲！与精神病、大屠杀、多动症和躁狂抑郁一样，他们推论出母亲该当其咎。这不能不说是那些总是疑神疑鬼、狂热的弗洛伊德派学者所为。

这些书籍文献最终让我们结束了寻找灵丹妙药的日子。现在，绝大多数专业人员认可孤独症为神经发育异常，而不是心理疾病障碍。唉，对此感谢上帝。我想到五六十年代那些父母不仅要面对自己孩子的诊断，还要忍受自取其咎的责备。感谢上苍，我们生活在一个更开明的时代，那时我一点都不了解这个看法会持续影响多长时间。

马莉确诊不到一个月，我们感觉像半年。每天晚上，我和马克无时无刻不在谈孤独症。我们讨论马莉当天的行为、眼神接触（如果有的话），她是否说过什么话、指过哪个东西、接近过哪个人，以及有过任何正常玩玩具的举动。我们一起阅读，相互摘要、总结我们读到的所有内容。我俩都感到揪心的急迫。我们在与时间赛跑，全力寻找某种办法，终止马莉令人难以置信的发育倒退。

这时，所有的阅读和观察让我们对马莉下一次的预约评估有了某种准备，也就是说，我们不再指望听到这是一个误诊。我们知道马莉有孤独症状，现在我们唯一的希望是另一个医生会告诉我们她的症状在孤独症边缘，是他或者她见过的最轻的一种。就是这样一个希望，我也怀疑能否如愿。

带着这样一种听天由命的镇定，一天上午我们动身去见道布罗斯基医生[1]。那天，马克去了华盛顿，我只好一个人带马莉。有人推荐在布朗克斯的阿尔伯特·爱因斯坦医院有好的康复项目，我打电话过去，对方告知我最好见一下道布罗斯基医生，她是一个儿童早期诊断与康复中心的主任。

这次求诊和评估，后来证明是我们所有与医生打交道经历中最糟糕的一次。如果说到目前为止，我对医生的反应失望，发现医生（德卡洛医生除外）在我们家庭危机中毫无帮助的话，那么我对这家名声在外的康复中心已经有了一些异样的心理准备。用"毫无帮助"这一字眼形容它不确切。道布罗斯基医生的专业风度不缺威严。她紧绷着的嘴唇露出愉悦，甚至有

---

[1] 原注：化名，已去世。

掩饰不住的兴奋,她似乎期待这样一个自我欣赏和自大的机会。

我在大厅等候时听到她进入办公室,"她来了吗?让她进来。"

"告诉我,莫里斯太太,"她首先问道,"你怎么打听到我的?"

我一时语塞,无以作答。哦,有人告诉我应该给爱因斯坦医院打电话,接线员转到另一个接线员,她说我应该约见你。

听到我的回答她好像有些愠怒。

"你女儿的事你和谁谈过?"

我说到德卡洛医生、伯曼医生时,她打断了我。

"这些人是谁?他们提到过我吗?他们让你过来找我?"

"不是,我刚才说过,我只是给爱因斯坦医院问询处打电话,经过几个转接后我被指到这里。"

从约一小时的讨论的最初时刻开始,似乎只有一个主题,那就是道布罗斯基医生。马莉的诊断是一个方便的引子,据此她可以展开真正的戏剧性和重要的主题:道布罗斯基医生的专业知识、职业名声、独到的诊断天赋和毋庸置疑的权威性。无论我提到伯曼医生、德卡洛医生和巴克斯特医生说的什么,她都嗤之以鼻,抨击他们在孤独症领域缺乏资格。她对马莉的诊断有一个很长的问卷,罗列各种问题,此时马莉被带到旁边一个屋里由她的助手墨菲太太做观察。在每次我要回答她的问题时,她总是打断我的话(带有语言暴力,这在我的言辞冒犯一览表里属于严重的)。我一度干脆放弃回答,沉默无语。这时,她似乎想起我们之间应该有某种形式的对话,才停止谈论次日要见的那些不称职的见习生,把目光转向我。

"莫里斯太太,你到这里的目的是什么?"

"道布罗斯基医生,我到这里来是要得到一个诊断和对病症的预后了解,还有能帮助我女儿的可行的行动方案。"

"一个诊断?当然是孤独症!"

"我之前并不知道像你所说的这么确定。"

"当然很确定!你的描述都是孤独症孩子的表现。"

无论我觉得自己做了怎样的心理准备,她的这番话仍让我周身冰冷。我竭力忍住夺眶而出的泪水。桌上有一盒纸巾,我本能地伸手去取,又蓦然气愤地停住。我不要在这个女人面前崩溃。一阵沉默。

"你说还要见什么人？"

"科恩医生。"

"他是谁？我从没听说过。"

"他是发育障碍基础研究所孤独症科主任。这个研究所是纽约州智力落后办公室的下属机构。"德卡洛医生把他的名字给了我们。

"哦，我强烈建议你不要再去见任何医生，不要无谓地浪费时间和精力。明晚过来参加家长工作坊吧。"

"都做些什么？"

"家长讨论困扰他们的各种事情和问题，由我本人或者墨菲太太主持。每周三晚，我们为家长咨询如何应对孤独症的各种问题以及如何理解他们的孩子。"

"我不需要咨询。每个人都要给我'咨询'！我需要女儿得到帮助！我没有时间参加你们的集体咨询！"

这时我快气疯了，这么多人要给我咨询、康复和支持！即使面对马莉的问题束手无策，他们却还要感觉到自己的重要性、人们有求于他们，让我成为他们的关注点。过去一个月内有不止十个人和我说抽点时间给自己做一次美甲，和马克周末外出度个假，等等。"你自己和你的家庭都需要一段时间不去想这个问题。"如果我再一次听到"凯瑟琳，你需要给自己一些时间"这样的话，我会马上疯掉。我没有时间，我们的时间正在耗尽，没人能告诉我们怎样把时间留住！求求你，谁都行，给我们示范该做什么。无论是我还是马莉都没这个时间听这些鸿篇大论、术语、麻酥酥的腔调和无用的专业知识。我没有时间花在应对技能和如何控制情绪的诱人、冗长的内省上。我想知道的是如何帮助她，而不是帮助我！我前面还有大半生的生活，她却跌落悬崖。难道你们就不能提供比家长工作坊更好的一些东西吗？让我控制一下自己的悲哀和恐惧情绪，在女儿彻底疏远我们之前，你们教给我，现在，每一天，我能对她做什么。当然，我差点忘了，每周都有绝望的家长聚在你们的殿堂、以一种哀求的目光祈求你们的神助是一件多么惬意的事情。

"谁给你提供支持,莫里斯太太?"道布罗斯基医生问。

"我丈夫。"

"哦,他今天没来?"

"他今天出公差了。"

"出公差。"她加重语气重复了一遍。

"而且,"我补充道,这时我突然有一种在拳击赛激烈打斗时挑衅对方的欲望,"我信奉上帝,这给了我力量。"那一刻我不在意这些话听上去是否虔诚,而且不过多解释。

"我不相信上帝。"她说。

是的,你不相信上帝,因为你就是上帝。

"但是,我的确是抱着一个想法到这里来的,这个想法就是互相帮助。"

至此打住有关上帝的话题。道布罗斯基医生是心理学家,很看重自己的专业知识。作为精神领域的学者,她郑重地宣布了生活的意义。她显然把文明的人文主义作为最终的答案,总之,她的权威至上。

"神父们!"她嘟囔着。我说的话让她想起了另一件不愉快的事情,引出了智慧与愚蠢、敏锐心智与愚不可及之间的故事。中心人物和知识宝藏再次集中在道布罗斯基医生身上,故事是她如何对付那些拒绝接受她对其儿子的诊断的、走火入魔的神父。

"一个神父说,"她总结道,"你怎么敢瞎说我的孩子有什么问题。"

说完这话后,她得意地往椅子后面坐了坐。我们都能猜到这个故事的结尾。这个孩子当然是孤独症,那个刚愎自用的神父被迫接受现实。眼前这个医生以一种得胜的神情期待般地看着我。这时我想象得出那个神父当时的表情以及他的痛苦。

我受够了这个女人的攻击,可奇怪的是,我仍在思忖着,她的无聊勒索是我应得的结果。我不确定,根深蒂固的顺从习惯告诉我按她说的做,听从权威,参加家长工作坊,聆听这个医生的说教。社会交往的思维定式要我给她她要的东西:赞赏她的出色诊断,感谢她难得的帮助。她如此强势,十分自信。她是否是对的?我犹豫了。沉默片刻我起身离开。

"等一下,莫里斯太太,最后告诉我一件事,你怎么看我?"

我感到心烦意乱，五味杂陈，全身上下冒火。我慢声慢语地说："我觉得你是一个自我中心、骄傲自大的人。你打断我说的每一句话。我憎恨你暗指我丈夫没有给我感情支持。"

她不为所动，把话直接挡回来："我没觉得你丈夫让你失望，莫里斯太太，或许你自己这样想，不是吗？"

这个女人把自己保护得很好，她的精神病学专业的学习无疑让她习惯于解释任何对她的攻击都是"客户"的病态表现，而不是她的。她不受批评和反驳影响。我能想到她给我的案例写下的笔记内容："客户对问卷人表现出明显敌意，她肯定可以受益于咨询，帮助她有建设性地面对这种愤怒的不适当、错位的感觉。"这个，那个，等等。

这个时候墨菲太太出现并开始讲述对马莉孤独症症状表现的确认。这两个女人先后问到我们是否愿意参加他们的家长工作坊。"我不确定，"我说，内心犹豫着是把烟缸摔向她们，还是战战兢兢投降，接受她们令人窒息的康复。"再见，道布罗斯基医生，墨菲太太。"

"再见，莫里斯太太。"

我开车回到曼哈顿街区的家中。我坐下来，惊愕不已。自马莉得到确诊后，这还是第一次，那一刻我内心出现某种比悲哀和恐惧更强烈的东西。

这就是愤怒。我不知道我要做什么或谁能帮助我们，但是我很肯定的是，儿童康复诊所、游戏康复训练、家长工作坊、精神压力管理、心理咨询都不是我要找的答案。道布罗斯基医生的盛气凌人使我震怒，可还是有可取之处：它让我最终摆脱了随马莉确诊而来的混乱和动摇，彻底摒弃所有这些"助人"、使人窒息的专家，那些把职业生涯建立在自我中心上的权威，还有孤独症的毫无希望和家长的无助感。他们灌输给我的是顺从，接受拐走我女儿的发育障碍；他们对其病因和性质没有一点概念，仍假装"了解"这个症状。他们能给我的帮助无异于给马莉敲响丧钟。正如伯曼医生漫不经心说的那样，孤独症在很长时间里给了太多人生意机会。在我驱车离开道布罗斯基医生诊所那一刻，至少我做了一个决定：我不买账。

7

绝望使我焦躁，我砰然关上旧秩序的大门。这无疑是一个疯狂的决定，因为我不知道是否还有一个新秩序。

我只知道我仍然没有彻底屈服，太多的谜团，太多的黑暗。我跌跌撞撞，迷失在孤独症的黑洞里。然而有一点我很早就开始了解，我咨询的那些"专家"对孤独症的了解并不比我多多少。我突击恶补孤独症知识，使我能和他们一样随处使用术语。疯狂阅读让我与他们一样可以辨识异常行为表现。我和他们之间唯一的真正区别是：他们在诊所的光环下舒适生存，而我身心俱焚；更糟糕的是，他们可以用学位和博学欺骗自己在"给人帮助"，而我受用不起这些托词。

我在与时间赛跑，要么我能找到真正起作用的某个人或某种办法，要么我永远失去马莉，事情就是这么简单。孤独症有某种含义，我的理解是"虽生已死"，孤独症不可能既是存在又是虚无；它使人没有自我，生命没有灵魂。

此时，我已经没有还手之力。

我是一个知识女性，率性，争强好胜，很在意别人的批评或反对意见，此时把希望寄托在祈祷上是很难的。我常出入的一些圈子里，有人对传统宗教形式和仪式相当厌烦，讥讽那些狂热的人们把天真的愿望寄托给上帝，让永恒的慈父安排一切，也包括邪恶和死亡。我也多年想走出这种犬儒主义，尽量不去关心这些。成年后有好长一段时间，我的内心都挣扎在坚守个人信念与那些对立的力量和态度之间。

其中一股力量来自于我自己。生长在信奉天主教家庭的环境下二十年，经历过我热爱的教堂人为败落、内斗，各派之间都声称拥有真理、权威和上帝箴言。保守派和自由派彼此攻讦。这个局面持续了两千年，还会继续两千年。而教堂，感谢上帝还会生存下来。

另外一个纠结不是源于内心，而是来自外界：我和马克生活在一种精致和有教养的环境里，那里信奉天主教需要具备各方面的知识。

宗教对我有许多含义，其中也不全是道德高尚值得颂扬的：它是对一种反宗教文化义愤的立场表示；在我孤独和痛苦时给我安慰；作为我有能力选择方向的见证；给生活一个目的———一种超越尊重别人或拥有权力的目的。宗教可提升生活在世上、有爱心的人的信仰；作为天堂给人退路，作为鸦片，也作为一个混乱人世的规范准则。

我的宗教极少给我更多的东西。也就是这个极少的东西让我维持了不完美的信仰，超越了我为之辩护的政治立场以及对秩序和舒适的虔敬需要。我的信仰仅是我与上帝沟通的方式。

我是说，有那么一些时刻，在祈祷或沉默时出现，回响和捕捉到一个不是我自己的声音，内心的另一个存在瞬间闪过，但清晰可辨。这是一个不可能完整描述的经历。就像在我之前那些更有天赋和灵气的人体验过的那样，这一刻的感觉更多不是快乐，虽然也有快乐，但更多的是恐惧。此刻灿烂的光明和美妙至极映衬出人的精神如此匮乏，相形见绌。鲁道夫·奥拓[1]提到的"极致神秘"（mysteriumtremendum）——某种压倒一切、神秘至极的东西让人灵魂敬畏，恐惧晕眩，在造物主面前战栗。

这样的光明，这样的爱，远远超出人们的智慧，充满神圣。这种体验让我渐渐悟出两件事：首先是我依恋这样的光明，愿意以余生等待和希冀完全沐浴他的光明灿烂；其次是我无法把握它。祈祷的时刻会结束，教堂会空寂冷清下来。时间匆匆而过，我必须赶着去买日常所需，接孩子，回到日常生活的各种担忧、琐事、消遣和责任。不知何故，生活在人世间不能拥有这样的光明，我们只能可望不可求。如果幸运的话，极个别时刻我们的灵魂和心灵会倒向这个方向。

然而，现在面对危机时刻，我不是用理智决定做祈祷，而是全然不顾地祷告。我执着于祈祷，就像在黑暗的海洋风暴中不被卷走时的挣扎。我

---

1 译注：鲁道夫·奥拓（Rudolph Otto, 1869~1937），德国著名的宗教学者。

的祷告就是恳求，完全不是在全能的上帝面前应有的那种虔诚、沉思默想的爱或得到一份安详。我的祈祷是混乱、哽咽和绝望的祈求："主啊，不要这样，把我的小女孩还给我，把她还给我，别让这个事情发生，阻止它，把她还给我！"

每个夜晚我总是要醒来几次，有时因米歇尔的哭声，有时我不断从梦里惊醒。匆忙从睡眠中醒来的过程每次都重复不变。

开始时模糊意识到自己睡着了，似乎漂浮在水面上。这个阶段持续几秒时间，那一刻我尚未完全意识到自己是谁。现实还是片段的、凌乱的，人在半梦半醒之间。接着局促感到身体的强烈不适，最先脸部有游动的针刺感，我会抬手去摸，试着除掉刺痛带来的阵阵痉挛抽搐。刺痛会突然走到胸部，恐惧上涌，肾上腺素陡增。最后在我清醒起身时，出了问题的记忆重压过来。这里出了什么问题？

这就是"它"的重压。哦，是的。马莉。马莉是孤独症。它的波涛淹没了我。

这些夜里，我唯一能够抓住的东西是祷告。

然而，我的祷告苍白无力，仿佛一个噩梦醒来的孩子在抽泣，反复祈求一个事情：让病症离开，我害怕。

见道布罗斯基医生当天晚上，我的承受力到了极限，害怕第二天早晨到来。我找不到任何安慰，没有任何理由继续下去。当然我知道我要撑下去，别无选择，只是我不情愿这样。生活似乎过于痛苦，没有任何欢乐和希望。我不能接受失去马莉，可是所有的征兆摆明我就要失去她。我知道我要起来面对第二天，但是我不情愿。

已经是凌晨一点，我仍不能入睡。我欲哭无泪，精疲力竭，但仍无法摆脱承受不住的恐惧。梳妆台上有蜡烛和圣像，我点燃蜡烛，目不转睛地看着它发出温暖而柔软的火焰。这个寂静夜里马克和孩子们在沉睡，而我独坐在烛光前，渴望感到上帝的存在。

"主啊，我需要你的帮助，胜过任何时候。"祷告里我请求改变现状，"请让这个诊断是误诊，让她不是孤独症。"今夜不同，我要恳求另外一些东西。

"主啊,给我……使我……您的力量……您的安详……给我您的力量和安详,这样我才能继续走下去。"

可是我还要说一件事,一件困难和可怕的事。看着烛光,我双手合十,低下头,全身心付诸上帝的爱。之后我小声说出我内心反对但灵魂驱使的话:"愿你的旨意行在地上,如同行在天上。"

一瞬间,我全身不可思议地充溢着舒适。

我知道一个孩子的孤寂,孤独地在黑暗中颤抖时,猛然被爱的双臂抱住那一刹那的感觉。此刻我被爱震撼,为宁静所抚慰。多亏这次午夜祈祷,我全身每个细胞都被赋予了力量。上帝在那里;他了解,他在听。他在上天看着我们;"他不长眠,不睡眠。"

我吹灭蜡烛,上床睡觉,几周来我第一次睡得很沉,没有做梦。我跌跌撞撞,恐惧哭泣,攀爬到黑暗的洞穴口,这时上帝的手拉住了我的手。

我不是神学人士,从不知道如何面对世上各种邪恶现象,如虐待儿童、要命的疾病、无辜人受罪、不公正占上风等。但我不认为上帝对邪恶有决定权:如库史那拉比所说,上帝和我们一起承受邪恶。"你的旨意行在地上,如同行在天上",不是说上帝要让我们和马莉受苦,而是我的自述和自我确认:如果我们对他的善和爱有足够信任,我们将不会被病症和邪恶吞噬。如果我们把自己托付给上帝的意志,事情会有转机。他会给我们力量和勇气,面对并走出病症。至于是不是说我们会有勇气承受马莉的病症,或是我们会奇迹般地让她恢复,我不得而知。

早上醒来,我觉得浑身放松,自米歇尔出生以来从没有过的惬意。我的意识边缘仍有恐惧和悲伤的涟漪涌动,它还要持续几个月,但是我觉得心里很平静。我的手握在上帝手里,他会让我们重新开始生活。无论何时恐惧的巨浪袭来,我都会停下所有事情祷告,牢记我把心爱的人寄托给了上帝:"如果主在我们一边,还有谁能奈何我们?"还有什么能压倒我们、消灭我们?我们会有出路,我们相信上帝。

这之后出现了最初的希望征兆,而且事情来得很快。

第二天晚上,我在厨房接到侄女玛利亚从芝加哥打来的电话。我正一手抱着米歇尔,一手搅着面团。恰好是孩子们的晚餐时间,我手忙脚乱,周围声音嘈杂。此时电话铃响了。

"嗨,凯瑟琳,我是玛利亚。最近你怎么样?"

"还好。"

"听上去你很疲倦。"

"有一点。"

"听着,杰克在牙科诊所里看到一篇文章,他要你读读。是关于加州大学洛杉矶分校洛瓦斯博士的报道,上面说他治愈了一些孤独症孩子。"

"治愈一些孤独症孩子?"

"是的,我读给你,听这里。一个实验性项目,每周四十小时一对一治疗。文章标题是'拯救格里斯'。我发给你好吗?"

"是的,当然要发给我。马上发给我,先告诉我文章说的是什么。"

治愈一些孤独症孩子?我们交谈过的任何人都没有提过"治愈"这个字眼,会是真的吗?

玛利亚给我读了整篇文章,发表在《今日心理学》(*Psychology Today*)杂志第 12 期第 87 页上,碰巧是德卡洛医生给马莉确诊的时间。作者名叫保罗·钱斯[1],叙述了一个叫作格里斯的小女孩参加了洛瓦斯博士对孤独症儿童的实验项目。洛瓦斯博士每周给孩子进行数十小时的一对一行为治疗。他的方法关键部分是孩子所处环境里的每个人,父母、教师、看护都按照要求训练:高度一致性的练习和保持,教学内容因人而异。实验组里有 19 个孩子(其中 1 人在前期放弃),还有两个每组 20 人组成的控制组。控制组和实验组的孩子均由第三方评估师诊断。实验组和控制组之间主要的区别是干预时间不同。实验计划几乎要求把孩子白天所有的时间囊括到治疗时间内,而控制组的孩子每周只有几小时治疗,而且治疗计划不延伸到孩子在家期间。

---

[1] 译注:保罗·钱斯(Paul Chance),《今日心理学》记者,首先报道洛瓦斯的实验结果。在心理学应用于教学方面著述甚丰,最新著作 *The Teacher´s Craft: The Ten Essential Skills of Effective Teaching* 出版于 2008 年。

该实验取得的结果是空前的：几乎一半实验组的儿童（19个中的9个）达到了正常的"认知功能"。用所有的智力和推理测量标准测试，他们都达到正常水平。他们真的恢复正常了吗？他们是否有朋友，能与人正常交往？文章说，这些孩子现在十几岁，在学校里由不同的教师教课，正常升级。还有，长期跟踪研究数据显示，在社会交往和认知方面，他们确实和其他同学没有分别，格里斯虽然有些害羞，但也有自己的朋友，学业也好。

我曾听说过行为治疗，但知之甚少。我和马克从大量阅读中开始了解这个国家有关孤独症的治疗，基本上有三种方法：医药方面主要是药物治疗、精神分析，还有行为方法。医药学方法到目前为止没有令人鼓舞的结果，在某些病例上甚至出现严重的副作用。我们已经决定不给马莉用药，担心氟哌啶醇和氟苯丙胺[1]这两种药物可能有毒副作用。

精神分析方法通常是试图了解儿童精神病的原因，把孤独症看作是个人自我问题的表现。精神分析师总是谦和、受人尊敬，通过玩沙、戏水和拼图游戏引导孩子，期间尽力传达爱心，理解并接受孩子。

另一方面，行为主义治疗师不关注孤独症的成因。无论什么原因都没有区别。行为治疗师的工作是当前如何消除不良行为，教会孩子更多与年龄相适应的生活和学习技能。他们观察孩子的行为而不是他们的灵魂，教学高度结构化并保持一致性，把学习划分为每个细小步骤，"塑造"孩子的行为，类似人们塑造、训练狗的行为方式。

我曾咨询过斯蒂文·布劳斯坦（Dr. Steven Blaustein）博士，一位语言矫正师，他确认存在这三种方法，而且对推荐哪种方法很明确（感谢上帝）。他告诉我们，所有的资料一致显示行为干预的方法效果最好、进步最大。

这么早期就有一两个像斯蒂文这样的人公开支持行为治疗，我和马克对此心存感激。因为从表面看，这个说法本身就让我们吓一跳。我们有点模糊的概念，其名称本身似乎带有操纵性和冷漠感，包括巴甫洛夫的狗、受过训练的海豹、迷津里的老鼠。"我们怎么办？"我问马克，"训练她

---

1 译注：氟哌啶醇为神经镇静药，氟苯丙胺为控制体重和食欲药物，当时有人认为这两种药对缓解孤独症症状有作用。

说话，爱我们，有感情，有人性？"我开始就不喜欢行为干预，但我还必须参加马莉的头几节课。

虽说如此，如果有人用行为干预使孩子恢复正常，我们最好要认真了解一下。我给洛瓦斯门诊打了电话，和一个叫乔安娜的女士谈了很长时间。她和蔼地提供了许多信息，但遗憾地表示，现在没有接受新人的位置。她告诉我，那篇发表在《今日心理学》上的文章引起大量的相关报道，他们穷于应答大量的电话咨询。尽管如此，她还是给了我预订教学手册的信息，让我写一封信要求参加一个由门诊主管主持、为期两天的讲座。

1月20日，我们前去评估，这是已定的五次评估中的第四次。这次是去见在斯塔滕岛（Staten Island）上的发展障碍基础研究所的艾拉·科恩医生。我们进到一个很大的机构，那里严格管理出入，很像精神病院。我们沿着阴森的走廊去孤独症科，遇见一些有严重障碍的儿童和成人。一个三十岁上下的男人舌头伸出嘴外不时抽动，眼神空洞，旁边有看护。要挺住，凯瑟琳，我扯着不断下沉的心脏，试着用爱心而不是恐惧去看待他们。

评估期间，马莉始终像胎儿那样蜷曲在地板上，拒绝睁开眼睛。我们只好第二天再来。第二次她似乎好一些，但整个问诊期间哭哭停停，不看任何人。评估花了两个半小时。科恩医生通过一面单向玻璃给马莉录了像，问了我们各种问题，努力让马莉集中注意力，并用《文兰适应性量表》（Vineland Adaptive Scales）为马莉做了发展成熟度普查测试。结束时他表情严肃，无语。

"说吧，"我告诉他，"你可以说。"

"我认为她是孤独症。"

"是的，我们知道。"

科恩医生随后要写一份关于马莉的诊断报告，其中一定会有马莉表现出"没有适当的言语和手势交流"。这次，我们没有任何预期。

"你认为她有多严重？在你诊断过的案例中，她是严重的，还是最轻的一种？"

他说很难预计这个障碍会如何发展，而且她年龄太小，尚不能做任何正式的智力测试。但是他会给我们文兰量表测试结果：她的语言和人际交流方面的功能在一岁儿童的水平上[1]，她在运动技能和日常生活技能（用勺子吃饭，从杯子里喝水，等等）方面的表现基本符合她的年龄，但仍然低于标准值。她的早期语言发展出现倒退和功能丧失，这种不平衡的发展模式反映了孤独症的共同特点。

科恩医生似乎客观而知识渊博。我犹豫片刻，随后问他我此行真正想问的问题："你听说过洛瓦斯博士吗？他说他治愈了一些儿童？"

"是的，"他回答说，"是的，看来那个方向有些希望。你看过那篇文章？12月份才发表。"

此刻我心跳加速，我竭力把话讲得轻松些，就像是两个研究员讨论一个饶有兴趣的题目："我听说的可能是一般性报道摘要，在《今日心理学》杂志上发表。这篇学术文章发表在哪里？"

"在《咨询与临床心理学》（*The Journal of Consulting and Clinical Psychology*）杂志上。"

"你能给我发一份吗？"

"一定。"

我感到我们的对话有些不可思议。一个专家为帮助我们主动提出发给我们另一个专家写的文章？这与我们向道布罗斯基医生、伯曼医生咨询时经历的狭隘眼界和自我中心姿态大相径庭。他刚才说过"一定"吗？

"你相信他确实治愈了一些儿童？"

"他的数据资料看上去很翔实，非常细致。我认为这是可能的。"

我对他说的每个字都会着迷。

"记住，"科恩医生接着说，"他实验项目里的孩子年龄很小，大多在三岁半以下。"

"这重要吗？"

"哦，从神经学角度看，大脑尚未成型时，有一定的弹性和可塑性，

---

1 原注：《文兰适应性量表》是基于临床观察和父母问卷的调查。虽然马莉在现场测试没有表现出"适当的言语和手势交流"，但约见时的口头问卷说明她在家庭环境里言语和手势功能稍稍好一些。

这个年龄神经障碍还没有太多发展。"

表面上理解这个观点对我不复杂。年幼孩子发育尚未展开，在他身上运用非常具体、高度强化的治疗，之后再看症状有什么变化。马克和我相信，而且之后几个月里我们也不断提醒自己，大脑或许有一个鲜为人知的自愈潜能。

"我们应该做什么？"

科恩医生没有转弯抹角。

"拿到他们的训练手册和录像带，开始工作。你有过教学经历，琢磨一下如何做，招聘和训练一些学生治疗师，制订一个家庭环境治疗计划。"

"好的。"我强咽一口气，按捺住心里的怀疑和不确定。好吧，我们能够做到这一点。我们能够在一夜间成为这个疗法的专家，随即出去训练一些其他人来做。没问题。谢谢你。谢谢你，上帝。谢谢你，科恩医生。感谢你，洛瓦斯博士，无论你是谁，你们开启了希望之门。

又过了几天，我们开始公开提到"治愈"这个字眼，谈论这件事。我们读过和听说的一切似乎都没有治愈的说法，我们胆敢如此奢望吗？我需要找到其他了解洛瓦斯博士实验项目的人，确证发表的数据真实。

过了几天，爱因斯坦医院的墨菲太太打来电话："你好，莫里斯太太。我们想知道你是否要参加我们的家长工作坊？"

这是怎么回事？我心想，他们需要新人出现在讲座席上，还是经费被削减了？

"不，谢谢你，墨菲太太。但是请告诉我，你是否听说过洛瓦斯博士和他帮助一些孤独症儿童康复的事情？"

对方停顿片刻，回答说："但你要知道，大家都知道他只选了那些高功能儿童。"

这些人真的让我震怒。谁是"大家"？他们怎么"知道"洛瓦斯博士选了高功能儿童？这篇文章，无论是专业杂志还是普通报都是刚刚发表。难道"大家"立即飞到加州，采访那些孤独症儿童家庭，要求看到实验遴选标准和录像？然而，无论如何，马莉可能是"高功能"。如果道布罗斯基医生和墨菲太太真的知道这篇文章，为什么见我时只字未提，让我至少可以知道还有些选择？那时，他们只和我谈了我孩子的未来。

"啪"一声，我挂断电话。我气得浑身发抖，坐在那里尽力恢复思路。我开始意识到旧习惯很难摒弃。我还天真地幻想着某个"专家"应该可以给我们答案。我抱着一线希望向"权威"求助。我在请求他们的认可，请求我的希望得到他们的允许。

然而我并不需要他们的允许。如果我们想建立一个家庭环境干预计划而得不到道布罗斯基医生、墨菲太太以及与他们一路的人的指导和鼓励，那么我们就撇开他们自己做。

几天后，我有一个尝试实施自己做的机会。我与佩里医生交谈，他是一位精神病学专家，随后一周我们预约带马莉去见他。我解释说我们听说了洛瓦斯博士实验取得的成功，想尽快找到治疗师，制订一个家庭环境干预计划。

"孤独症儿童不会康复。"佩里医生镇静地说。

我现在仍记得，那时他很有把握的话语给我带来的恐惧反应：我感到自己的世界在崩溃坍塌。他的话使我屈服，但是我随即摇头，奋力站起来。不，他这样相信不能说明就是真理。这是一个人的说法，不是上帝箴言。我已被给予了希望，充满了一种不是我自身的力量。我有了最初的答案，上帝会显灵让奇迹发生。和上帝在一起，一切皆有可能。后来的几个月我多少次祷念这个信条。哪里有生命哪里就有希望，上帝无所不能。

我们一旦调整了自己的生活，从此再无回头路。在前进路上我们走过弯路，摸索中我们有失误和精力浪费，但是目标就在那里，逐渐清晰可辨。我们的目光远眺山顶和闪烁希望的星星。马莉将会人格完整，发展正常。她将会说话、微笑、成长和恋爱。她会康复。

8

  决心和实际方法不是一回事。行为教学初始就考验着我们每个人。

  马克用隔夜快递订购了书籍和录像带，科恩医生也发过来发表在《咨询和临床心理学》上的文章，马克和我一起连夜阅读、研究、讨论和分析这些资料。一拿到资料，我们就开始打电话给全市所有的学院和大学的特殊教育系和心理系，发出工作招聘通知。

  那篇文章读上去给人很大的希望。马克有数学专业背景，他为我解释相关的数据资料。这篇文章我们读了好多遍，后来几乎都能背下来。从中发现的某种基于坚实基础的东西让我们觉得安慰：实验组里的多数儿童，包括尚未恢复正常的孩子，都取得了实质性进步，其中多数人被安排到"语言滞后"班级；事实上，其中只有10%的孩子在学校被编入孤独症与智障班级。虽然使马莉恢复正常是我的心愿，但通过这个方法可以让她至少在某个水平上有交流，我也会感到宽慰。

  这篇文章减轻了我的恐惧，也支撑着我的希望。但那些书籍和录像带不是一回事，我讨厌它们。我们憎恶在这些场合看到的孩子的表情，可怜木讷。我们讨厌治疗师的腔调。我记得治疗师让一个孩子为图片分类的场景："把一样的放在一起。"一位治疗师拖着长音，单调乏味地下着指令。这个孩子面无笑容，拿起一张卡片放到正确的一叠图片上。我们看到的另一个场景是一个母亲扶着一个小女孩坐在她膝上，一个治疗师坐在她对面。我忘记了治疗师给的什么指令，类似"拍手"。每次指令下达后，母亲举起小女孩的手"提示"她做拍手动作。之后训练师盛一小勺黏糊糊的食物，喂给小女孩。我们感到恶心。这个疗法可能是我们见过的孩子最受操纵和无人性的"治疗"。我们还记得《今日心理学》保罗·钱斯那篇文章提到过的"厌恶物"，体罚特别顽固的不良行为。这个实验项目里的体罚是在大腿上拍打一次。

"不准任何人动我女儿一指头。"我向马克发誓说,这个想法本身让我愤怒。

他赞成我的意见,和我一样对所见所闻高兴不起来。然而,我们深夜讨论后,还是觉得最好试一试,毕竟是在家里上课,在自己屋檐下我们肯定可以有所控制。

与科恩医生见面后的一两周内,开始有人打来电话应聘,我们开始面试几个学生。他们似乎都是有爱心、热情的年轻人,但没有一个有与孤独症儿童工作的经历。我们打算聘用一两个人,此时我们自己还不知道在做什么,却要教会他们如何拯救我们的女儿,但没办法,我们只好硬着头皮。我给他们每人一本洛瓦斯行为干预手册和《我书》[1],要求他们认真研读,告诉他们我很快给他们电话。

就在这段时间,布里奇特·泰勒(Bridget Taylor)走进了我的家门,她是上苍赠予我的礼物。当然,那时我没想到她是个礼物,来自何方。头几周我们没有任何头绪,尝试摸索,做不到慧眼识人,只是在上帝的恩惠指引下我们才能保持正确方向。见面前,我想她肯定是(几乎不能容忍的)魔鬼化身。

她二十三岁,一头金色长发,穿蓝色牛仔裤,高帮真皮运动鞋。那时,她就快完成哥伦比亚大学教师学院特殊教育专业的硕士学习了。她看上去像个孩子,从一开始我对她就没有信任感。这样一个刚进入成年的人,对儿童能有多少了解,何况是对孤独症儿童?我提了各种尖锐问题,她逐一认真作答,礼貌得体,不卑不亢,对自己和所学的专业很有自信。

她确实了解孤独症,是我面试人选当中唯一与不同年龄孤独症患者有过一对一工作经历的人。她也了解行为干预,"这是我的本行。"她告诉我。我拿出《我书》并谈起行为治疗方法和技术。她打断我说:"我对这本书很了解。任何用行为干预孤独症儿童的人都知道《我书》和洛瓦斯。"她

---

[1] 原注:《我书》(*The Me Book*)出版于1981年,行为干预治疗孤独症比这个时间更久。洛瓦斯实验项目的新颖性在于将行为干预高强度地运用在很年幼的孩子身上。

出示了她曾工作过的机构写的推荐信。

"好吧。"我说,口气冷淡生硬,"有一件事我要说清楚,这是我自己的家,我对这个计划负责。不许在我女儿身上使用厌恶物。"

"没问题,"她镇静地回答,"我不使用厌恶物。至少没有过非用不可的经历。"

我有些发窘,没预想到在厌恶物的事情上这么简单就得到了认同。我本来准备为此争论一番,没想到这么快她就同意了。

"你听说过洛瓦斯实验项目治愈了一些孤独症儿童吗?"我问。

"是的,但我还没见到这篇文章,你手头有没有?"她回答说。

"有,我给你一份拷贝。"[1] 我想了一下,又问了一个挑战性问题:"你相信治愈是可能的?"

她沉默一会儿,说:"我没亲眼见过,一些儿童的确变成了高功能,但无论他们的语言能力多强,仍有一些社交方面的缺陷。"

"噢,我相信治愈,而且马莉一定会恢复正常。"我边说边递给她题为"拯救格里斯"的那篇文章。

她没有作答。

根据布里奇特的工作经历,马克和我决定聘用她。第二天我给她电话确认聘用,立即生效。她欣然接受。现在回想起来,对此我心存永恒的感激,也有些意外。要是我站在她的角度看待这样气势汹汹、挑刺儿的雇主,会唯恐避之不及。那时她是教师学院的穷学生,或许因为这份工作会丰富经历,所得报酬还值得她容忍一个自作主张、妄想型的母亲。

布里奇特为马莉的课程要准备的第一件事是讨论我所了解的她的行为。

她要我写一份清单,列出"我希望减少的行为"和"我希望增加的行为"。我感觉这样去描述马莉的做法有些奇怪,让我不舒服。我只想她摆脱孤独症,表现正常的人格发展,而且越快越好。把她分解为好的行为和坏的行

---

[1] 原注:O.Ivar Lovaas, "Behavioral Treatment and Normal Educational and Intellectual Functioning in Young Autistic Children," *Journal of Consulting and Clinical Psychology*, 1987, vol. 55, no.1, 3-9.

为似乎冷漠，不近人情。

另外，布里奇特让我罗列强化物清单，那些我们可用来"奖励"和激励马莉"良好服从"的东西。很显然，马莉对口头表扬反应冷淡，因此我们不得不将表扬与"无条件强化物"，就是一些饼干碎、巧克力、小口橙汁等，配合起来。

好的，我想，我们要用M&M巧克力豆把孩子从孤独症里解救出来，就像海豹为了一条鱼完成惊险动作。如何体现爱？爱放在什么位置？我很不情愿写这个列表，心里想我们只给这个可怕的方法一个很短时间的尝试，只是因为我们没有什么其他选择。

我坐在一张空白纸前，觉得荒唐。我想增加哪些行为呢？"我想让她说话。"我写道。难道布里奇特真的要我费力写出这么明摆着的事情吗？"我要她正常玩玩具。我需要她爱我们。"不，不行，最后这条太情绪化，描述不够具体，得划去这一条。"我要她看我们，眼睛直视我们。我要她有笑容。"让我想想还有什么其他的？我需要她有一些主动性，在个人世界里有些欢乐。如何用行为方面的术语表述这些？还有，经过一段时间，最好对她的兄弟有兴趣，但我想现在写这个为时过早。

我希望减少哪些行为？我要她所有的孤独症症状消失殆尽！我气愤地想。后来我还是拿起笔，绞尽脑汁想这些要求的具体定义。

"我希望她不要哭得这么多，停止拉弹簧，不要磨牙齿，不要背向我们独自坐在屋角……"

我罗列了所有近期我看到马莉做的"仪式化"和"自我刺激"的事情。

之后我写了"强化物"清单给布里奇特，严肃警示她要防止马莉吃过多的小吃、太多的糖，以免她对点心和金鱼饼干形成依赖。"是的，是的，"布里奇特答应着，显然她过去多次听到过这些话，"我每次只给她一点点，整个两小时的课程，她或许只吃到两块点心和十个金鱼饼干。"

我们做出安排让布里奇特尽快开始课程，两周后开始。她开始时一周来三天，每次两小时课程训练。很快就可以一周五天上课。

我心里突然想到一个问题，没有哪个两岁的孩子可以一直坐着上课两小时,但是我很快消除了这个担忧。

我首先就此事与洛瓦斯门诊的乔安娜咨询,她让我放心,孩子会适应:只要活动内容交替进行,孩子能够定时转换桌面教学和地板上的活动,他们可以适应两小时的课程时间。

但是,这不是我不再就课程时间多做争论的优先考虑,主要是我们没得选择。这是存在比"进步"多一些可能性的唯一的干预方法。我感到只能接受,就如同一个外科医生告诉我必须给我的孩子开胸手术以解决心脏瓣膜问题一样。我愿意让孩子身体受到这样的打击吗?我愿意把孩子交给持手术刀的陌生人吗?我会去想孩子不愿意经受脱光衣服、放置手术台、麻醉后不省人事吗?几乎不可能。但是这个手术将拯救她的生命,我心知肚明。两小时、十小时、四十小时的干预放在马莉身上,干预时间多少对我没有什么区别。既然如此,我们这样干预也无妨。

现在是2月初,事情来得很快,快到我们无法追踪每天我们应该想什么、感觉什么。恐惧?沮丧?气愤?希望?再次恐惧?在这场拯救马莉的剧目开启前,所有的演员都准备就绪,布里奇特刚刚登场。在随后的三周里,其他主要演员也陆续登台,我们要做出相关的决策。

9

开始行为课程前,我们还得迅速飞一次法国。我们早先计划在法国和马克家人一起为我们第三个孩子做洗礼,各项准备都在几个月前着手进行。

"我们该怎么办?"我问朋友伊芙琳,"我知道这次旅行会使马莉情况变得更难预料,但我受不了把她留下的想法。把她留下来还是带着她,哪个更糟糕?我们是不是应该取消这次旅行?"

"我不知道,"伊芙琳回答说,"我想我的选择是带着她。"

经过一番痛苦挣扎,马克和我决定这四天的旅行带着马莉和米歇尔,把丹尼尔留给伯克姨妈照看。她给丹尼尔安排了活动内容丰富的周末,这样他不至于感到太孤单。

与上次去西班牙一样,飞行途中马莉一直在哭。然而这次她更难安静下来,更难用任何其他事情让她分心。她只是哭、抽泣,我和马克轮流抱着她。她的头伏在她爸爸和我的肩头,如果我们说话或者动动身子,她就马上又哭起来。

更糟糕的是,马克、我和马莉感染了一种严重病毒,头痛不已,胸部阵阵痉挛咳嗽。我记得那时马莉泪水涟涟,米歇尔哭闹不已,马克病恹恹地,我全身关节和肌肉一阵一阵疼痛。马克和我隔着走道交换眼色,之后他闭着眼睛靠在座椅上,没有一句话。

我想,这就是那些你只有忍耐、直到那个时刻结束的情形。我坚信世上某个地方一定有更大的苦难,但这个信念没有让我稍微轻松一些。我集中意念,意念超越身体,超越时空,使我与所有的事情疏远,包括忘掉我自己。

我们第一天和马克大家庭相聚时,气氛异样、肃静。他们事先知晓了马莉的诊断,这给庆祝活动投下了阴影。有一位来宾发表对孤独症的看法加剧了紧张气氛。

"这是心理创伤造成的。"

"什么样的心理创伤？"我惊愕地问。她有哪些我不知道的信息？

她不是第一个，也不会是最后一个声称是马莉所处环境里的某种东西造成她症状的人。后来我了解到，她读了精神分析家布鲁诺·贝特尔海姆[1]写的《空洞堡垒》（*The Empty Fortress*）一书的法文版，据此认定某种情感创伤导致了马莉的孤独症。不用说，她其实是暗指米歇尔的出生。

这样的说法只是孤独症儿童父母要面对的不算大的许多考验之一。我们的生活突然变成任人评论的话题，而且"每个人"都知道致病的原因。那些朋友们，还有一些点头之交，觉得有必要对病症原因和治疗发表自己的看法。如果你有一个特殊孩子，显然你需要各种人的建议，尽管他们很无知。

在谈论病因和治疗的所有人当中，还有两个人让我知道这个事情纯属我们的想象。有一个邻居，在马莉确诊后我和她说了马莉的全部情况，她自认为可以给这个愚蠢的误解拨乱反正。第二天她在大厅里堵着我说："我把这些都说给我丈夫听，他说这完全是胡说，你女儿没有任何问题。"想到她丈夫基本没见过马莉，我只能叹气，心想我们今后讲话要更小心。

"你想知道我是怎么想的吗？"我的另一个朋友说，"孤独症这事是一堆废话。我看马莉很好！"

"噢，我认识的一个小女孩也这样，"我的另一个熟人说，"就发生

---

[1] 译注：布鲁诺·贝特尔海姆（Bruno Bettelheim），奥地利裔美国儿童心理学家，作家。1939年以难民身份移民美国，后任芝加哥大学心理学教授。任职期间建立了一所治疗特殊儿童的学校，以精神分析治疗孤独症儿童，并使精神分析一度成为美国孤独症治疗的主要理论和方法。他认为儿童早期受到母亲的冷漠对待是造成孤独症的原因，母亲因此成为替罪羊，此即"冰箱母亲"理论。他强调重建理解、安全和接受儿童可使他们摆脱孤独症。随着人们对孤独症更多的了解和研究，贝特尔海姆的理论受到挑战，一些从他建立的特殊儿童学校毕业的残疾儿童后来以信件等方式揭露他用各种方式体罚学生，人们对他的人格产生严重质疑。他晚年鳏居，后患抑郁症、中风，1990年自杀。

在她妈妈怀了另一个孩子的时候,她嫉妒得要命,后来真的发育退化,甚至不再去便盆小便,常常尿裤子。她之所以这样就是为了重新得到妈妈!别担心,马莉很快会度过这个阶段的。"

我受不了这一类的话,可是以后还会听到无数遍。这不仅不能给我任何安慰,却平添了孤立无援的烦恼。大事化小,或否认问题可能会让一些人感到好受些。后来我和马克尽量离这些人远些。

但是在法国,我们至少要让马克的家庭参与讨论这个复杂问题,这似乎很重要。这里我指望马克。我发现自己不能客观、理性地讲述孤独症的症状。无论我多想和姻亲说明这个问题,但在尽力镇静地进行临床医学式讲解时,我的身体还是一直颤抖。

天知道,我们哪里有任何明白无误、清楚的医学描述给他们?我们怎么能讲清楚那些医生和我们都说不清的事?马克尽了全力,解释几个方面的研究进展情况,生化的,新陈代谢的,大脑结构的;研究者相信存在不同形式的孤独症,或许因为不同的病原,但总的病理倾向是某种尚不确定的中枢神经系统异常。我们不知道在马莉身上究竟发生了什么。

马克的父母和祖父关切地认真听着解释。

"这是什么样的伤害?"祖父看着马莉,喃喃地说。我看到他衰老和疲倦的眼睛黯然神伤。

次日,米歇尔受洗后,我们去了巴黎参观圣母院。

圣母院傲然屹立,拱形建筑冷峻庄严。在我人生困惑的时刻她总能给我呵护和力量。我发现这个大教堂有一种让我精神升华的东西:一个民族对圣母敬畏的象征;为更高尚理想做承诺的人们奉献给造物主的具象:顶级的艺术,叹为观止的工艺才华,浩大的劳力,敬奉崇拜。

但圣母院对我还有比这些更多的意义,一种难以表达、个人体验的慰藉。经历各个时代圣母的存在,光辉闪耀,居于此地,迎接所有人的到来:病态的、愤怒的、破产的和迷失的人们。

那天我们走向大教堂,经过胜利者查里曼的雕像,经主要入口进到教堂内部,高悬着的数百盏烛光透过色彩斑斓的玻璃窗照进黑暗。我们把米歇尔留给马克父母照看,只带着小女儿过来请愿。

面向圣母玛利亚雕像,即使是默念,我几乎也无法说出自己的心愿。有一个洪水闸门,如果我打开它,即便仅对自己开启,我也知道悲哀的洪峰将接踵而来。

我点燃一盏蜡烛,递给马莉让她一只手擎着,马克握着她的另一只手。蜡烛的火焰柔和地照亮马莉的脸;此刻她安静地看着烛光。

我喘息着说出仅有的话,是一种期待,不成句子。"请求……圣母玛利亚,让她回到我们的家庭……"

10

回到纽约,我们稍作休整,从旅行疲劳和病毒感染中恢复一下,重新投入离开前的战斗。

到了 2 月中旬,已经有五位专家先后给马莉做了评估诊断。

医学和哲学双料博士、儿科神经专家雷吉娜·德卡洛的诊断是:"孩子的病史和症状指向婴幼儿孤独症(infantile autism)。"

医学博士、精神病学专家理查德·佩里[1]的意见是:"马莉给我的印象是广泛性发育障碍(Pervasive Developmental Disorder):婴幼儿孤独症。"

爱因斯坦医学院儿科和神经学系临床副教授尼娜·道布罗斯基博士的意见是:"她给我的印象是以婴幼儿孤独综合征为特征的广泛性发育障碍(Pervasive developmental disorder with characteristics of the syndrome of infantile autism)。"

纽约州智力落后与发育残疾研究所孤独症科主任艾拉·科恩博士的意见是:"诊断印象:疑似孤独症障碍(Probable Autism Disorder)。"

五位专家中有四位做出同样的诊断[2],奇怪的是,我反而感到如释重负。心情很矛盾,但那种不确定的折磨,希望到失望的情绪大起大落,反反复复的日子终于结束了。

一方面重负减轻,另一方面恐怖如巨浪袭来。马莉仍是每况愈下,我

---

1 原注:佩里医生是纽约一家大医院儿童与少年服务部门的负责人,不管这是化名或是真名,重要的是想说明每个医生在知名的机构任职和在孤独症诊断上的广泛经验。我强调这一点是因为常常有人(一般是那些基本对我们的经历不了解的人)提出,马莉的诊断是误诊。

2 原注:那时我没有伯曼医生的诊断报告,三年半后在我写本书时应我要求才得到。当时伯曼医生给马莉的评估是:"未特定广泛性发育障碍"(Pervasive Developmental Disorder-Not Otherwise Specified)。诊断标准和术语详见附录Ⅰ。

们知道的唯一可以把孩子从孤独症中恢复正常的洛瓦斯团队,这个时间也指望不上。难道我们真的要依靠一篇学术文章和一个二十三岁的研究生去打败这个"不可治愈"的精神异常吗?

我母亲的话非常经典:"我们做祈祷犹如万事靠上帝,我们做工作犹如诸事求自己。"

我们的祈祷得到了许多响应。我的父母,马克的父母,朋友和亲戚,所有人在信仰上众志成城,祷告之声四处回荡。我们在东汉普敦有一栋度假屋,圣约瑟夫小教堂里挂了一幅马莉的相片,修女们在达缅嬷嬷的带领下每天上午跪下来,祈祷漫游中迷失的小姑娘归来。在法国南部,马克的姨妈,一个封闭小教堂里的加尔莫罗会修女,每日召集修女们祷告,默念着她们从未谋面的孩子。

说到工作,除了马克和我疯狂地阅读外,其他尚未开始。布里奇特几天后才开始行为课程,而我急着要为马莉做点什么,我不能眼睁睁地看着马莉的症状加重却无所作为。"主,请指引我做什么,"我会这样祷告,"我不知道要做什么。不错,我们制订了一个行为计划,但我还不相信这是我能够或希望亲身参与的事情。"

一天夜间,我在翻阅放置床边那些书籍时,偶然看到的一本书,瞬间让我对女儿的症状有了一个新的想法。克拉拉·帕克(Clara Park)写的关于孤独症女儿的书《围城》(*The Siege*),让我第一次感到我有某种控制能力,并非全然无助。

《围城》写于精神分析在思考儿童孤独症成因方面占统治地位的年代,并接受和理解这种方法推荐的模式。儿童孤独综合征被看作一些需要解释、有意传给世人的各种迹象。书中强调,孤独症是一种选择的看法,一种"有意的视而不见"、"有意的失聪"、"刻意的软弱"、"刻意的孤独"。书的大量篇幅描写一个母亲对自己女儿世界辛酸的探索,费尽心血了解女儿在心智和情感上发生了什么。

全书详细记录了一个母亲的坚韧不拔,一点一点地拆除孩子四周围墙的经历。

母亲不知疲倦，顽强坚持，她的围城是耐心的。书中有一个情节，帕克太太想鼓励三岁的女儿往游泳池里扔石头。开始她递石子给孩子，然后等候着，石子就在那里堆着，埃里会伸出手拣那些石子吗？

不，她不会。今天不行。我不催促她。我知道最终的答案是肯定的。我的不作为成为她不行动的镜子。我学会了等待。[pp.50-51]

从最初开始，我对"围城"含义的看法比这段描写的尊重和耐心等待更激烈，包括更多方面。虽然如此，帕克太太的这本书让我找到了我在这场战斗中的角色。我继续往下读，有两个概念契合我的内心意识：一个是马莉"被迫误入其中"，另一个是攻击那些围墙。马莉被包围，不能通过等待和逢迎、哄骗和妥协，而是要通过更加猛烈的方式摧毁围墙。

似乎是为进一步彰显"围城"的含义，帕克太太在该书结尾处引用约翰·唐纳（John Donne）的十四行诗，这一首诗是我的最爱，任何时候都可以引起我内心的共鸣。

猛击我的心吧，三位一体的主，
迄今，你仅敲打、照亮，着意修补，
推倒我吧，使出你力量的全部——
砸碎、飏灰、重铸，让我起而立足。
我，像被侵占的城府，另有所属，
竭力接纳你呀，然而成效全无；
统领我的理智，本当将我卫护，
可却做了俘虏，羸弱而靠不住。
很高兴你爱我，我也深深地爱你，
只是我订了婚——与你的仇敌；
就废除吧，解脱或者扯断维系，
带我去你那里，将我囚入禁地，
我永无自由，除非你将我奴役，

我无以圣洁，除非你令我神迷。

帕克太太说，这首诗使她在得到女儿爱的终生战斗中顽强面对艰难时刻。我不知道她是否曾梦想过，她写这本书后的二十五年，另一个母亲为她恰到好处地选择这首诗而佩服得五体投地。

我把唐纳的祈祷变为武装自己的呐喊，它不仅让我"坚持"下来，还激励我开始对女儿的攻势，爱的攻势，毫无保留。

我没有学会等待，而是学会了偷袭和出击，如何占优势。

我把这首诗比作是马莉的声音，她是否只能和爱她的人说话？想象中的猛烈攻势，冲击、煎熬、推翻和抢夺，令人惊心动魄，因为孤独症对我更可怕。

我一直觉得某种东西"占领着"我的女儿，如果她自己知道并说出发生了什么，她会大声求救。她身上的一部分仍然是个失魂落魄的小女孩，假若我要得到马莉的真我，而不得不把她的孤独症自我打翻在地，折断、打碎和抢夺出去，我会这样做。

她是"受控于人"，除非我们把她从孤独症的陌生世界里拖拽出来，否则她永远不会有自由。

就在当天晚上，我在日记里写下战斗方案的第一篇。

"不许她坐在墙角。不准她玩弹簧丝，不许她不看着我。她不可以不说话。她或许想要那样。我不允许她那样。她会又踢又叫地被拖拽到人性的环境。"

我知道我说的"自我"、"一部分自我"、"灵魂"以及"孤独症状自我"时，这些词词义隐晦、含糊不清，不能说明或证明任何事情，只是一些象征性说法。我对自我的了解一点不比对灵魂的了解多。我过自己的生活，有自己的看法，仿佛我知道它们是怎么回事。说到马莉消失的自我时，我赋予这个词一些含义。随着时间的流逝，这些含义已经发生变化，而且还会继续变化。我想，在她开始发育退化和封闭前，她曾是一个自我形成的个体这一点是真的，部分是因为我需要确信有人在我们披荆斩棘去救她的时候始终等着我们，也正是那个人让我们一直为她流泪担心。从一开始，我没有完全相信过精神分析声称的一个普通孩子封闭在自愿选择的孤独症里的看法。今天我公开谴责这个看法，确信它造成了巨大危害。然而在某种意义上，无论它如何虚构，为孩子而战的父母的确需要有精神寄托，设想自我囚禁的孩子还在等待他们的救助，那个孩子有我们承诺不变的爱。我们赋予孩子什么权利、自主权和选择，选择在什么时机这样做，就完全是另外一回事。

布里奇特之后，下一个出场的是罗宾·罗森塔尔，斯蒂文·布劳斯坦推荐的语言矫正师。

马克和我不了解语言矫正师是做什么的，尤其是在一个孩子基本没有语言的情况下。可是我信任斯蒂文，因为他至少让我们觉得为马莉做了另一件具体事情。那个时候，我不觉得一个语言矫正师的出现会魔术般地让马莉开始讲话。我想只要精心安排，任何额外刺激都不会有伤害。

此时已是1月下旬。动身去法国前，我面试了三位语言矫正师。他们都是名牌大学毕业，但是对马莉究竟能做什么他们也没有概念！他们在屋内跟着她到处走，俯视马莉，一段一段话发问，但始终是他们自说自话，且句式基本上为问询。

"你在做什么，马莉？把小熊推过椅子？这是你喜欢做的？哦，我也喜欢这样玩。我们一起玩好吗？小熊叫什么名字？我猜这个小熊很乖。他几岁了？你几岁了？我们给小熊找个毯子好吗？你想给小熊围个毯子吗？"

在他们发问中间，马莉会站起来，径直走出房间，没有一点听到问话的意思。

当意识到无法抓住马莉的心思时，这些语言矫正师显得局促不安。"以前我从未有过与孤独症儿童工作的经验"，在我说这个办法不奏效时，其中一位歉意地说。我对她表示抱歉。

"没关系，"我说，"我再找一位。"

离开前她转身看着我，眼睛充满泪水。之前她和我说过她也有一个小女孩。

"我只想，我只想说祝你好运。"她很快说完，转身离开。

"谢谢你。"关门刹那，我轻声地说。

从米歇尔受洗后回来不久，我们找到了罗宾。一天晚间，她从西奈山医院交流障碍中心下班后过来。

与布里奇特情况相似，她也是个年轻女性，我猜她有二十五六岁的样子。身材偏小，深色短发，有一双非常漂亮的黑眼睛。

她进到客厅坐下来，开始谈话。她有知识，富有同情心。她身体前倾，渴望了解更多的信息。她没有涉及比如我如何照顾自己和我的需要等转弯抹角的问题，而是首先谈到她的工作经历，她能为马莉提供哪些帮助。

她解释说语言矫正师的训练（通常是）帮助减轻言语（发音的物理生成）和语言（信息和看法交流）障碍。她要传达给我这样的信息：是的，孤独症确实问题严重，所以我们最好先做起来，因为有大量工作要做。

罗宾相信，多数孤独症儿童会有一些初级交流。即使喊叫和胡言乱语也可能是有意交流的形式，特别是有他人在场时。罗宾认为，语言矫正师的关键作用是尽力把交流塑造成为有用和正确的形式。

怎么做到这样？她解释说，开始阶段要建立一个情景让马莉感到有讲话或要求的强烈动机。即使这个阶段马莉不说什么，但如果她为了得到想要的东西而指向、伸手去够东西或者弄出声响，或者引起罗宾的注意去看什么，这些都可以当作"有意交流"。比如，她有意看着罗宾，让她吹泡泡，这也是交流的尝试：一种言语前交流。

言语和语言矫正的整体目标是增加每个交流动作的频率和恰当性。为此目标，罗宾将具体写出我们每周都要参与的详尽的工作要求。

第一周，在马莉每次要橙汁、食品和玩具时，我们开始示范"多些'm'"的发音。

这里的道理是等待，拿着她想要的东西暂不给她，清晰地示范说出这个音节，直到马莉至少有眼神对视。

我说好的，听上去不错，虽然和我试过但没成功的做法类似。然而这个时候，罗宾至少说出了具体的语言目标。她似乎有个整体方案，熟悉婴幼儿语言发展正常阶段的详尽知识。

我们谈了大约半小时,之后罗宾问我是否可以马上开始给马莉上课,我同意并把她带到马莉的房间。

我看着她拿出吹泡泡玩具,开始工作,想方设法抓住和保持马莉的注意力。头半个小时我真没看出这些有多少交流,但至少马莉没有抗拒,她待在房间里,甚至有意摆弄罗宾带来的玩具。尽管一个生人出现在她身边,但她安静,没哭。她没看罗宾,没说任何话或指向什么,并允许罗宾接近她,和她说话。

过了一会儿,罗宾将一个玩具放到塑料袋里,对着马莉摇晃。马莉着迷地盯着看这个玩具。罗宾把它递给她。马莉试着打开袋子,没打开。她生气,哼哼唧唧要哭。她抓着罗宾的手往袋子上放。罗宾缩着手,直到马莉瞥了她一眼。罗宾马上微笑着对她说:"打开!"她打开袋子把玩具递给马莉。

我悄悄地走出房间,在走廊里继续听着。没有哭声,没有哼唧,只有罗宾不间断的简短问话。无论马莉碰巧看什么,罗宾会马上描述一下("我在吹泡泡"),或者用单词命名("卡车")。她的话清楚、重复而简短。我一下明白了,她所做的是回到语言发展的最初阶段。

她和马莉说话就像和一个 10 个月大的孩子说话,她的语调高亢,与一个母亲和婴儿说话的语调类似。

她的话简约清晰,最长的句子也只由三四个单词组成。但是与母亲们不同的是,罗宾在话语里排除了所有问句,尽量不用各种代词,包括代词"你"。马莉对此还不习惯。与母亲和孩子使用的语言相比,罗宾使用的词汇十分有限。母亲会使用含一个词的命名句子,但也会使用一些超出婴儿目前理解能力的词和句式。母亲不会筛选自己的语言去完全适应孩子当下的语言理解水平,会在和孩子说话间不时地说出一些大大超出孩子当前理解能力的词和短语。

我给丹尼尔唱的一首歌(那时他 2 个月大):"我爱我的丹尼尔/我的丹尼尔爱我……"我当然知道他还听不懂歌词里代词"我"、"我的"和宾语的"我"之间的语义转换,他所能接受到的任何"爱"的含义更多的是通过我说话的声调、我身体的热度和双臂的搂抱,而不是通过这个词本身。

罗宾的语言更简洁、清楚,像母亲那样讲话但不累赘,是心里有具体语言目标的母婴讲话。母婴讲话目标是最简单的交流单位:一个词命名(布娃娃),或者要求(更多)。看上去我们找到了一位知道自己在做什么的人。

不管怎样,我对这个年轻女士专业化的帮助很高兴,而之前我几乎不指望她能做什么。仅仅有个人能让马莉在很短时间内有所专注似乎就是一个突破性进展。这确实是一大突破。

罗宾是第一位在四十五分钟里让我感到如释重负的人。她和马莉一起进到那个房间的那一刻,我重新有了自由的呼吸。这时我可以什么都不做,有个人在照顾马莉,而我信任这个人。我不确定罗宾的语言治疗是否能够让马莉开口讲话,但我知道至少这期间马莉不再向隅而坐,敲打东西。

周一、周三,还有周五的晚上,罗宾过来上课。这段时间我心情愉快,说话温柔,浑身是劲儿,把丹尼尔带到我的卧室内,躺在床上抱着他,听他没完没了地说话。有时候我觉得罗宾给马莉上课的四十五分钟让我身心合一:假如她没过来给我这份安慰,我会整日焦头烂额,一事无成。

"你肯定不能一周工作二十四小时?"我急切地问。

"不行,"她回答,"你真的需要给马莉选一个课程计划,找一个像我这样的人辅助我的语言治疗。"

我告诉她我们制订了一个洛瓦斯干预计划,她有礼貌地倾听,但与布里奇特一样,对康复没做任何承诺。

罗宾很想帮助我们。显然,她要用她的技能和知识减轻我们的家庭危机。然而她不会为赢得我们的感谢和热爱而承诺她做不到的事情。我想这没关系。我仍然需要她和我们站在一起,为马莉而战。

如此也好,我有一个可以信赖的人,还有一个近期无须多虑的疗法。

下一个要开始工作的是布里奇特。给马莉上课的时间安排了一周五天,每天两小时。这期间我们继续找另外一个治疗师增加课时。还有我们自己观察布里奇特上课,学习这些技能,全天应用课上所学,保持和练习各种技能。

2月22日，我把马莉带到卧室上布里奇特的第一次课。我非常紧张。一次正面攻击，是的。一个激烈的方法，是的。对我是，不是对陌生人，也不是对这个"行为干预"行当而言。布里奇特在房间各处布置了一些玩具：拼图，按钮电玩，套圈，"形状—分类盒"，拉不同的线发出不同动物叫声的"跟我说"按盘。

我注意到这些玩具都是为12~18个月大的孩子设计的。我知道其中的逻辑很明确：既然马莉不能正确地玩任何玩具，就只好教她玩为更小年龄的孩子设计的玩具，而不是开始时马上让她玩一些复杂的娃娃剧。

此刻马莉已经开始哼唧着哭出来。布里奇特很严肃，我吓坏了。与罗宾的做法不同，她没有试图哄马莉，或者用好玩、吹泡泡和躲猫猫游戏吸引她。她的时间紧、任务急。我们必须开始，没有时间浪费在无聊谈话或者孩子与母亲牵手的预备课程上，一分钟都不能浪费。

在一个桌子上，她摆了强化物：苹果汁、金鱼饼干、掰碎的巧克力点心。她放置了记录本和笔。她取下自己的手表平放在桌子上。她摆放了两把椅子，一个给自己，另一个给马莉，面对面坐得很近。

看着她摆放各种物品，马莉趴在地板上哭，身体缩成一团；我仿佛劫后余生，头昏脑涨，难以相信看到的一切。这是我的女儿，在我眼皮底下受伤和惊吓。仿佛这里来了一个医务急救人员，之前经过数百次练习，所有的决定和动作快速而坚定，镇定自若。歇斯底里没有任何作用，女士：暂且站在一边看我们做自己的本行，请不要挡道。

在布里奇特安置马莉在她对面的座位上时，马莉号啕大哭。她想要离开座位；布里奇特坚定地按住她坐回原位。她倒在地板上，布里奇特把她抱回座位上。马莉试图把手伸到脸前，布里奇特抓住她的手，摆放到她的膝盖上。

马莉非常害怕，心烦意乱。她转身直视着我。几周来这是她第一次看我。她的嘴在蠕动。

我紧张得浑身发冷出汗。这是对的吗？我在做正确的事吗？可是我曾设想过冲击。我不是曾决定要把马莉拖离孤独症吗？哦，上帝。我到底要什么？

这与我所知道的养育孩子的任何方面都不符，甚至有违逆孩子意愿强迫身体的做法，特别是对似乎不是藐视而是怕得要死的孩子。我给马莉传递了什么样的信息？她看着我求助。我怎能拒绝？我长叹一口气，用我所有的理智力量强迫自己转过身去，不去救她。

第一个课程很简单："看着我。"

布里奇特连续说十次，手持一个强化物放在自己眼前，另一只手托住马莉的下巴让她抬头。十次"回合训练"的每一次都要在记录本上做标记。如果马莉自然抬头看给一个加号，如果她不看给一个减号，如果她受到动作辅助和食物强化物刺激抬头看会得到一个"经辅助的加号"。我一直在屋里屋外来回走动。待在那里太难过，躲在屋外也不好受。我不忍心看着马莉这样生气却不能抱起她来。然而我和自己，还有与马克和布里奇特有共识，我们要试试这个办法。如果我决定试一试的话，至少我要允许布里奇特完成这一课。

布里奇特似乎完全没有受到马莉哽咽或哭嚎的影响。她怎么会这么镇定？她一定是个没心没肺的人。她只是继续辅助马莉做回合训练，似乎马莉的害怕和沮丧根本没发生。每回合"看着我"辅助后，她给马莉一个金鱼小饼干，并给表扬。"这是看着我，马莉！"或者说："我喜欢你这样看我！"马莉不接受那些强化物。即使马莉在布里奇特的辅助下看而不是自愿抬头看，布里奇特也不受打扰，继续给她小吃和表扬。

"可怜的孩子。"帕齐说。这时马莉哭了近一个小时。

"我知道，帕齐，但是我们必须这样，没有别的法子。布里奇特不会伤害她，她只是让她坐在座位上。"

终于，马莉的哭声变小了。"好安静！我喜欢你这样安静，马莉！"无论什么时候马莉停止哭声，布里奇特都这样说。她会说出因为哪些具体行为而表扬马莉。与孩子这样讲话很不自然，我也不确定在这么早的阶段马克和我是否愿意开始练习对马莉行为这样给予相应的表扬和命名。

我又回到房间里。

第二个小时的课比前一个小时强些。马莉开始接受布里奇特给的一级强化物[1]，而且她的哭泣由哽咽变成不时地哼唧。整个两小时课程的每一分钟都是直接、具有结构性的内容。坐在椅子上"看着我"进行十个回合，在地板上活动一会儿，玩拼图或一个玩具。即使在玩玩具时间，布里奇特也掌控着马莉，递给马莉一个形状的积木，把着马莉的手放到形状盒子相应的缺口位置，"把圆块放进去好极了！""把方块放进去好极了！"

马莉现在安静一些，有一次她不想要一块饼干，她抓住布里奇特的手腕往其他食品处推。

我看见布里奇特立即把手移开，转而抓着马莉的手腕往前推。

"你要的东西在这里，指一指。"她摆弄马莉的手指做指东西的手势。

我倒吸了一口气。布里奇特自信地剥夺马莉的愿望和她对自己的身体控制，这让我感到很不安。难道我该让这个女人这样摆布我的女儿吗？思想上决定对马莉采取某种姿态是一回事，看着一个陌生人强使她服从是另一回事。这种情感矛盾让我痛苦。

这节课结束后，布里奇特精神饱满，而我却精疲力尽。"进行得很顺利！"布里奇特说。

"可是她不喜欢！"我说，"她哭了一个小时。"

"哭一小时的代价在意料之中。之前没有人曾经迫使她集中注意。这些孩子非常抵制外人接触他们，对我们给他们的强化要求更是如此。"

正是因为我之前有攻击孤独症的想法，我才能把这些看作行为治疗。

马莉不会被温柔地带出孤独症，我还能理解这一点。如果爱和理解能够把孩子从不正常的精神状态中拯救出来，这个障碍就不会出现毫无希望的预后结果。即使有人假定冷漠、无感情的父母没能给孩子足够的爱和温情，还有一批心理学专家、精神病学专家以及社会工作者曾实践过走情感路线，但并不成功。他们还有其他的失败，"孤独症不能恢复"是他们公

---

[1] 原注：一级强化物是具体的奖励物，如小块糖果、小口橙汁，甚至一些发条玩具。社会强化物相对更抽象，包括表扬、拥抱等社会性奖励。

认的观点。

我已经接受需要一些激烈办法的观点,但是是什么样的围城,什么样的办法?行为治疗是不是对路?我非常不肯定,并感到责任艰巨。我们必须做出正确的决定,马莉的未来取决于马克和我现在做出的决定。

就是在这样焦急不安的心态下,我遇到了玛莎·韦尔奇[1]和拥抱疗法（holding therapy）。我需要的是伴有爱心地攻击孤独症,我相信拥抱疗法是我找到的这两种力量的结合。我深信拥抱疗法是我们的"灵丹妙药"、我们的"杀手锏"。这个想法差一点导致我抛弃了最强有力的帮助——布里奇特。

---

[1] 译注:玛莎·韦尔奇（Martha Welch）,儿童心理学家,哥伦比亚大学临床副教授,拥抱疗法治疗孤独症的创始人之一。韦尔奇是拥抱疗法的主要倡导者和实践者。其主要著述是1989年出版的《拥抱时间》（*Holding Time*）,先后有英语、芬兰语、意大利语、日语和德语译本出版。20世纪80年代,拥抱疗法受到广泛关注。该方法的理论基础是精神分析,认为通过重建母子亲情联系可以治愈儿童心理创伤和孤独症。英国广播电台为韦尔奇的拥抱疗法治疗孤独症制作了专题片,曾在英国引起极大轰动。韦尔奇及其拥抱疗法最初受到1973年生理和医学诺贝尔奖获奖人之一尼科拉斯·廷贝根（Nicolas Tingbergin）的支持。2003年,哥伦比亚大学精神病学系常务主任发表声明,称韦尔奇医生在系里的工作没有使用亲情联系方法或相关技术,她的职责是非临床研究。她的亲情联系治疗方法是在精神病学系以外开展的工作。随着对孤独症更多的了解和研究,拥抱疗法备受争议。该疗法始终没有文献数据支持,没有声称的"治愈"案例记录,没有第三方独立专业评估和跟踪研究。这与当代心理学要求的实验证据、经验证明、文献支持和同行评议的发展趋势不相符合。

11

  一个朋友打来电话告知一个疗法：拥抱疗法。说不清事情来得有多快。罗宾开始工作，布里奇特开始上课，我在阅读《围城》。我第一次听说拥抱疗法和韦尔奇医生。这一切都发生在两周时间里，2月的后两周。每天都有心得、反省、决定和修改决定，像过电影般疾速闪过。

  这个朋友提到了一本书，书名是《"孤独症"儿童：治愈的新希望》（*"Autistic" Children: New Hope for a Cure*），作者是尼科和伊丽莎白·廷贝根夫妇（Niko and Elizabeth Tingbergen）。他们是动物行为学家，主要的研究领域是鸟类。然而他们对孤独症儿童发生了兴趣，认为他们观察的鸟类行为和孤独症儿童行为之间有许多共同之处。

  廷贝根夫妇嘲笑过去十五年里神经生理学对孤独症研究的影响力，只用几页的篇幅草草带过。他们声称孤独症是一种"受焦虑控制的情绪冲突"，主要因生命的第一年母子间亲情联系失败导致，基本的"接近—排斥"冲突表达是对多数孤独综合征的最好解释：孩子在强烈渴望社会联系、新的经历与避开这些联系的更强烈的愿望之间动弹不得。与母亲的亲情联系被扭曲，他觉得与外界正常的接触尝试没有安全基础，后果是灾难性的。他把自己封锁在婴儿状态，在一岁和两岁之间。一些婴儿的习惯固定化，比如踮脚尖走路或者用舌头舔东西。这些习惯不断重复和受强迫，并最终导致它们变成永久性和固定的格式。

  以接近—退缩理论为基础，廷贝根夫妇相信他们解开了孤独症行为之谜：比如，他们将孤独症儿童旋转身体视为接近的第一阶段，随之而来的是第一阶段的排斥—退缩。这些举动不断重复，最后导致孩子用身体转圈。晃动身体也同样被认为是"意图接近和想要退缩此起彼伏的连续过程"。

敲打东西是婴幼儿探索性的触摸,可是孤独症儿童除了重复触摸—退缩,不敢越雷池一步。常见的孤独症儿童蜷曲手指僵持的手势,既解释了接近也说明了退缩:孩子本想拿取,但不敢去做。

那么,孤独症儿童的癫痫症状又做何解释呢?它们应该不是因极度的焦虑而故意地接近尝试。没错,根据廷贝根夫妇的观点,它们也是。大多数癫痫症状可以理解为"由强烈的寻求但受挫的逃避"引起的冲突行为。

语言缺陷?这更是不言自明。孤独症儿童"拒绝"说话。他们能听懂对他们说的任何话并能够回答,然而他们不敢说出一个字,内心恐惧使他们的言语功能瘫痪。

就这样,廷贝根夫妇滔滔不绝。这本书是我第一次深入了解关于孤独症的心理起源理论。后来我还接触到布鲁诺·贝特尔海姆的观点。

然而这个观点让我激动不已!我相信我找到了答案!为什么?这难道不是我以前所鄙视和厌烦、同样荒诞的分析吗?难道我没有受过固执和无知地归咎于坏妈妈那个旧时代影响的打击吗?

一时间,这一切似乎对我都无关紧要。

我喜欢廷贝根夫妇的两个观点:首先是理解我女儿的方式,再就是恢复,他们用的词实际上是"治愈"。

马莉因恐惧几乎功能瘫痪,这个看法是我最后能抓住的东西,让我第一次对她的行为有了某种头绪。我确实认为,她逃避诸多社会交往与她的恐惧有关,她的所有其他症状也根源于此的想法恰好对我心思。

更难抗拒的诱惑是廷贝根夫妇坚称恢复的可能性。书籍副标题是"治愈的新希望",而且他们的信息清晰无误:你可以通过"重建"母子亲情联系"治愈"孤独症。如果一个妈妈能够做到重建母子亲情联系,她就可以逆转孩子症状每况愈下的趋势,让孩子从孤独症里走出来。

但是她如何"重建"?通过"拥抱疗法"。廷贝根夫妇这本书的主题,还有孤独症的治愈,就是指拥抱疗法。

玛莎·韦尔奇是儿童心理学家,也是这个国家推崇拥抱疗法的中心人物。在廷贝根夫妇这本书里，她赢得了许多赞誉，是讨论内容的原型。韦尔奇关于拥抱疗法的论文作为该书的后记刊出。

拥抱要天天做，每天一小时以上。母亲强制性贴身抱着孩子，让孩子知道妈妈的真实感受，也包括妈妈受到"拒绝"产生的愤怒。每次拥抱结束前妈妈自然获得一个"愿景"：孩子紧紧依偎着妈妈，看着她，用手抚摸着她的脸，而且（理论上）开始和她说话。

廷贝根夫妇这本书包含大量轶事传闻，描述了通过拥抱疗法而被治愈的、从前是孤独症的儿童。这些轶事传闻让我如获至宝，我读了一遍又一遍，直到深夜。我大声念给马克听。我们一致认为，如果洛瓦斯博士可以做到让一些孤独症儿童康复，说明恢复是可能的，或许廷贝根夫妇找到了另一个康复的办法。

我不知道强迫式熊抱如何能够导致情感重建，然而我却情愿中止所有这些逻辑思考。我略过了书中那些陈旧的精神分析赘述，一心关注治愈的保证。没有任何东西可以消减我的热情、我的认同。

我把这个理论说给我的父母听。他们的反应有些过于谨慎，不对我胃口。
"听上去有意思。"我母亲说。

有意思？难道她不理解这是我们的灵丹妙药吗？

我念给我姐姐伯克听。"我不信这个，"她语气平平地说，"怎么能说你和马莉没母女亲情呢？"

我感到不耐烦，心想不再向任何这样的托马斯怀疑论者进一步解释某个具有小瑕疵的理论如何可能产生有效的疗法。

不管从哪个角度看，这个母子亲情联系的观点，在理智和情感两方面，都比行为治疗方法简单易行。我需要相信只有爱的冲击才能救我的女儿，我对她的爱，而不是由一个陌生人重复、机械的训练。

如果说廷贝根夫妇这本书成为我的圣经，那么玛莎·韦尔奇就是我的最高祭司：绝对正确，对儿童心灵有深刻的了解。

"你好，是韦尔奇博士吗？我是凯瑟琳·莫里斯。我的女儿不久前被诊断是孤独症,我想知道我是否能过去见你……"

"带她去康涅狄格州的母爱中心,那里有其他母亲和孩子一起接受拥抱疗法。"

"我不想那样做。我需要和你谈谈你的疗法。"

"我现在没有时间……你说你的孩子几岁了?"

"她快两岁了。"

停顿一会儿。"好吧,带她来吧。"

韦尔奇医生和蔼可亲,很有魅力,给我许多拥抱和轻松自然的身体接触。一点儿没有羞怯或矜持,她会摸我的头发,或者握着我的手不放开,但我觉得不自然。她的办公室在第五大道的公寓里,地板上到处是枕头,墙上挂着客户写的感谢信息。除了每次拥抱课后要签字的账单外,没有前台接待,没有任何文案记录。她没问任何关于马莉的诊断、评估或测试方面的问题。

"马莉有一个多漂亮的妈妈。"她低声笑着说,看着我的眼睛,与我的目光接触。之后,她眼睛闪过难过的表情:"对你这是多么、多么艰难的一段时间啊!"

我的眼泪夺眶而出。可这次我没有试图掩饰,没有在这个有爱心的女人面前掩饰。她是多么有爱心、自然、不做作啊!还有难能可贵的关心。我瞬间变得矮小软弱,所有愤怒的防范在她热切、诚挚的理解下随风飘散。

说到马莉,她说当然可以恢复!强烈的希望让我热血沸腾,呼吸加快。

"你怎么知道?"我问韦尔奇博士,我的声音小到几乎听不见,我恨自己提出这样缺乏信任的问题,讨厌我说话含有怀疑她的口气。

"噢,她看上去是一个聪明的孩子。"

哦,好的。这个韦尔奇医生很有经验,显然知道自己在说什么。我会让她解释她说的什么意思……另找个时间。

"你的方法让多少孩子恢复了?"我想问这个问题不太过分。

"噢,你……我看得出你是那种总是相信数字和统计数据的人……"

她说话时面带热情的微笑,掩饰了其中批评的口吻。尽管这样,我还是歉疚地垂下眼睛。她的话没错，我总是相信数字和数据。我这么冷漠。

韦尔奇医生始终盯着我的眼睛微笑，让人宽心地微笑。"好吧，回答你的问题，我有50%的恢复率。我的意思是康复。开口说话！思考！与人交往！就像你和我一样！"

听到她这样激昂的话我的心要跳出来。哦，上帝，我会全力以赴，做任何事情。韦尔奇医生，告诉我该做什么。

"我给你放一段拥抱录像，你会看到感人的场面。"

我看了一段妈妈拥抱孩子的录像。这个孩子语言能力很不错。"我的手。放开我的手！"她叫喊着。一段录像片快进过去后，这个孩子看上去安静多了，告诉妈妈她很漂亮。

"是的，"我急于赞同，"是的，录像看上去很有力量，非常动人，但是……但是告诉我，这个孩子多大了？"

"她两岁。"

"两岁！可是她讲话！她话讲得很好！"

是的，韦尔奇博士告诉我，她的语言能力很超前。

"天哪，她有孤独症？她是什么时候确诊的？"

"不，她没有孤独症。我只是给你看一下正常的拥抱。"

"我明白。"我说着，有点受骗的感觉。她为什么不给我看拥抱一个孤独症孩子的录像？我们谈的不是这个吗？我需要听到一个有孤独症的孩子这样说话，那种正常、自以为是的说话方式。我很快就压下了这个显然是怀疑的念头。哦，或许她今天恰巧没有这样的录像带。

"下次带你丈夫一起过来。周一见。"

"一定，谢谢你。非常感谢！"

我正要离开时，韦尔奇医生记起要给我一样东西看。她返回到门口时拿着一期生活杂志，说有一篇关于她与一个孤独症孩子的专门报道，看我是否愿意读一读。

后来我带着一个新皈依者的崇拜读了这篇报道。它使我感到惊讶、振奋。文章描述了一个叫凯蒂的女孩，自幼为重度孤独症患者，后来遇到了韦尔奇医生，"第一个把我作为人治疗的人"。文章称，在韦尔奇医生的治疗下，经过拥抱疗法，凯蒂现在开始"选择"与人们联系而不是孤独。她的进步如此惊人，甚至可以撰写对自己病症非常详尽和敏锐的分析文章。

但文章列出的统计数据少得可怜，无法与马克和我在医学资料里读到的文献相提并论，而且暗示行为干预不可靠：

……行为干预或药物治疗所取得的有限成功……让许多人相信孤独症无法治愈。95%的成年孤独症患者最终需要入住专门的托管机构，说明上述悲观看法不是没有根据的。

文章接着说，但是通过拥抱疗法，凯蒂从这种可悲的预后脱离出来：

……从凯蒂的进步判断，她的流畅写作重新定义了孤独症。在这之前，这种病症常常要在安全和自由之间做可怕的选择；现在看起来这个观点（如此悲观的观点）并不成熟。

读到这些话我激动不已。我也兴奋地看到这里提到的令人惊奇的康复率："韦尔奇的病人中有50%成功地融入了正常生活。"

50%！为什么这与洛瓦斯的实验项目一样好？

我立刻复印这篇文章发给我母亲。几天后我和她通话时，她的反应再次让我失望。她很谨慎，对判断持保留态度。

那好吧，这篇文章不是在《新英格兰医学》（*The New England Journal of Medicine*）杂志上发表的！难道她看不出此文是上帝对我们的祈祷的回应吗？她自己多次和我说过上帝以神秘方式显灵，她的信仰哪里去了？

这篇文章正文周边位置布满凯蒂写的成熟和流畅的诗句。

马克对这篇文章的反应和我母亲差不多：不置可否，有所保留。尽管这样，我还是说服他下次和我一起去见韦尔奇医生。

那次约见气氛紧张：玛莎和我持同样观点，马克成了反方，对母子亲情联系和强迫拥抱观点感到很不舒服。

"无论凯瑟琳和你说什么,你能在这里一直抱着她吗?"韦尔奇医生发问,"你能聆听她的感受,也让她知道你的感受吗?"

拥抱疗法,至关重要的是每个人拥抱其他人,否则难有效果。母亲拥抱孩子,父亲拥抱母亲,祖母拥抱母亲,母亲拥抱父亲。假如这之间有任何人不给予正面支持,治愈都会受到严重影响。

"任何她可能说的事?比如哪些事?"马克问。

玛莎想的是什么?我也想搞清楚。那时我紧张、害怕,我必须做正确的事,我要表现出合作和善意。如果坦白一个足够严重的过失,使我有可能得到救赎,女儿就会回到我身边。

"你记得吗,马克?"我对着他说,"在马莉出生时,我对你说过我担心自己能否像爱丹尼尔那样爱其他孩子?"

"你是说过,那又怎么样?"马克反问道。

"你能否拥抱着她听她说这些话?"玛莎插话进来。

马克尴尬地按她说的做。他不是惯于把拥抱妻子当作表现的那种人。我很受折磨,因为知道他很不自在。他看重隐私生活,而我在这里使他和一个陌生人讨论"感情"和"亲情联系",这样做对吗?

马克继续说:"许多女人对自己的第二个孩子都有这样的感觉。你曾经和你姐姐简谈过,她说在生瑞贝卡时她也有过这样的心理调整。这并不说明马莉比丹尼尔得到的爱少。"

孩子很敏感,玛莎告诉我们。大人在他们身边说话做事要十分小心。她治疗过的一个孤独症女孩悄悄告诉她,说她(这个孩子)还在妈妈肚子里时听到过她父母之间的谈话!她听到的内容让她很伤心,由此变得孤独。

"我不相信一个新生婴儿能懂妈妈的心思!或者一个未出生的孩子能听懂语言!"马克反驳说。

"凯瑟琳怎么看?"玛莎平静地问,转身看着我微笑。

我的处境悲惨。我不愿意马克和我们的救命恩人争吵。我想是马莉的孤独症导致我们母女联系断裂,这样我才能做些什么。或许我过于理智和冷漠,草率地排斥精神分析方法。或许在马莉婴儿时我没有和她建立正确的母女关系。"我不知道,"我说,"或许我没有像关注丹尼尔那样关注她。"

"我不觉得你对马莉有任何疏忽,"马克再一次严肃地说,"我看着你半夜起来,看着你抱着她给她唱歌……"他没说下去,情绪沮丧。

他要求看韦尔奇医生康复案例的文献记录、一些数据,证明她的方法有效。马克告诉她,我们要在她的方法和洛瓦斯方法之间做个选择,而后者公布了各种数字和数据。

"哦,你呀!"她再次笑起来。她再一次和蔼、温和地揶揄我们对数据的要求。韦尔奇医生坐在地板上一堆枕头上面,身体靠近马克,握着他的手,解释说她不是一个研究者,她是医生。如果有人愿意给她的工作做记录和数据,她没问题,但这不是她关注的重点。她必须把精力集中在这些儿童身上,集中在这些可怜的孩子和受罪的父母身上。

此刻,甚至马克也动摇了,不知所措。这个时候我们两人都怀疑自己是否过于诉诸理性而忽视了马莉问题的真实所在。我们没有再坚持追问。让一个精神病学专家讨论康复的可能性十分敏感,是不可能的事。我们几乎不想开始这么艰难的拷问。

说到行为干预,韦尔奇医生态度坚定,坚决反对任何陌生人进入我们的家庭,让我们的女儿接受那么冷漠的治疗。如果让女儿受到陌生人的虐待,我怎么能够与马莉重建母女亲情?

我们本想给洛瓦斯的实验做些辩护,可底气不足。

哦,韦尔奇医生说,我们不应该问她,她对这个实验知道得很少。她只是听说那些儿童并没有真正康复,实际上,她听说那些儿童的功能像高级机器人。

韦尔奇医生的这番话让我背上了沉重的情感负担。她说,马莉只有两岁,就是个幼儿。她现在唯一需要的人是妈妈。是的,是的,我想,内心泛起对我小女儿的怜悯之情。"就拥抱她"是韦尔奇医生反复强调和坚持的观点。只有拥抱她去重建母女的情感纽带,所有其他全部的事情就都会随之出现。除了拥抱之外,她允许采用的唯一疗法是有些平和的游戏疗法,这时她的讲话带有明显的权威口吻,这也是由于她知道我不能每分钟都和马莉在一起。她警告说让我注意帕齐。在她指导下的许多母亲过于依赖看护和保姆照看他们的孩子。马莉要的是妈妈,妈妈要拥抱她,妈妈和她成为一体。"像胶水一样黏着她。"她加重语气嘱咐道。

"可是玛莎!"我争辩说,"我知道好多母亲要工作,不得不全天把孩子托给保姆,她们怎么办?"

"我知道,这不是不公平吗?"她大声说,"这一定使你很伤心。"

哦,是的。我确实对此伤心,但这不是我要说的事。我想说的是她们的孩子似乎都好。好吧,不说这个。我不打算过多争论任何事情,不想耽搁我们康复的机会。她拿给我看那个叫凯蒂的小姑娘写给她的另一首诗,这几乎让我爱上韦尔奇医生。她的文笔流畅、成熟,有独特的想象力;对韦尔奇医生的爱和颂扬的话,让我惊讶得说不出话来。这就是证明,我想。还有以前的孤独症孩子称赞她是有爱心的治疗师、一个创造奇迹的人这样一些证词。

"根据你现在的心态,我觉得你应该每周过来两次。"她大声说着。

是的,当然。你说的任何事情,任何事情。

这之前我从未遇到过其他人如此理解、接受和有爱心。她仿佛毫无私心,真正关心马莉,也关心我。无论最初我们对她有什么样的怀疑和敌意,她都以丰富的个性魅力逐一化解。她不仅以耐心和同情,还以不加掩饰的赞赏面对我的问询:我一次次地听到她说我是多么善于表达出这些疑虑;与一个像我这样有见识的人探讨生物学和心理学之间复杂的关系多么有趣。赞赏,还有对我们的征程只有一个终点的绝对保证:马莉能完全恢复正常。

相比之下,那些主流专业群体成员常常表达的不仅是冷漠的结论,而且也是放弃和无望。相形之下,玛莎·韦尔奇成为承载爱与善的绿洲。另外,我第一次做拥抱疗法似乎有一些作用,这更驱散了我尚存的疑虑,尽管不孤独症导致我们母女联系断裂，这样我才能做些什么。或许我过于理智和冷漠，草率地排斥精神分析方法。或许在马莉婴儿时我没有和她建立正确的母女关系。"我不知道，"我说，"或许我没有像关注丹尼尔那样关注她。"

"我不觉得你对马莉有任何疏忽，"马克再一次严肃地说，"我看着你半夜起来，看着你抱着她给她唱歌……"他没说下去，情绪沮丧。

他要求看韦尔奇医生康复案例的文献记录、一些数据，证明她的方法有效。马克告诉她，我们要在她的方法和洛瓦斯方法之间做个选择，而后者公布了各种数字和数据。

"哦，你呀！"她再次笑起来。她再一次和蔼、温和地揶揄我们对数据的要求。韦尔奇医生坐在地板上一堆枕头上面，身体靠近马克，握着他的手，解释说她不是一个研究者，她是医生。如果有人愿意给她的工作做记录和数据，她没问题，但这不是她关注的重点。她必须把精力集中在这些儿童身上，集中在这些可怜的孩子和受罪的父母身上。

此刻，甚至马克也动摇了，不知所措。这个时候我们两人都怀疑自己是否过于诉诸理性而忽视了马莉问题的真实所在。我们没有再坚持追问。让一个精神病学专家讨论康复的可能性十分敏感，是不可能的事。我们几乎不想开始这么艰难的拷问。

说到行为干预，韦尔奇医生态度坚定，坚决反对任何陌生人进入我们的家庭，让我们的女儿接受那么冷漠的治疗。如果让女儿受到陌生人的虐待，我怎么能够与马莉重建母女亲情？

我们本想给洛瓦斯的实验做些辩护，可底气不足。

哦，韦尔奇医生说，我们不应该问她，她对这个实验知道得很少。她只是听说那些儿童并没有真正康复，实际上，她听说那些儿童的功能像高级机器人。

韦尔奇医生的这番话让我背上了沉重的情感负担。她说，马莉只有两岁，就是个幼儿。她现在唯一需要的人是妈妈。是的，是的，我想，内心泛起对我小女儿的怜悯之情。"就拥抱她"是韦尔奇医生反复强调和坚持的观点。只有拥抱她去重建母女的情感纽带,所有其他全部的事情就都会随之出现。除了拥抱之外,她允许采用的唯一疗法是有些平和的游戏疗法,这时她的讲话带有明显的权威口吻,这也是由于她知道我不能每分钟都和马莉在一起。她警告说让我注意帕齐。在她指导下的许多母亲过于依赖看护和保姆照看他们的孩子。马莉要的是妈妈,妈妈要拥抱她,妈妈和她成为一体。"像胶水一样黏着她。"她加重语气嘱咐道。

"可是玛莎!"我争辩说,"我知道好多母亲要工作,不得不全天把孩子托给保姆,她们怎么办?"

"我知道,这不是不公平吗?"她大声说,"这一定使你很伤心。"

哦,是的。我确实对此伤心,但这不是我要说的事。我想说的是她们的孩子似乎都好。好吧,不说这个。我不打算过多争论任何事情,不想耽搁我们康复的机会。她拿给我看那个叫凯蒂的小姑娘写给她的另一首诗,这几乎让我爱上韦尔奇医生。她的文笔流畅、成熟,有独特的想象力;对韦尔奇医生的爱和颂扬的话,让我惊讶得说不出话来。这就是证明,我想。还有以前的孤独症孩子称赞她是有爱心的治疗师、一个创造奇迹的人这样一些证词。

"根据你现在的心态,我觉得你应该每周过来两次。"她大声说着。

是的,当然。你说的任何事情,任何事情。

这之前我从未遇到过其他人如此理解、接受和有爱心。她仿佛毫无私心,真正关心马莉,也关心我。无论最初我们对她有什么样的怀疑和敌意,她都以丰富的个性魅力逐一化解。她不仅以耐心和同情,还以不加掩饰的赞赏面对我的问询:我一次次地听到她说我是多么善于表达出这些疑虑;与一个像我这样有见识的人探讨生物学和心理学之间复杂的关系多么有趣。赞赏,还有对我们的征程只有一个终点的绝对保证:马莉能完全恢复正常。

相比之下,那些主流专业群体成员常常表达的不仅是冷漠的结论,而且也是放弃和无望。相形之下,玛莎·韦尔奇成为承载爱与善的绿洲。另外,我第一次做拥抱疗法似乎有一些作用,这更驱散了我尚存的疑虑,尽管不是完美无缺,但足以给廷贝根夫妇和韦尔奇的观点加分。

第一次见到韦尔奇医生后,我开始练习拥抱疗法。上午,丹尼尔去了学校游戏课,帕齐照看米歇尔,我把马莉带到我的房间。我让马莉坐在我的膝上,我的双臂抱着她的胳膊,贴身,面对面。我手扶住她的头使她不得不看着我,即使她移开目光,我仍坚持这样做。"看着我,马莉!看着我!妈妈爱你。别把脸转开。求你,孩子,妈妈需要你,看着我。"过了十分钟,又过了十五分钟,她开始用力挣脱。之后她哭起来,挥手乱打。假若她的手臂不被困住,她会朝我的脸上打。最初两周后,我的面部、前额和鼻子上都有抓痕,还有两次被她咬伤。

每次拥抱马拉松式地持续半小时到三小时,通常为一小时。在拥抱期间,母亲可以在孩子身上发泄自己所有的愤怒和沮丧,但我从没到这个程度。无论韦尔奇医生如何让我相信马莉懂我说的任何话,我都做不到把大人的苦恼灌进一个两岁大孩子的耳朵里,或在并没有真的生气情况下假装生她的气。用力迫使马莉贴身拥抱,已经是我能忍受的极限。

经过三十到四十分钟双方的激烈挣扎,常常是以马莉和我沮丧地哭泣收场。我本应该获得一个"愿景",但为什么一个也不出现?愿景到来遥遥无期。

两三次拥抱疗法未获得愿景后,我决定自己做出。在马莉发疯、乱抓或哭泣时,我开始改变语调,不再贴身相拥,限制她的身体伸展,我会让她更像婴儿那样坐在我膝上,头枕在我的手臂上。之后,也不再坚持要求她"看着我"。我开始轻轻摇晃她,摩挲她的头发,低声说些亲密话语:"我爱你,孩子。我需要你,请看着妈妈。"这样她似乎变得安静。我唱歌给她听。不知何故我脱口唱出巴赫的圣赞曲《羊群安详舐草》。我的声音不高也不坚定,可我总是一遍一遍地唱给她,它成为我的希望赞歌。

在上帝永恒的土地上羊群安详舐草,
他护卫着所有羊羔。

有些时候,她静静地躺着听我唱歌;尽管当时和后来数周里她仍不看我的眼睛,但至少在我的怀抱里她的身体放松,不再发疯地推开我。

拥抱后我最终把她放开时,她会马上跑开,显然渴望离开。然而,奇迹中的奇迹是,随后的一个小时左右她确实显得灵敏得多,与环境更和谐一些。她似乎更多地意识到我和其他人,甚至在我叫她名字时,她有时会抬头看。

我对拥抱疗法着迷。把它看作是对我的祈祷、希望奇迹治愈的回应。上帝指引我找到玛莎·韦尔奇医生,她要教给我怎样把孩子从孤独症里拯救出来。

12

就这样,到了 2 月底,治疗计划正式开始。

这并不是说马克和我清楚我们在做什么。

我们聘用了布里奇特,但我们不信任她和她的行为干预。"我不喜欢这个,马克。我不情愿把马莉交给布里奇特。她对马莉太苛刻。我受不了让一个两岁的孩子这样遭罪。"

"她才刚刚开始,要多给她几天时间。或许马莉会慢慢适应训练。"

我们也聘用了罗宾。她的情况还好,语言矫正疗法没有什么问题,我们想多增加一些课时。

我们联系了韦尔奇医生,开始了拥抱疗法。

"一个母亲与孩子的亲情联系是多么自然的一件事,不是吗,马克?这就是马莉需要的,也是我们和她沟通的办法。这样才更合理。"

我们在吃晚餐,可我没有一点胃口,一心想说明我的观点。

"比什么更合理?"马克问。

"比完全交给一个陌生人!"

"你觉得拥抱法有作用?"

"是的,我真这样想的。"或许不完全是,我的心里一阵苦涩。或许我在杜撰,因为我很想这样相信。不,经过一次拥抱后她的确有点不同。

"那次拥抱结束后她看着我,好像更敏锐,好像更……清醒和听话,我想。"

"我相信你的判断,凯瑟琳。如果你觉得拥抱疗法有作用,你或许是对的。"

"我确实这样看。我对玛莎·韦尔奇着迷。"我知道马克对韦尔奇医生的感觉和我不一样,这没关系:我想让他对治疗进展有独立判断。我需要他的客观态度，但也需要他的理解。"从她那里我得到了很多安慰、很多希望。我真的信任她，马克。"

马克放下叉子，抓住我的手。他的表情只有爱。"如果她在帮助你，这对我就够了。看到你每个晚上哭，我都感到很无助。"

"她让我一周去两次，带着马莉。"

无论我需要什么帮助，马克总是有求必应，去做任何我认为对马莉和我有益的事情。

往轻里说，布里奇特在最不利的情况下开始了行为干预课程。不仅是因为我不信任她和她的方法，还有我对一个精神病学专家的着迷，她明确地告诉我行为干预对"重建亲情关系"过程有心理伤害。

我记得布里奇特第二周来上课的情景。马莉和我刚从韦尔奇医生的诊所回来，我们在厨房间的餐桌前吃饭。布里奇特敲门，我开门让她进来。

"嗨！"她说。

"你好。"

我们都没微笑。"进来，"我说，"我们还没吃完午餐。坐。"

布里奇特有点不情愿坐下来，我想。

"我们刚从韦尔奇医生的诊所回来。"我告诉布里奇特。之前我和她简短地说过廷贝根夫妇的书、拥抱疗法和韦尔奇医生的情况。

"噢？情况怎么样？"

"好极了。我们谈到她康复的一些孩子。你想读读生活杂志刊登的、我提到的那个小女孩的报道吗？"

"噢，好的。"

我去取那篇文章，回来坐在桌子旁边，准备聊聊拥抱疗法的奇效。"你要咖啡吗？"我问布里奇特。

她看了看表，说："我想现在开始给马莉上课。"

"等她吃过午餐。"我说，话音有一些不悦。我生气地想，是我决定什么时间马莉去那个房间。

马莉和我默默地吃完午餐。我把她带到那个折磨人的房间。情况没变，在我们让她坐在椅子上时,她开始哭,倒在地板上。

布里奇特布置好玩具、记录本和强化物。一刻也不耽搁,她抱起马莉放回座椅,把她的手从脸上拿开。"看着我。"她下着指令,这样她们开始另一次两小时无意义的活动。

在最初几次上课时,我只待几分钟就得离开,一方面是我讨厌看到这样的训练,另一方面是我在场时马莉似乎哭得更多。我通常在寓所里徘徊踱步,对布里奇特这个冷酷、吝啬和算计的人感到愤恨。

相反,在韦尔奇医生那里的课让人感到热情和令人宽慰。马莉和我一起每周过去两次。活动没有任何程式或固定内容。我们进门后,坐在枕头或沙发上,我和韦尔奇医生交流我的感觉,马莉坐在地板上玩积木。我已接受了这个观点,即韦尔奇医生的角色使我坚定不移,由此我获得传递给马莉的情感力量,即使是面对她的"抗拒"。为此目标,讨论我的悲哀和忧虑就成为正当、自然的事。

我和韦尔奇医生谈到了我的拥抱疗法的进展情况,也表达了我因没有出现明确的"愿景"而感到的失望,以及每次拥抱过后马莉变得更机敏使我产生的兴奋不已。

我也和她谈到一些行为干预,但不多,虽然我反感布里奇特,可是我还没有准备让她走人。我不想听到韦尔奇医生对她说三道四,或让她说停止马莉的那个疗法,现在还不行。

这样,与韦尔奇医生谈到行为干预时,我更多地谈洛瓦斯博士的《我书》和阐释教学方法的录像带。我拿给她其中一个录像带,我们评论其中一些不人性和令人恶心的画面。

从一开始,我就让她知道我难以理解拥抱疗法的理论基础。一天我决定告诉她,我认为"亲情关系受挫"的说法就是母亲咎由自取的翻版,我完全不赞同。

"你完全正确!"她附和着我说,"绝对不是母亲的错!"

我说的任何话都不会让她生气或激动。她总是亲切、宽容、赞美,而且始终不渝,对马莉的未来抱有信心。她告诉我她曾帮助过的另一些家庭,她和这些从孤独症中恢复正常的孩子建立了亲密关系。为她的激励、对我怀疑态度的大度容忍我心存感激，我决定要报答她：我要重新审视拥抱疗法的理论基础，让它对我更具说服力。

"我觉得我理解了拥抱疗法的一些东西。"一天晚上我对马克说，"听着，廷贝根夫妇和玛莎断定亲情关系的失败导致孤独性封闭。他们有些方面是对的；他们揭示了一些事实。他们把孤独症归咎于母亲是错的。未能建立母子亲情纽带不是母亲的错，而是孤独症的主要症状，其根源是神经生理的、化学的或其他什么。孩子生来就有这个障碍和缺陷，其他孤独症的症状都源于这个核心问题。"

"是，这样说有道理。"

"那么，你知道如果重建亲情联系，或者说，你和孤独症孩子第一次建立了亲情纽带，你就能拯救她。"

"也许吧，"马克说，"我很高兴看到这些日子你好多了。"

我和韦尔奇医生解释了我的看法。

"当然你是对的。当然没有人说是母亲的错。你很聪明，能分辨这个微妙区别。"

也是，没人归咎于母亲。我也没这样做过。

每次我提出廷贝根书中让我困惑的一些观点，韦尔奇医生总是用她不指责母亲的话让我放心。她只是说只有母亲才是从孤独症中拯救孩子的最佳人选。

有些时候，韦尔奇医生在诊所里指导我如何拥抱马莉。

"你太客气！太斯文！"她会说，"你用这样温和的语调和她说话，她怎么知道你的感觉？"

"她不懂我在说什么。"

"她当然懂！让她知道你多么伤心、多么气愤。"

"我现在没生她的气。"

"你当然生气。仔细想想，她不看你、不和你笑，你不生气？她从不叫你'妈妈'，难道你不生气？是真的吗？"

"是，你是对的。我可能很生气，但不是对她，这不是她的错。她不能讲话。"

"不要再说她不能讲话。你不觉得她听得见你？你不觉得说这样的话她伤心吗？"

"我不知道，我确实不知道。我不了解她的感觉，也不知道她在想什么！"

我抱起马莉，试着按照韦尔奇医生说的做。或许她是对的。我怎么会知道她是不对的？如果马莉能懂我的话，这不是太好的一件事吗？

"马莉，马莉，我要你看着我。为什么你不和我说话？妈妈很伤心。妈妈爱你。"

韦尔奇医生坐在我旁边的沙发上，随着我的话敲边鼓："生气的马莉！害怕的马莉！孤独的马莉！"

韦尔奇医生在我身边激励我相信马莉的潜能，我满怀希望，情绪高涨，但同时受到内疚的困扰。有一天在她的诊所，除马莉外，马克也在场，我抱着婴儿米歇尔，打算按照韦尔奇医生说的那样和马莉说话。

"你们看米歇尔！"她快速插话，"你没看见他在看着你吗？"

我低头看米歇尔，他的黑眼睛好奇地盯着看我的脸。我几乎有点惊慌。"嗨，宝贝，"我轻声说，"妈妈在这里，我爱你。"我的声音因紧张而变得又高又紧。

"当心，要特别当心，"韦尔奇医生严肃地警告说，"别忘记他也需要你。"

"我看他很多，抱他也很多！刚才我只是关注马莉。"

"我知道，你也知道。可是一个婴儿能理解吗？当母亲转过身去，或者错过孩子目光，他能理解妈妈不是拒绝他吗？你永远不能确定一个婴儿如何理解妈妈的举动。"

我突然一下子对韦尔奇医生感到气愤，但随即被恐怖的内疚感驱散。不要在米歇尔身上重复马莉的经历，我的脑子里突然出现不谅解的声音。

"我的父母有五个子女，你父母有十个孩子。"马克那天晚上说，"凯瑟琳，你真觉得我们的母亲那时可以做到一整天给我们不间断的关注吗？"

"我知道,马克。我知道许多事听上去太过了,但其中有个道理。或许一些孩子生来就更敏感或更软弱,有某种退缩的天性。"

马克没说话。

过了几分钟,马克说:"如果我以后不再和你一起去韦尔奇的诊所,你介意吗?她让我感到很不自在。"

"不,不介意。"

我在韦尔奇医生的诊所进行拥抱治疗期间,马莉的反应不太理想。多数时间她哼唧哭闹,试图挣脱。但是在家里的拥抱好一些。我从没有如廷贝根夫妇在书中所说的那样自然获得一个"愿景",马莉一次也没有突然看着我,摸我的脸,和我讲话,等等等等。然而,当她放松地躺在我怀里,在她和我有稍长一点时间的目光接触时,我确信某种愿景在发生。不知何故,她有了更多反应,多了一些敏锐。

几个治疗计划同时进行的头两周,我每天早上醒来都对自己说,今天是我辞掉布里奇特的时候。

我终于决定采取行动。马克一直说他信任我的决定和判断,是我解决这些矛盾冲突的时候了。一天,布里奇特刚结束马莉的课,我让她坐下多待一会儿。

"布里奇特,"我说,"我不确定是否要继续行为课程。玛莎强烈感到这个损害我们重建亲情联系。"我不情愿地说。不管我对布里奇特和她的方法有多大成见,我承认她对马莉做过承诺,而我现在让她退出已经开始的战斗。

但是她没有争辩。"你需要做的事就做吧,凯瑟琳。她是你的孩子,由你做决定。"

我垂下眼睛,没料到她这样职业、有自制力的反应。

我看着摆在四周她带来的那些玩具,许多还是新的。是她自己花钱专为马莉买的吗?

"你买了这些玩具。"我嘟囔着。

布里奇特直截了当:"这你不用去考虑,你要满意这个课程才行。你不要考虑这些玩具,或者我的感受,或者其他什么,只要你觉得对马莉最有益就行。"

我看着手里拿着的笔记。每次课结束后,布里奇特都给我课上记录和几页数据。每项练习都有描述,记录每个孤独症行为的类型和频率。马莉在每个回合练习的表现都有详尽的记录。我想到面试过的那些毫无经验的学生,突然对我是否在做正确决定不那么肯定。事实上,这很可能是一个错误的决定。我的内心交织着痛苦的困惑。如果我可以有个肩膀靠一下,有个我信任的人,我会把决定交给他:"我该怎么做?"我想哭,"求你告诉我怎么做才对?"

"我再给你电话吧。"我对布里奇特说。

那天晚上,孩子们睡觉后,我向马克求助。

"我们是不是应该停掉行为课程?玛莎认为这对马莉有害。"

马克坐在餐桌前,他叹气,许久没说话。

"不,"他说,"我不这样看。"他起身离开厨房,回来时手里拿着专业杂志上的那篇关于洛瓦斯的文章。"听着,"他说,"我不知道是什么造成孤独症。我认为没人知道,包括廷贝根夫妇和玛莎,但是我懂数字。这些数字没问题,逻辑上成立。"

马克没说下去,他自己也不很有把握。他也在想自己这样过于理性、依赖分析的个性,如果不是造成马莉自我封闭的原因,或许也是加剧封闭程度的原因。面对自己女儿的症状无能为力,了解我迫切地钟情于韦尔奇医生,他始终没说过任何对她不好的看法。尽管他有法国人的矜持,他还是容忍了一个陌生人侵犯他的隐私,分析他的婚姻生活,探究他的感情。然而他不准备走得更远,与自己了解的现实完全脱轨。

"这个人,"马克指着这篇文章接着说,"做了一个很好的设计。他有两个控制组,有独立的选择标准和独立的跟踪测试[1]。他的控制组和实验组做到了你能想到的最佳匹配。他说明了怎样得到这些结果,并且这些结果也好。应该不仅是好,是非常好。"

我无话可说。

---

1 译注:这里"独立的选择标准"、"独立的跟踪测试"指第三方机构或专业人士。

"我知道你很依赖玛莎，我也相信拥抱疗法在马莉身上有作用，"他说，"但我不想把所有希望单单寄托在拥抱疗法上。我们还是给布里奇特和洛瓦斯方法一个尝试的机会。"

我双手蒙着脸，不知所措。事情来得太快。我认为自己曾持有的信念顷刻化为乌有，家庭隐私重要，精神分析有许多谬论，我本质上是个好母亲。对马莉是对还是错的想法此伏彼起，扭成一团。

行为干预与拥抱疗法在理论上南辕北辙，哪个是对的？是那些在加州疯狂的人用体罚使孩子服从，还是玛莎代表的爱的信息传递，仅仅是母亲的爱（在玛莎的指导下）就能创造奇迹？我的感觉是跟随韦尔奇医生的方向，不管这样是否意味着我要承认自己因故未能与马莉建立母女亲情联系；我的理智告诉我采纳洛瓦斯的方法，可是想到把马莉交给布里奇特可能造成的情感伤害，我总是愤愤不已。

我看着马克放在我面前的那篇文章。抬头看他，我想起往事，与此刻不相符合的事情或许有关。我记得我爱上他的其中一个理由：马克教我不仅在诗歌、祈祷或天堂里寻找真理，在科学、自然或数字里也有真理。他是一个按逻辑思考的人，尽管周围各种政治流派代表人物鼓噪宣传，但他仍保持平静心态用事实说话。他缓解了我对真实世界的饥渴，一个把毕生时间花在理念王国里的人的饥渴。他让我完整，一个在遇到他之前并不自知自己不完整的人。

我看着这个在黑暗中与我同行的伴侣，他和我同样困惑，同样恐惧，同样举棋不定。然而，他在做出决定，在我们刚刚开始的旅程中我们不走回头路，我们不放弃行为计划。

我把手放在他的手上。他始终相信我的决定，现在我要信任他的决定。

"你是对的，"我说，"只有时间说明问题，不是吗？或许我们暂时让布里奇特继续课程，看看再说。"

这样快速做出的决定无论引起怎样的紧张和迷惘，选错方向的可能性让我们每天都经受恐惧。我们至少跌跌撞撞着走上一条路，这条路通向何方尚不清楚，但我们会很快知道，马莉也将在通往健康的路上迈出试探的步子。

13

"看着我！"

我们每个人都在要求马莉目光对视。布里奇特在行为干预，罗宾上活泼有趣的语言矫正课，而我在做拥抱疗法，马克周末在家。

既然她不在意我们进进出出，我们就到她身边，蹲在地板上和她视线平衡，在她眼前十二英寸距离用手遮挡她的视线，这样迫使她注意我们：

"嗨，马莉，我回来了。"

"马莉，爸爸要出去了。"

"马莉，看，丹尼尔回来了。"

"帕齐在这里。"

"布里奇特要走。"

"罗宾在门口。"

我们不停地要求，直到她在每个人和她讲话时眨一次眼睛，或有某种表示，不管多么短暂。

还是她的目光对视最先出现。

看到一个自我开始萌动而带给我们的激动，其强烈冲击只有对失去她的恐惧可以相比。她开始回应我们和这个世界。她的每一次回应都震撼着我们，仿佛一种极限经历。

我带着她走上街头，去幼儿园接丹尼尔。这才是我们综合课程开始的第二周。我们去大都会博物馆前的第五大道，喷泉开放，一束束水柱射向3月初阳光灿烂的天空。马莉坐在婴儿车里，如往常一样，安静拘束。但这一次，她瞥看溅起的水花，与她之前漠视周围一切的状态相比有些改善。

突然，那个时刻，令人难以置信，她伸手指着池水，转身看着我！

我惊喜不已。

"是的,水!"我几乎就是大叫,兴奋地大笑起来,"多乖的小女孩!让妈妈看池水好极了!"

我们站在那里欢庆这次可爱的创举时,路边行人有些惊异地看我。为这池水,感谢上帝,感谢您使马莉看到这纯净而喜人的池水!

她还看着我,嘴上似乎在微笑,眼睛睁大,敏锐。她的手伸向水池,眼睛探寻着转向我,没有任何字眼可如此清楚地表达:你看到了我看到的吗,妈妈?你想和我一起分享这个美丽景象吗?我觉得透过她清澈的蓝眼睛,瞬间看到希望成真。我看见我的小女孩回头看我;我在她身旁跪下来,双手捧着她的脸,我的脸贴着她的面颊。"这些水,我的爱,一个喷泉。"我哽咽着,把她抱在怀里。之后,我径直跑着去丹尼尔的幼儿园,心中充满幸福和希望,忍不住笑着。

无论这三种方法内在原理多么冲突,布里奇特、罗宾和我却设法找到一个共同目标:我们以不同的方式,对马莉的世界发起冲击,强行摧垮她强加给自己的孤独。在这方面,罗宾是最迂回的入侵者,通过高度集中的技能和能量,她也做到了一点一点使马莉脱离孤独。

随着我的目的意识增加,白天我不给马莉任何栖息之处。我始终"瞭"着她、打扰她,不让她自由自在。我把让她自然回归的伤心希冀搁置起来,采取更专断的态势。

无论是受到《围城》、拥抱疗法,还是布里奇特的行为课程的影响,或这三者兼而有之,一个清晰的中心思路展现给我:我的意志,不是你的,将成为这里的主导,小东西。

从3月初开始,我开始不许她有自我刺激行为。如果看到她做一些怪异的动作,我就把她抱起来,给她挪位置,学着布里奇特,用动作辅助她做适当的玩耍。她常常哼唧、抗拒,而我坚持去做。即使她恍惚、梦幻般地呆看,我也会马上阻止她。她这样的表情让我害怕。如果我发现她眼睛呆望天空,我会做任何事情打断她:大笑和歌唱,化装成小丑,把她抛起来几次。

这类干预,身体力行至关重要。坐在六尺外喊"马莉,你在干什么?

看着妈妈"不起作用。不。为引起她对我和周边世界的注意，我必须把她抱在膝上，坐在她身边搂着她，手把手指引，或者带她四处走动，设身处地进入她的空间。

在尽可能的范围内，不给她过长的独处时间。"过长"的含义是超出半小时，"独处"就是因各种原因没有主动接触他人的行为。

一对一互动成为我们所有努力的核心。我把她的小床移到丹尼尔的房间。现在即使在夜间，她也不能独处。治疗以外的时间她和我在一起，不与我在一起时她和爸爸在一起。我让帕齐更多地打理家务，让我有时间和精力照顾三个孩子。

我们每天都不断给她更多要求。不许呆望，不许磨牙，不许玩手，不许形成触摸东西表面的怪癖，不许任何看上去是孤独症症状的举动出现。她的这些行为不像年龄较大的孤独症孩子那么"固着"，分散她的异常关注，或由内向外转移她的注意力，还不是很困难的事。

这需要不断的努力，但是我们的工作得到了快速和良好的回报。那些明亮的眼神、交流性的瞥视最初偶然出现，之后逐渐成为经常、可靠的行为。我的父母在圣诞节后马莉第一次确诊以来一直没见到她，那时马莉完全忽略他们。3月的一天，我的家族在我姐姐戴比在欧叶斯特湾的家里举行晚餐聚会，很多人都来了，马莉也怯生生地来到聚会现场。我本想她会像从前一样哭闹，或者完全面无表情。不料，她在戴比家的客厅门口迟疑，观望里面的姨妈、姨丈、舅舅、舅妈和其他孩子。

姥姥、姥爷坐在沙发上，慢慢地，她直接看着他们，向他们走去，显然她认出了他们。"你好，马莉！"姥姥、姥爷温柔地叫她，报以微笑。马莉每次向我们做出某种求助时，在她身边的每个人都有同样的矛盾心理。这是因为我们对她的介入更加强势，强制性和不允许无意义的活动；然而每次她主动对外界做出最早的试探性举动时，我们本能的反应是报以太多的温柔回应。马莉有很脆弱的一面，她正在开启的自我战战兢兢。或许我现在能对此做出解释，我们与她孤独的自我无情地针锋相对，但同时非常小心地把握马莉的变化，仿佛对待一个新生儿。

开始时她看家里人和朋友，后来她甚至可以看陌生人。像通常对待小孩子那样，人们常常主动招呼马莉，"嗨，漂亮的小姑娘！""再见，宝贝！""你好，大眼睛！"她的反应曾经是一声不吭地转过脸去，或者更糟糕，干脆呆望天空。一天下午，我们走进眼镜店，一位女士从柜台后出来打招呼："哇，多可爱的小姑娘！"她说，"你好，小姑娘！"

马莉害羞地笑了笑，头躲在我的身后，但是继续盯着这位女士。

"她在看你！她在笑！"我大声喊道。

这位女士奇怪地看我。

"她当然在笑。她为什么不该笑呢？"她问道，带着布鲁克林人的怀疑表情。或许她在想：这些雅皮士母亲！对所有事情都持有病态的竞争态度，竟然数着小孩子笑的次数！

一天早上我被一个声音惊醒，不是新的声音，而是我几个月前听到过的声音：马莉在小床上喃喃咕哝，我听了一会儿，不敢相信这是真的。我起身走进她的房间，睡眼惺忪地拥抱她。

"你好，宝贝。"

没有反应，没有微笑，还没有！但会有，现在我相信。至少她瞥了一眼，我把它当作给我的礼物。我靠近她，闻得到她头发散发的香气，轻声地说："爱你，宝贝，我为你自豪。继续努力，孩子，你会做到的。"她的胳膊没有抱住我的脖子，但是站起来，似乎又是要我紧抱。

治疗开始后的第二三周，我注意到她把玩具火车放到轨道上向前推。这是她正常玩玩具最早的自发表现。几天后，她开始模仿一些她在家里看到过的普通活动，只是一些小事情，比如在地板上拖着吸尘器，还有过一次用纸巾擦桌子。一天晚上在洗澡时，她做了一件多次看我做过的事情。她模仿洗头的动作，举起一小盆水要倒在丹尼尔头上。看到她的这些举动，我想她在表现出更多意识到的我们和我们的动作、习惯。像一个正常发育的孩子一样，她模仿我们的行为来得突然，当然还达不到正常的程度，但是，她的模仿出现了。

整个第一个月治疗期间，我还是不信任行为课程，坚持认为这个课程很可能对马莉的情感有害，其益处至多也无法与拥抱疗法相比。

另外，马莉开始说一些词，无论布里奇特还是罗宾都没有教过的词汇。

她的口语和语言的理解，一点一滴开始呈现。每隔几天，她会突然表现出对未曾学过或练习过的短语或句子的理解，说一个我们几个月没听她说过的词。我对她神经上发生了什么变化一无所知，但好像因为什么缘故，一些字词一直储存在某个地方，完整无损，在她回到正轨、趋于正常发展后，可以这样说，这些字词在她的意识里重现出来。马莉的表达性词汇最先出现的是一些她在十五个月大时能说的，也就是那些在两岁后渐渐消失的词汇。

最早重现的未教过的词是"再见"，虽然她第一次说是嘴在嚅动，而不是大声说出。但是在她迟疑地举起小手和爸爸挥手时，嘴唇呈现了"再见"的口型。

每天每天，其他的词汇也回来了："爸——爸"，"橘（橙汁）"，"心"（点心）。每天我都记录她说的词汇，如数家珍。如果哪天她只说了两个词，我就难过和担心；如果她说了五个词，我会亢奋不已。

我现在承认，当时并不了解她偶发的理解和表达现象，可是那个时候，我以为自己"知道"怎么回事：她在和我"重建亲情联系"，情感重建促成了这些认知上的飞跃。除了正式的治疗课起作用，还有什么让她能学东西，有了新的理解和新的词汇呢？

我准备让布里奇特继续试一下，但我一点也不想承认她的治疗课程有多重要。布里奇特和罗宾所做的都不能和拥抱疗法的作用相提并论，对此我确信无疑。这些词语、眼神对视、增多的专注主要归功于我的干预结果，而不是她们的。我确保韦尔奇医生了解每一步进展，向她保证我的立场是拥抱疗法占据这些综合方法的关键。韦尔奇医生谦逊地接受她的功劳，偶尔对我最初的怀疑态度揶揄几句。

新的词汇也开始出现。"更多"是最初出现的词汇之一，罗宾每次课上都训练，因此在预料之中。"打开"和"帮助"是另外两个最早出现的词，他们两个治疗师集中训练这类功能动词。然而，还有一些新词汇在课外开始出现。一天，我收拾玩具放到电视柜里时，听见马莉从地上站起来朝我走来，"赛——赛——赛？"我听到她说。我转身看着她。

"什么，马莉？你刚才说什么？"

"赛——赛——赛[1]？"

她的目光从我身上移到电视机上，然后再回到我身上，脸上露出期待表情。

"芝麻街（Sesame）！"

太好了！一个新词！眼神接触！一次请求！

我急匆匆地换频道，乐颠颠地满足她的愿望。很巧这个节目正在播放。这之后我经常让她看这个节目。当然她以前看过《芝麻街》，那时她毫无表情地呆看，所以我一直不知道她喜不喜欢。她确诊后，我不再给她看卡通和录像，担心这会强化她漫无目的、半恍惚的状态。可是这时她要求看一个具体节目，我巴不得满足她。

"有作用了，马克，拥抱疗法真的有用！我简直不能相信！"

---

[1] 译注：马莉此处的发音是儿童电视节目"芝麻街"的第一个音。

14

整个3月的头三周里，我和布里奇特的关系悬于一线。

幸运的是，我们临时留用她得到一些外部支持。基础研究所的科恩医生和推荐罗宾·罗森萨尔的语言矫正专家斯蒂文·布劳斯汀告知我们，所有的数据资料一致支持行为干预孤独症方法。还有，我们在不断的阅读、电话咨询和探索中发现更多的专业人士支持这个方法，他们通常是那些有与孤独症儿童工作的直接经验，而不只是从理论探讨孤独症的人。他们不全来自纽约市，那里显然是顽固的弗洛伊德流派的大本营。我们在新泽西和长岛找到几个更受尊敬的项目，多年来一直使用行为干预方法，目前甚至有少数实验计划试图复制洛瓦斯方法的强度和成功经验。感谢上帝，在辽阔的大地上还有一些理智的声音。

但是，一批精神病学专家共同倡导的"行为干预是必由之路"并没有说服我们这个方法会对马莉有益，尤其是我。最终说服我的是每一天对布里奇特上课的观察结果。

一旦决定给她的方法一个尝试机会，我开始用更多时间观摩她的课。随着每个环节展开，从3月到4月，我的疑虑和怀疑开始消解，渐渐有些吝啬的尊重。也许，只是也许，我错看了布里奇特，我仍然认为她所做的事情不像拥抱疗法那么重要，但是马莉对课程的反应比我梦寐以求的效果好得多。

现在，马莉的哭声减少到象征性地哼唧几声。课上，布里奇特做到了使马莉保持注意力的敏锐和配合，这让我吃惊。

她如何做到这一点？我观察她，学她的做法。上帝赋予我的一些本能告诉我坐下来，保持安静，用心观察。所见所闻给我颇深印象。

与其他人相比，布里奇特教会我做到不苛刻，同时坚持立场和要求。

通过每天听课，我看到她对哭闹的孩子坚定立场，不为所动，却从不把气愤或假装气愤的信息传给马莉，或者让自己害怕、灰心。

后来我观察了不止一个孤独症儿童被强行介入，或者被迫做自己不愿做的事，这是一种可怕和痛苦的经历。他会因说不出的惊恐而哆嗦，或大发脾气在地上打滚，这时你很难自控。有人会不管不顾地冲上去缓和气氛，示爱和安抚；也有人会表示不掺和进来，退出去发誓永不再这样惹恼他。这需要像布里奇特所具有的勇气、训练和自我意识迈过这个门槛，明确表示"我要介入你。我会接触你。你的哭闹不会使我离开，也不会让我生气"。

布里奇特完全忽略马莉的哭闹抗拒，以平静的口气一遍一遍重复要求，辅助马莉继续按要求做。"她不知道怎样集中注意力，"布里奇特解释给我听，"我们必须帮助她学会。"她用动作辅助和扭转马莉的怪异或不适当的行为，辅助她在椅子上坐直，抬起头看着她。她不断迫使马莉看着她，而且只看她，着眼于马莉的身心投入，紧紧把她掌控在马莉—布里奇特封闭的强化互动里。她使用整个身体、面孔、双手和声音让马莉安静和聆听。随后在这段营造的专注时间里插入结构严谨、节奏恰好的课程，个性化的"课程"。为激励马莉，她不仅用天然强化物，如饼干碎块，还有一些发条玩具、小衣服玩具，同时伴有大量的表扬。

行为课程通常包含两个基本要素：大多训练形式的结构化内容，还有"随机教学"。

头两个月的结构课程有两个重点：减少一些行为，比如强迫性的重复行为，打脸和发脾气，同时增加其他一些行为，比如目光对视、集中注意、使用语言（包括非言语语言，如指认）；另一个重点是游戏技能。这些初级课程来自于洛瓦斯的《我书》。他二十年的研究为我们打下基础，我们可以使用他的基础材料并据此制定和增加适合我们的课程。

布里奇特在接受性语言[1]上的首要目标之一是教会马莉辨识不同物品的名称。

---

1 原注："接受性语言"（Receptive Language）是对语言的理解，相对于"表达性语言"（Expressive Language），即语言的口头运用。

行为干预方法把所有的教学任务分解成最小单元。布里奇特从直观和具体方面入手（"娃娃"而不是"高兴"），使用物品的最小数量单位：一个。作为辨识训练的前提，她首先要教会马莉对指令"给我"做出一致的反应。

布里奇特放置一个玩具马等物品在桌子上。她通过"看着我"辅助，获得马莉的目光接触和注意；然后她发指令："给我马。"（重申一下，所有环节都尽可能简单：她没有说："马莉，请你把桌子上的马递给我，好吗？"）

布里奇特等待着。马莉什么也没做。

布里奇特重复指令，然后拿起马莉的手放到玩具马身上，引导马莉把玩具马放在布里奇特的手里。对此，她给马莉具体的表扬："好，你给了我马！"即使这完全不是马莉自愿做的。

她们这样一次一次地做，每次课上重复。很快马莉在没有动作辅助的情况下也偶尔把玩具马拿给布里奇特。她们一遍一遍重复做，直到数据（每一天都搜集数据）在无辅助条件下呈现稳定增长，马莉把桌子上的物品拿给布里奇特的"回合训练"，正确率由20%、30%、50%、80%，稳定增长到90%。她要学会对"给我"的指令做出反应。

下一步，布里奇特要教她区别两个语言名称。一个玩具马和一个杯子摆在桌子上。这时的指令是"给我马"，杯子作为干扰物。同样，开始的一些尝试回合经过辅助，随着马莉把"马"的发声和正确的物品联系起来后，动作辅助逐渐减少（用行为科学术语说是"密度降低"）。经过几天，这个特定的训练任务正确率达到100%后，按此程序训练"杯子"这个词。在掌握（经过多次回合练习）这个联系之后，布里奇特开始以同样的训练随机呈现这两个名称。

随后不断增加新的物品，作为同一组摆在桌上。经过几周的课程，直到马莉无需辅助也能区别七至八个不同物品。每一次回合训练，都是以指令"看着我"开始，持续数周时间。眼神接触是每次训练中每个回合里必不可少的环节。

布里奇特也同时进行其他课程。我和马克已经知道,行为干预不仅仅是"矫正孩子的行为",这个术语更多的是指一种教学的方式:回合训练、教学内容分解成小的单元、强化的系统运用。课程主要是语言和认知两个方面。

随着这个艰难付出的过程展开,马莉学会新物品名称的速度加快了。渐渐地,我们不再期望马莉一夜间有突破性进展,而是为她取得的每个小的进步高兴和憧憬。或许在这些训练中她以不同的、"不自然"的方式学习,但是她在学东西。至于她能取得多大的进步,只有时间说明一切。

布里奇特干预课程的第二个主要方面是,教学以更自然的方式进行。因为这些孩子不容易做到注意力集中,有些治疗师最初对他们只做回合训练。而布里奇特认为开始就要结合随机教学。

"随机教学"就是治疗师利用环境的每个机会强化当前的教学目标,或者即兴引入新的概念。"自然机会"指任何引起孩子兴趣和参与的事情,即使是暂时的。比如说,如果布里奇特在帮马莉玩形状分类盒,她会利用这个机会强调"里面"这个介词,即使这是尚未正式教过的词:"我把方块放进盒子里"。她也教不同形状的名称:"方形"、"半圆形"、"三角形"等等。

几乎任何事情都可以成为随机教学内容:"现在是上课时间","现在是游戏时间","现在是唱歌时间"——每个行为课内容转换都可用简单、一致的语言表述。随机教学可以由布里奇特、我、马克、帕齐在任何时间和场合进行,目的是帮助马莉集中注意于某个交流方面,或与人互动或进行象征性游戏,然后用语言描述给她。推着小儿车散步可用来使她注意室外各种现象和活动,并用口语给她解释我们想让她知道的事情:"这是公交车。它很大。它跑得快。"

随机教学是父母日常都应该做的事情;对孤独症儿童,我们必须做得更多,更加始终如一。我们必须学会如何通过不断扭转马莉封闭、面无表情的冷漠去最大限度地增加她的意识,即使是她只表现短暂兴趣的事情也要如此。以前她似乎不关注任何事;现在我们所有人都要求她关注事物,对他人有反应。她一旦这样做了，我们即抓住机会，利用她哪怕是最微弱的注意表现，想方设法地让它延长和有意义，并总是伴随着我们清楚直白的语言干预："你把小熊放在拼图上，老虎、狮子"；"这是勺子……这是盘子"；"鞋子。我们穿鞋。"

整个3月和4月，马莉的表达性语言不断增加。3月25日，我在日记里罗列了二十五个词。从3月开始，她平均每天学会一个词，其中一半左右是她的治疗师教的，另一半是从大环境中学的。除了"嗨"、"再见"、"多一些"、"打开"和"帮助"这些词是我们的具体教学目标外，其余都是名词。

然而，她的接受性语言理解能力还非常有限，在之后很长一段时间仍然是个问题。在我看来，她还停留在具体、此时此景的理解水平。如果我指着一本书，引起她的注意，说出"书"这个词，现在有迹象表明她能理解语言的标志功能，甚至可以重复说出"书"这个词。但如果稍微复杂一些，她仍不理解，比如"把书放在桌子上"，罗宾把它叫作操作物品的指令。如"丹尼尔在哪里？"这样的问话不会引起她的反应，没有张望和手势。在生人或朋友问她"你叫什么名字"或"你几岁了"时，我的心会怦怦地跳。马莉对这些两岁孩子的日常问话仍然表现沉默和面无表情，还要经过很长一段时间她才能理解一些最基本的抽象、原理、推理或预想。"外面冷，我们要回屋里去"，"多可怕的怪物"，"爸爸快回家了"这些话，我记得很清楚，丹尼尔两岁时就能对此理解并做出反应，而马莉似乎一点儿不懂。她只是说出物品的名称，仅此而已。

韦尔奇医生总说马莉能听懂所有的事情，可是马克和我越来越难以相信这个说法。事实上，在某些天里，马莉的敏锐和反应状态特别好，她似乎很想理解我们的话，可做不到。所谓某种解开密码的过程的说法对她不起作用。廷贝根夫妇那本书坚称普通孩子锁在自愿选择的孤独症里，不愿意讲话，在被问话时有意摆出无表情的面孔。但是随着过去的每一天，马克和我更加确定，马莉的语言缺陷根本不是出于自愿，她本人挣扎在想听懂大量响在耳边的声音却又多数无法理解的话语中间。

到了4月，我开始越来越怀疑拥抱疗法的理论根基，逐渐开始接受布里奇特的做法，无论这个结构式训练看上去多么刻板机械。我还不想放弃韦尔奇医生或拥抱疗法，但它不再是重中之重。我仍然心怀崇敬，前往她的诊所，每天与马莉一起练习拥抱疗法，还发誓说每次拥抱后我真的看到马莉更专心，反应更敏锐。

但是每次拥抱课结束回家后，我马上去观摩布里奇特的日常训练课，发现越来越难以否认行为干预的力量。我感叹布里奇特通过回合训练和随机教学从马莉身上发掘出更多的话语、微笑、对视，更适当地玩乐，更多新的举动。

马克和我经常谈论治疗方法。我们都不喜欢自己不知道在干什么的感觉。

"你知道，马克，我们先把情感重建话题放在一边。我还没考虑清楚它的原理，或许有另外什么起了作用。"

他等着我继续说。

"是其他什么起作用，或者与亲情联系重建共同起作用。"我接着说。

"是什么？"

"哦，你知道我总说每次拥抱课结束后马莉好像更敏锐？"

"哦？"

"每天上午，我要么在家，要么在玛莎的诊所做拥抱疗法，之后马莉处在更高的反应水平。然后她上布里奇特的课，她利用这段马莉集中注意的时间训练结构课程和持续教学。"

"我懂你的意思，"他说，"拥抱疗法有助于提高她的意识水平，布里奇特帮助她进步。"

"也许这解释了一些原因。"我想了一会儿，继续讲，"就像是我们使她集中注意，然后用一些非常具体的课程增加了她的注意。"

马克补充说，无论从哪个角度看，行为课程对马莉似乎没有最初我们担心的害处。

"我想马莉没有受到情感伤害。"我同意马克的看法，"马克，布里奇特很不错，她知道自己在做什么。"

"布里奇特很不错？你不再认为她冷漠、吝啬？"

"我这样说过吗？"

"是啊。"

"哦，我现在不这样看了。"

事实上，每次布里奇特上课结束，马莉似乎更安静、更敏锐，也更友好。虽然马莉的"表现"让我高兴，但还是目睹马莉对布里奇特做出反应更让我放心。我观察课上和课外的马莉，现在我的感觉是她不仅容忍，某些天甚至喜欢布里奇特提供的这些预见度高、内容一致、结构化的环境。布里奇特出现时她还会哭，她和布里奇特进到房间不到一分钟，哭腔就变成哼唧或者话语。她不再需要被安置在座位上，而是自觉地走向椅子坐下，期待地看着布里奇特布置各种东西。一天，她动手自己布置，把两把椅子从屋里一头拉过来面对面摆好。布里奇特开始上课时，她开始活跃，渴望而敏锐，在正确回答一个问题或完成一项指令后，脸上现出高兴的样子。

无论我对这样刻板的学习方式有多少意见，现在我很难把行为干预看作是对马莉人格的可怕伤害。

一天，布里奇特在我们午饭后来上课。门铃响了，我准备去开门，转身时我停住了。马莉出现了，朝布里奇特走去，看着她微笑。

我对布里奇特和行为干预的怀疑越来越没有根据。我一直厌恶这个方法，但现在我不得不承认它的效果。我曾认为这个方法会让马莉更加远离我们。现在她以这样或那样的方式告诉我，她需要这个方法，她需要布里奇特。

15

马莉的春天到了。我们在 4 月和 5 月见证了她的绽放,她在向爱她的所有人敞开怀抱。每一天,她在基本的语言技能和交往能力上都有进步。回想起来她的进步非常快,但在亲历时感觉是逐渐的、不确定的。没有一夜见效的效果,没有突破或者某个自我封闭的孩子的顿悟,她是一步步地回归。然而,我们不知道她是否能坚持走完全程。

马克对此始终乐观看待。"她会好起来的,"他这样安慰我,"看看,她的进步多快。看看这两个半月她取得多大成效。"

我看着她,不确定、将信将疑的感觉并存。有时我会想,我在创造某种灵丹妙药,还有时我会一觉醒来面对她不会成功的现实。的确,她在进步,但她的语言、与人互动还完全说不上正常。她有许多点滴的成功,却伴着顽固的孤独症行为。我迫切地想见到一个恢复正常的孤独症孩子,与他的父母交流,询问他们经历这段捉摸不定阶段的每个时刻。可是我只知道洛瓦斯的 47% 的匿名康复率。这段时间有许多祈祷、软弱,同时有课程和希望。

然而,渐渐地,我的惊恐减少了。在怀疑和不安的氛围中,信心却坚定不移。马莉每天都会给我们新的东西,一些迹象让我们保持希望。无论是学会一个新词,稍长时间的眼神接触,对她兄弟一闪而过的兴趣,还是对她周边环境更多的好奇,她真的做得越来越好。

现在我喜欢推着她去散步。在她好奇地看着街边橱窗或指着街上的狗时,我感到很幸福。

"狗狗。"她说。

"是,那是狗狗。"

一只鸽子在她的小车前摇摆着走,"哇—哦!"她激动地喊。我大笑着,"是的,大鸟!鸟!"

"大鸟"是她从前学过的一个法语词。她16~20个月大时,这个词和其他的词一起在她的语言里消失了。

她还没有主动接触过她的兄弟,但是我觉得她至少更多地意识到他们。在丹尼尔顽皮地说话、玩耍或画画时,偶尔她会盯着他看。她开始在一个游戏上对他有反应:他会在客厅里跑来跑去、喊叫和大笑。这让马莉很兴奋,开始跟着他跑。之后丹尼尔会转身追着她跑。马克和我从不介意他们满屋高声喊叫,马莉跟着她哥哥又跑又叫,看上去很幸福、正常。

她几乎仍是完全忽略米歇尔。她从弟弟婴儿椅前走过,好像他不存在。我抱着他时,马莉没有任何嫉妒的表情,甚至没有意识到他。一天上午,我和孩子们坐在客厅,米歇尔坐在婴儿椅子上,马莉碰巧迎面走过来。突然,米歇尔的小胳膊小腿激动地开始挥动,抱住马莉,高兴地笑着。他一直对她笑着,看着她走出视线。当然不是马莉不关注他,她就是没看见他。我想他太小不会有被"拒绝"的苦恼,但我还是觉得他很可怜。我把他抱起来,对着他笑,让他知道有人注意到他是个多么可爱的孩子。

几天后,马莉的确注意到了米歇尔。我抱着米歇尔,让他坐在我膝上,突然马莉站起来,走过来试图把他挤掉,自己坐到我膝上。我太高兴了。任何同辈嫉妒对于一个完全冷淡的孩子只能是健康的表现。我一只胳膊抱起她,另一只抱着米歇尔,坐在那里,两个小东西依偎着我,我感到快乐幸福。

一天晚上,我带着马莉去麦迪逊大街,我急匆匆跑去食品店买些牛奶。我把男孩子留下给帕齐照看,告诉她我十五分钟后回来。这个时候,马克比平时早到家,也出去办什么事。

我带着马莉走,想着一些心事,突然听到马莉笑了几声。我看她,她在看着街道,天色黑下来。她的眼睛直直地盯着什么东西,自顾自地笑着。

"是什么,马莉?"

她用手指着,我随着她的目光看。马克朝我们走来,他看着我们伸出双臂。我把马莉放下,看着她跑着冲到爸爸怀里。

马克抱着她走过来,我们彼此看着对方。

"你看到了吗？"我问。

"是，我看到了。她认出了她的爸爸。"

马克一手搂着我，一手抱着马莉。夜幕降临，我们围成一个小圈在那里站了一会儿，享受这难得的平静。

到了4月中旬，布里奇特对我的影响日益增加。

一天上午，我走进餐厅看见马莉站在一个墙角，身体转着小圈，仰视天空。情急之下我抱起她，抛向空中，喊着："我们上去！"然后我接着她，喊着："我们下来！"最后我把她放到地板上，喊着"我们站下来"。我重复几次这个游戏，把我的语言辅助缩短到"上！""下！"她很着迷，每次把她抛起来，她兴奋地微笑和尖叫。最后在她落到我手臂时，我等候着，抓着她的胳膊，以期待的眼光俯身看着她。似乎有某种声音。"Sh"，她喊，她是在说"上"。

"好，马莉，很好，你说'上'！"

再一次抛身体时我等待着，把她举在空中，对着她说"x—x—x—x……"我辅助她说。

"Xia！"她喊道。

"哇，好孩子。'下！'"

我们无数遍做这个游戏，直到我的手臂抬不起来，可是我很激动。我开始理解了如何让眼神、好玩、奖励强化与语言辅助结合起来，正是我看到布里奇特做的那样。一旦掌握了这个技能，我发现每天可以有数十种方法泛化训练技能。

布里奇特开始以各种其他方式开拓我的思维。马莉刚刚确诊后，我就开始记日记。最初的记录零散，胡思乱想：失控的情绪、急躁的想法跃然纸上。但随着时间推移，我慢慢变得客观。我开始以更系统的方式记录马莉的症状表现和点滴进步。在游戏、语言、与人交往和模仿等，在每个我能够描述的方面，训练自己记录她的缺陷和不断增加的技能。总要盯着她的缺陷让我难过，但我知道除非对她的异常、缺陷和各种发展滞后保持警惕和抵制，不然我就几乎不可能帮助她克服这些。很讽刺的是，在布里奇特要求我写出一个行为清单时，我从内心抨击过这个做法，而现在我像布里奇特做的那样学着如何看待女儿的缺陷，每天记录她的孤独症行为举止。一两个月前还让我撕心裂肺地看待事物的那种临床客观性现在成为可能，我想是因为一个简单的事实，就是马莉在各个方面都有确实和稳定的进步。

  在游戏方面，布里奇特用的方法和其他教学一样，把活动分解成为最小的可控单元，然后用动作辅助协助她完成每个单元。举个例子，她们在做拼图，布里奇特先是把着马莉的手把每块拼版放到正确的位置上，之后随着马莉的理解逐渐停止辅助。所有的事情都伴有动作辅助和语言辅助。如果听上去这是一种有意设计或强迫，那是因为它的确是这样。毕竟，这样的结果比她反复把拼版摞成六寸高、盯着看强得多。

  现在我在课外也用同样的辅助。我记得和她坐在一起，把着她的手拿小熊放在床上，盖上被子，或者把玩具奶嘴放在它嘴上。这样的非自发性活动，现在不像以前那样让我为难。我观察布里奇特辅助她的任何事情，从表达性语言到唱歌跳舞。我也看到经过一段时间，马莉需要的辅助会越来越少。一旦推她一把，她可以有自己的主动行为。

  我慢慢开始疏远试图找出马莉孤独症状原因的诱人的精神分析方法，像布里奇特那样，把精力集中在自己能做的事情上，帮助她在语言、行为和社会互动这些具体方面进步。也像布里奇特一样，我不仅阻止她的自我刺激行为，同时促进和塑造更多的适当行为。

  推动和激发有多种形式。使用一点哄骗，让马莉开始吃一点不同的食物。我会涂一点果酱（她喜欢的）在新的食品上面，然后放到她嘴上。我不让她沉溺于任何一种食物、玩具或活动的时间过长。最初她十分抗拒我的每次介入，但现在她似乎慢慢变得更灵活，从一个活动转到另一个活动时更少生气和喊叫。布里奇特在上课期间非常强调灵活性，不仅要求马莉集中注意力，而且要求她转移注意力的能力，不带情绪地由一个活动转到另一个活动。她们会在课桌上做一个活动，然后换到地板上做一些活动，之后回到课桌上进行其他的训练。有时马莉会对某个特别的玩具痴迷，布里奇特会让她玩一会儿这个玩具，然后宣布："好了，现在是做形状分类的时间！"这时，无论马莉是否哭闹，她们都会转到形状分类活动上去。

我也开始推动马莉做各种变化。马莉总是坚持穿同样的衣服和鞋子。给她买一双新鞋，对我、马莉和售货员都是一次不小的心理考验。售货员不理解这个孩子为什么哭闹、身体哆嗦、在地上打滚。我若给她买一条新裤子或一件新衬衣，我敢肯定她会倒在地上哭。那时我不知道怎么办，只能让她每天穿两三件一个样式的外衣。但是现在，我开始用平常的方式给她穿不同的衣服，不管她哭还是不哭。一旦开始，每件事上我都这样做，用毛衣、鞋子、不同颜色的袜子代替她标准的白袜子，用套装代替从前单一的裤子和T恤，穿新的睡衣，等等。经过几周，她会接受我给她穿的各种衣服。

我还记得她诊断前我们在公园的情景，我和她坐在一起，惶惑和沮丧，因为她不停地哭。丹尼尔马上兴高采烈地尝试各种好玩的东西。然而无论什么时候，我试图把马莉放在秋千上或跷跷板上，她总是哭闹和抗拒。

现在，经过4月里下午课的干预，我会更自信地带她去公园，一边忽略她的喊叫，一边哄她尝试新的经历。我似乎越来越多地推动她越过每个恐惧的门槛，用动作辅助她尝试最初的几个步骤，在她可以自己做时立即停止辅助。那天我带着她玩秋千、跷跷板和滑梯，她没哭也没有身体僵硬反应，这仅是一个小小的成功。

如果我觉得她形成一个习惯，沉浸于某个重复动作，有了某种癖好、一个程式，我会即刻打断她的迷恋，让她做些不同的事情。她曾是一个需要静止不变环境的孩子。现在我更清楚如何对她做出反应。我必须抱起她，用动作辅助她，推动她，促使她跟随变化。我必须教她起身坐下、弯腰屈伸和随着生活韵律起舞。她想要的是静止不动。在布里奇特的指导下，我不仅要给她爱，还要给她接连不断的变化。

我也学会在她身上增加强势主张，如果这个说法在逻辑上成立的话。一天在我父亲家里，马莉靠近一盘奶酪和饼干，她站在那里，目不转睛地看，显然是想得到一些。我父亲马上跟着过去。我们的家庭成员和朋友大多都知道马莉的诊断，他们会做出格外努力关注她，总想给她无微不至的帮助。

这时我父亲要拿给她一块饼干。

"稍等,爸爸。"我说。我向前抓着她的手,"你想要一块饼干,马莉?"她没说话,但着急地抬头看着我。

"听着,宝贝,"我一边说,一边把着她的手伸向但还够不到盘子的位置,"你自己拿,继续,拿一块饼干。"

马莉看上去似乎是觉得有人要咬她一口的样子,她终于鼓足勇气拿了一块饼干。

"好孩子,你看见了吗?你可以拿一块饼干。你做到了!你完全是自己拿到一块饼干!"

我突然意识到,我在使用布里奇特课上同样的身体操纵方法,这曾让我极度不安,而现在成为一种程式。我在用各种办法"塑造"她的行为,我这样做得越多,她似乎变得越勇敢和开朗。我对行为干预方法引发的极端专断的良心顾虑让位于每天都在起作用的现实情况。马莉进步飞快,布里奇特这样说,罗宾这样说,连马克和我也开始这样相信。

之前我们认定行为干预极度压抑马莉的自我,现在她爸爸和我开始把它看作帮助她形成自我的极端却又必要的手段。

我们没有囚禁她,反而解放了她,让她进入正常发展。

我们没有占领她,我们在帮助她摆脱孤独症怪异行为和情感冷淡的桎梏。

我们在引导她,就像所有的父母做的那样,设定方向,划定界限,明确动机和后果。不同的是,她迷失太多,比其他孩子需要更多的帮助。所有的自由、自主和选择的时候终将出现。现在她尚年幼,是扭转她的症状,融进我们的方式、我们的生活的良机。

16

"你现在还让那个搞'行为'的人上门来吗?"

4月下旬的一天,我在韦尔奇医生的诊所里。

"是。"

"但愿你不要用你告诉我的那些训练压制她,好吗?那个人在操练她?"

"布里奇特不错,"我轻声地说,"马莉和她一起挺好。"

"请注意,你对马莉能接触到的事情要十分小心。千万不要忘记她是多么脆弱!"

我需要布里奇特,现在我清楚这一点。近来我和韦尔奇医生争论激烈,焦点是在孤独症治疗方面既有布里奇特那样的方法,也有情感重建方法各自的位置。

然而我仍然喜欢韦尔奇医生。我爱她为我做的一切,在未来漆黑一片的时候她给我的感觉。我发现很难直接违逆她。我犹豫再三,考虑是否告诉她现在布里奇特一周来五天,还有马莉接受重复性的声音、词语和颜色形状配对训练。我不愿意提及有多少布里奇特的技能渗透到我与马莉的日常接触里。

"她不错。"我重复刚才的话,不想继续这个话题。"我想近期可能去康涅狄格州那里看看,很想见到几个做情感重建治疗的家庭。"

"太好了,"韦尔奇医生说,"5月9日怎样?"

"为什么要5月9日?"

韦尔奇医生告诉我,英国广播电台那天会在康涅狄格州摄制一个拥抱疗法的纪录片。她会告诉制片人,我善于表达、机智,并且导演会很高兴和我聊聊。

"你确定他们愿意听到我对亲情联系失败理论的批评吗?"

韦尔奇医生让我放心,无论我说什么都没问题,就是回顾我们经历的这个过程,告诉他们我对拥抱疗法的看法。

我同意前往。可是我们为马莉而战还是开始阶段,我不想接受采访,但我急于见到参与拥抱疗法的家庭,和他们谈谈。我想知道有没有一些家庭与我们一样用综合的方法?是否有些孩子像马莉进步这样快?或者更快?我是否要在拥抱的过程里多做点什么才能获得更好的愿景?

我肯定,在那里我会见到很多有类似想法的人,一些参与拥抱疗法,但对其理论基础有些怀疑的人。

我大错而特错了。那里我所见到的人都是韦尔奇医生、廷贝根夫妇和失败的亲子关系是孤独症成因说的坚定、绝对的信奉者。

在我到达康涅狄格郊区木栈道边的一个舒适的中产阶级家庭时,英国广播电台摄制组已经准备就绪。我抱着马莉从车道走上来,摄像师看见我便开始拍摄,我尽量显得自然些。韦尔奇医生站在那里,看上去兴奋、漂亮,她精心化过妆,头发盘成金色发圈,眼睛发亮。她的姿态完美、优雅。

我们互贴面颊,轻声问候。她转身把我介绍给从屋子一侧太阳房里出现的两个女人。她们领着自己的孩子,一个小女孩和一个小男孩。"向凯瑟琳问好。"她们辅助说。那个女孩十岁或十一岁,说"你好,凯瑟琳"时并没有看我;那个男孩有十六七岁的样子,没有说话。

"玛莎,戴斯蒙在等你!"一个女人在厨房喊道。韦尔奇医生抱歉地离开,进去和英国广播电台摄制组导演戴斯蒙·维尔科斯谈话。一个孩子的妈妈解释说那个在厨房里的女人是韦尔奇医生的母亲。这是她父母的房子,他们帮助她管理这个母爱中心。

我走进太阳房,那里几乎没有一件家具,许多枕头堆靠在墙边。我有点紧张,我开始与几个父母搭讪。这里有八个或十个母亲,同样数目的孩子,还有三四个父亲。孩子的年龄,如我刚见到的,两个小的三岁,大的十几岁。

我如此渴望得到确证,然而第一眼看到的使我吃惊。这里没有一个孩子看上去是治愈了。我看到他们手指翻动、身体跳动和隔空凝视。我听到年龄较大的孩子说话,声音僵硬、婴儿般喃喃。我没看到一个可以给我希望和惊喜的人。我的疑虑增加了。

我悄声问一个年龄较小孩子的妈妈那些恢复正常的孩子在哪里。

"哦,当然,他们恢复后就不会待在这里!"

当然,我怎么没想到这一点?那为什么其他一些母亲经过很长时间还待在这里?有两位家长告诉我,他们到这里来有十年了。拥抱疗法到底需要持续多久?

"你见过在这里康复的孩子吗?"我问一个和我谈话的母亲。

"没有,但是韦尔奇医生讲过马克·H——"

我也听她说过马克·H很多次。我太想见到他,还有其他恢复正常的孩子。

家长都坐在周围聊他们的孩子。

开始我很想听他们说什么,但不一会儿我失望了。几乎所有的家长都在讲他们如何辜负孩子的经历,讲述的故事带有一种奇怪的愉悦:他们知道孩子的问题是父母造成的,他们清楚,也很渴望谈论相关内容。哦,这不是他们的错,当然,他们无意间做了什么事情导致孩子从正常变成孤独。在那里的爸爸们随声附和这个女人说的一切。

"我感到沮丧,直到遇到韦尔奇医生才知道这是怎么回事。"

"她才一岁时我就给她断了奶。"

"我从来没有像对我第一个孩子那样,把我女儿放在我的睡毯里。"

"我去出差,回来的时候她就不是她了,完全变了。"

"那时我忙着搬家,没有给他足够的关心。"

"是的,"说话的女人的先生插话进来,"那段时间她非常恍惚,和孩子疏远。"

"夜间他在小床哭,我没去管他,因为我丈夫说应该教会他自己睡觉。"

我再也听不下去了。

"失败的母婴联系是一个孤独症状,不是原因!"我急促地插话,"错不在我们,也不在我们的孩子,是受伤的神经系统!"

我的话招致不少白眼，我觉察到一些敌意。她觉得她是谁？医生？精神病学专家？

我还想继续说，可已经不如刚才自信。"我们为什么不能只着眼于和孩子建立亲子联系，忘掉这些我们过去做错了什么的原因分析？"

沉默，之后出现礼貌的转换话题。

我能理解他们，我自己不是也过来要尝试一下吗？我相信这些家长会继续抵制把孤独症是基因或其他生理来源的看法与这个理论令人绝望的结论有关，如果认为它的确是生化或代谢障碍，他们或许可以因为无能为力而放弃任何努力。

只要我们看不到在多数孤独症儿童身上可见的损伤，那么我们还可以继续相信爱的力量，只有爱能够治愈病症。

由廷贝根夫妇、韦尔奇医生和每一位相信陈旧的精神分析应用于孤独症的心理治疗师传达给家长的希望是：如果症状是我们造成的，就可以由我们纠正。如果我们系铃，我们就可以解铃。好吧，是我做的，对不起。请求你直接示范给我如何成为一个更好的妈妈。

这里的每个父母，也包括我都心怀内疚，因为我们相信这样的坦言孕生赦免，还有救赎。

集体拥抱时间到了。英国广播电台摄制组人员现在回到我们所在的房间。所有的家长似乎都知道要做什么，他们脱下鞋，坐在枕头上，我也跟着大家做。我们各自把孩子抱过来。

突然有一声我们之前未曾听到过的高声尖叫和哭号传来，马莉和我都吓了一跳。我们站起来跑去另一个房间。可是韦尔奇医生的助手紧跟着我们出来，让我们回到家长中间。

我努力集中精力拥抱马莉，按惯例心中念叨着"妈妈爱你，看着我"。然而此刻不可能集中精神，我对面坐着的一个十六岁孩子的妈妈在喊叫：

"出一件事你就决定永远退出？你毁了我们的生活！"

另外一对父母坐在那里，爸爸抱着一个新生儿，妈妈抱着一个三岁大的男孩。

"看着我！"妈妈向孩子喊道。

"看着她！"爸爸吼道。

这个男孩一边扭动身体一边哭。新生儿也跟着喊叫起来。

"你觉得只有你一个人要得到关注？"一位妈妈对着自己正在哽咽的女儿喊道，"其他人怎么办？我们的需要怎么办？"

我抱着马莉要让她保持平静。她受到惊吓，开始哭叫。我备受煎熬，不知道是逃离这个疯狂的场面，还是固执地相信如果我能撇开知识的羁绊，像周围这些热情的家长那样去相信，我的女儿就会恢复正常。

韦尔奇医生在各组之间来回穿梭，镇定自若，这里一句话，那里一个微笑，不时给我们鼓励。她的恒常教诲是表达给孩子我们对他们的最深切的感情——"释放出仇恨和伤心"。只有在这一刻，真正的母子联系才会发生。

英国广播电台摄像机跟随着她走近每一组家长，这里说一句，那里一个微笑，给一个特别抗拒的孩子下指令要他现在看着妈妈！

集体拥抱终于结束。家长放开孩子，坐起来，开始和孩子更安静地讲话。我不晓得为什么这样结束，是因为大家公认的时间过了，还是因为其中一些更有经验的妈妈向其余的家长发出"时间到"的信号。所有人的拥抱在同一个时间结束使我感到怪诞。我四下张望，看是否有人获得了期待已久的"愿景"，但没有看到有孩子和父母倾心交谈。家长的态度、语调和嘈杂声音瞬间变换，与马莉在家里的拥抱环节毫无二致。

周围洋溢着微笑，松一口气和友好的气氛，孩子们安静下来，其中多数在父母怀里显得更放松。

然后有更多的小组讨论。这次是韦尔奇医生带领："现在大家听着，我以前说过，现在还要说。这些孩子并不麻木，他们知道所做的事情。"

后来到室外，我站在草坪上接受戴斯蒙·维尔科斯的采访。我的话听上去很学究气，很客观，我说出了对建立亲子联系方法的疑虑、对刚才见到的事情的紧张反应。

韦尔奇医生站在摄制组人员后面向我微笑。

"但是，"我说，看到她的注视，微笑着回敬她可爱的眼神，"现在我来说说韦尔奇医生为我们和我们的家庭做的一切。"

后来证明，那年5月份是我对韦尔奇医生最崇敬的时期。我想颂扬她，不仅是对英国广播电台镜头后的观众，而且对任何愿意听的人。事实上，我曾想过宣传她对世人传达的希望是我的责任。我决定给孤独症研究领域最知名的学者伯纳德·瑞慕兰博士写一封信。

今年的头几周，我隐约听说过或者读到他的名字，我想我读到他的一篇文章，介绍维生素B6治疗孤独症的作用。那时我对他没太在意，直到一个偶然的机会读到他在季刊《孤独症研究国际概览》（*The Autism Research Review International*）上发表的文章。

读这篇文章时，我吃惊地看到四五页的篇幅收入大量的内容。这位瑞慕兰博士花了很大工夫梳理了所有近期发表的关于孤独症文章的期刊和杂志。他把这些研究提炼为易读、概览式提要，对其中大部分研究写了深刻的评论，把整个行业情况浓缩在一份新闻简报上。现在，5月上旬我重读他的新闻简报后，决定与这个似乎很博学、很客观的人联系一下。

在一封很长、热情洋溢的信中，我对韦尔奇医生有大量的赞颂，当然也简略地提到布里奇特和罗宾。我把整个经历描述给瑞慕兰博士，我写到马莉的病史和诊断、我们采用的治疗方法、马莉到目前为止取得的显著进步、我对拥抱疗法如何起作用的困惑、我对未来的希望和担忧。

我毫不犹豫地把马莉的快速进步归功于韦尔奇医生。我的结论是，布里奇特和罗宾的工作很重要，但最本质的恢复工作，最核心的问题是通过拥抱疗法得以矫正的。

发出这封信之前，我先给布里奇特看，之后给韦尔奇医生看。

"哦，"布里奇特看完信后轻声地说，"你好像对拥抱疗法很热衷。"

"但我确实提到你的工作的重要性，布里奇特。"我反驳说。

"是的。"

"不管怎么说，拥抱疗法应该得到专业人员的重视，它让孤独症孩子恢复正常。"

"你见到过这样的孩子？"

一阵紧张让我说不出话来。我确实相信完全康复。该死的。玛莎使一些孩子恢复正常！我不在乎布里奇特信不信！

布里奇特继续说着，打破了此刻弥漫的敌视性沉默。

"我认为拥抱疗法对你和马莉都有一些情绪上和生理上的影响。"布里奇特说，"我不知道在多大程度上可依赖它教会一个孩子正确的行为和交流。"

"我并不是依赖它。我还有你一周的十个课时。"

"是的，你还有你自己花在实施我们的方法上的时间，凯瑟琳，这比一周十个小时多得多。"

我把信拿给韦尔奇医生看，她读着，沉默一会儿，突然抬起头看着我说："我可以留一份拷贝吗？"

我同意了。

几天后她告诉我，帮助她管理母爱中心的父亲复印了这封信，发给全国许多热衷拥抱疗法的人士。

"哦？"我说，内心紧张地一颤。我愿意把这些想法、我的名字、马莉的名字像这样传播出去吗？我很感激玛莎，是她拯救了我，但难道她不能、不该事先和我讲一声吗？

几丝怀疑的念头袭入我放置她的神坛。

分发这封信给我带来的困扰比我愿意承认的多。我打电话给在韦尔奇诊所认识的一个三岁半孤独症女孩的母亲。

这个妇女参加拥抱疗法有一年多。她的孩子没有恢复正常，治疗期间出现仿说，她的喊叫和发脾气频率降低了一些。

"你相信拥抱疗法会让你的孩子完全恢复正常吗？"我问道，"你相信拥抱疗法吗？"

对方沉默，气氛不太友好。

"我一生中从未对其他事情像这样相信。"她这样回答，"你呢？"

"是的，是的。"我急忙回答说，"我当然相信它起作用。我只是想搞清楚马莉的多少进步归功于拥抱疗法，多少进步归于行为干预？"

"这又有什么关系？"

"我的确关心！我要知道她为什么好转，怎样做到的好转！我想知道她的进步能不能持续，我能做什么帮助她进步！"

"好吧，我很高兴我女儿取得的进步，我从未做过那些行为干预的玩意儿。曾有一个行为治疗师来过，试图为我女儿做那些胡来的东西，相信我，那次以后我再没邀请她过来！"

"没有？"或许你应该这样做，我心想。

"没有，我没再邀请她。母亲的直觉总是正确的。我的直觉告诉我拥抱疗法是我女儿唯一的希望。"

在这个女人和众多拥抱疗法的信徒身上，我觉察到某种我不喜欢的东西，某种我自己也有的东西：盲目信仰，把一个人理想化，不愿承认我们给孩子做的选择会错。

但是仍需要几个月时间事实才会浮出水面，我才会知道谁代表上帝送给我女儿的礼物。布里奇特和罗宾这两位年轻女士，她们在地板上一小时一小时、一天一天地工作，没有一鸣惊人的效果，只是一步一步地教马莉。

在与韦尔奇医生的关系结束前，我还必须要理解被诱惑和吸引到小团体里是怎样一回事。对那些十分害怕和绝望的人，很难坚持自己的平常心、认识、理智和客观性。身处未知地域，不知所措，我们这些父母在母爱中心，在救世主镇定的保证、美好的承诺中获得巨大的慰藉。

17

1988年3月、4月和5月这三个月期间,马莉的词汇呈爆炸式增长。我记录中的一天,她用了40个词汇,从那之后我停止了记录。

有关她的所有事情都没有恢复"正常"。除了我们特别教会她的动词以外,她的口语里95%是名词构成,是物品的名称,而不是人的名字。由于我们不断地示范给她,她可以说"再见",重复说"妈妈"和"爸爸",剩余的词汇都是名词。但是这些名词不是她自发使用的,要我们不断辅助才行。

40个词,50个词,多数仍然是名词。

"儿童一般在什么时候开始组词?"我问罗宾。

"在他们有10至15个单词的时候。"罗宾这样回答我,她对我一直讲实话。

60个词,70个词,80个词,仍然多数是名词。马莉现在很痴迷物品名称,包括公寓里的任何一件东西。

"衬衣,"她会说,抓着爸爸的衬衣,"衬衣,衬衣,衬衣,衬衣。"

"鞋,鞋,鞋,鞋。"

"笔,笔,笔,笔。"

最初我们觉得鼓舞,但很快意识到这种重复性命名的偏执性质。我们会努力扩展一些她的思路。"是的,马莉,这是我的衬衣。我穿着衬衣。"我还记得我从阅读中了解到,这种机械式的物品命名是孤独症语言的首要特征,这让我们感到紧张。在我们周围的朋友和亲属之间,我们听到两岁孩子用两三个词组合表达想法:"要球","爸爸走","我要果汁","狗狗出外面"。马莉也会说这样的话吗?

如果有一天她在我或者她爸爸回家时自发地迎接问候我们,或者,虽然看上去不太可能,某一天她问一个简单问题,比如:"衣服哪里?"这会让我们多么高兴。

还有,至少一次隔着房间喊我:"妈妈!"

无论她给了我什么,我都要更多,我贪得无厌。我要一个充满活力、可爱、会说话、会欢笑的女儿。每当她上了一个台阶,我的目光就会转到下一个台阶,增加我的强势要求。

"她将会组词和使用句子吗?"我问。

"我想她会的。"罗宾说,"这几天我们会教她两个词的组合。"罗宾在与马莉游戏时集中示范清楚、语境明确的两个词的组合,例如"车跑","再见,火车","还要点心"这样的词组。

然而马莉好像很满足于四处走动,一遍一遍说东西的名称。她甚至不太在意旁边有没有人听,也不用有人回答。"汽车、汽车、汽车。帽子、帽子、帽子。"

布里奇特通过语言模仿训练也在教给她两个词的词组和短句。这里可以轻易地看出适用于行为干预的"机器人式"的说法从何而来。马莉的语言听上去很受条件限制,非常刻板。布里奇特教给她的任何话马莉都一字不差地重复,谈不到新奇的变化,如同把数据录入录音机,播放时没有任何变化。"点心"、"橙汁",之后是"我……要……橙汁"。马克和我不相信这种刻板、不灵活、具体的语言是由行为干预造成的,这是孤独症的核心症状,但是我们还是想知道:行为干预是否强化了这个症状?马莉从布里奇特的训练中学到了很多东西,但是她会有真正的交流出现吗?她将来能否进行会话?我们应该怎么做,给她一个五百句的储存去应对生活所需?语言和社会技能肯定不是一套简单、现成的反应,需要根据规则不断地有创造性地变化。

我把这些问题提给了布里奇特和罗宾,口气已不像我一两个月前那样具有挑战性,这是因为真的心里没底。

她们都没有亲历过孤独症儿童恢复正常,只能根据儿童或多或少交流提高的经历尽量回答。

她们让我了解，当前的任务不仅是简单的语言模仿。我们要以各种方式让马莉按功能用词汇，即罗宾所说的交流的"语用论"。在马莉学会了"开"这个词后，就不允许她站在门口哼哼唧唧。她必须看着我们说："开门。"马莉必须全天在不同的语境、不同的情境下练习学到的词汇。布里奇特会通过语言模仿教会她一个词，然后利用各种机会让她用这些词。罗宾和其他人重点是让她泛化学会的词。语言的泛化包括在其他场合和其他语言结构中使用。我们一点一滴地从具体和简单的"打开它"，到更为复杂的"打开盒子"，"打开！"，"睁开眼睛！"，"这个商店开门吗？"

5月的一天，布里奇特在和我一次长谈时说，我们希望的将会发生，马莉会开始从环境中自己学习。现在她学习词汇和概念的速度很快；我们想看到她不仅从课上学习，而且更多地从身边的人那里学习，更快地泛化词汇的用法。

"我们要让她'学会学习'，"我想，"洛瓦斯在《我书》或者我读到的某篇论文里这样说。"

"我想这样的表达最贴切，她在学习如何学习。"

那天夜里我和马克继续这个话题。

"或许我们做的这些重复训练在她的脑子里导致某种'再连接'或者'再沟通'。你知道，通过接受这些课程，她在某些神经方面发生了变化。"

马克同意我的看法。他认为某个地方，因某种原因出现神经损伤，我们是在帮助马莉克服这个损伤，或者是通过外部刺激补偿这个损伤。

"有的时候，即使中风病人的语言中心损伤，他们还是能够通过非手术、环境刺激学习讲话，不是吗？"马克说。

我们想起看到过一个 PBS 的广播电视片，报道一个女孩天生大脑不全，然而她的认知能力正常。

"她的大脑其他部位以某种方式起到了代偿作用。"我说，我记得那个纪录片这样说。

当然，我们的猜测没有实际数据资料支持，但是我们需要给我们不能完全理解或者永远不能完全理解的现象以某种秩序和过程。我们的"大脑自身修复"的设想支撑着我们康复的希望。

5月20日那天,马莉给我们的希望注入了新的生命之光。

在语言课后,罗宾、我、丹尼尔和马莉坐在工作室的地上。丹尼尔和马莉在玩罗宾带来的一个玩具,罗宾和我交谈着马莉取得的进步。米歇尔在隔壁房间午睡。

门口有开锁的声音,马克回来了。"你们好!"他边走入前厅,边和大家打招呼。马莉抬起头,马克进入房间。

她转身看着他,直接看着他的眼睛。片刻停顿后,她开始讲话。她的话很轻柔,犹豫不决:

"你好,爸爸。"

一刻静默。随后罗宾和我发出一阵愉快的尖叫,一时间我们都兴奋不已。连丹尼尔看着大家这么高兴也跟着大笑,尽管他不清楚我们笑什么。

马克跪下来抱起自己的小闺女。

"嗨,马莉,我的宝贝。"他轻声地说,双臂紧抱着她,声音动情。

又过了很长一段时间,父女俩开始在对方到家时彼此问候。

然而马莉的状况上下起伏,持续整个春季。每一个健康和进步的迹象都伴有持续的症状表现。我们对马莉某个方面的行为开始有些轻松感时,其他方面又有新的担忧困扰我们。即使她的语言有改善,孤独症的其他症状,新的和旧的,总是出现、反复。

发脾气和叫喊确有增加,发生在每天正式课上不多,更多的是在没有很多事情并且没有什么明确引发喊叫的环境诱因时发生。布里奇特和我猜测是每天给她不断增加要求累计起来的消极反应。

还有其他症状出现,用脚趾走路、磨牙和身体僵硬越发明显,有一度她发出奇怪的喉音,我把它叫作"呜呜熊叫声"与"嘶嘶叫的老鼠声",这两种声音交替出现,以我摸不准的频率和原因突如其来。是否她把这些自己的声音当成某种自我刺激?我只能猜想,谁知道在孤独症这个遥不可及的世界里发生了什么?

其中一个在两周里持续增加的可怕行为是打脸。每次我看到她打脸就出一身冷汗。在她所有的症状里，这个行为最使我惊恐。她举起小手扇自己幼嫩的圆圆面颊，这个场面让我极度恐惧，想马上逃出房间，逃离寓所，从她身边跑开。

布里奇特对此的反应比我镇定得多。这就是我们要消灭在萌芽中的病症表现之一。"现在谈谈打脸这件事。"她在上课结束后会说。虽然我的心怦怦直跳，但我会强迫自己倾听、分析，像她那样用临床态度看待这个问题。布里奇特每天都记录这个行为发生的频率，力图从中找出某种模式。与试图追溯孤独症行为至儿童早期情感创伤的精神分析家不同，行为主义人士审视当前环境中引发孩子行动的具体因素。之后为了改变行为，他们或者重新改造环境刺激物，或者按更适当的方向改变行为。马莉每次打脸的行为出现之前，她的环境里发生了什么？是什么引起她这样的反应？

"她每次打自己好像都在学习任务有些压力的时候。"布里奇特说。几乎总是在每个新课内容开始，或者一个特别困难的学习任务期间发生这个行为。

"哦，我们不能完全不加入新的课程内容。"我说。

"是的，她必须学会不用这样极端的反应面对一定程度的压力。"布里奇特回答。

如果在她每次不高兴时我们都把事情停下来并允许她做其他的事情，这会使问题更严重，我得出这个结论。

"是的，她打自己的脸时，我们可以冲过去阻止，但这样做的结果是奖励她打自己！"

"她开始以某个方式给我们条件反射。"我开始像一个行为主义专业人士那样思考。

布里奇特大笑起来，有点怜悯我的意思。不幸的是，她知道不少家庭遭遇这样的怪圈。每次他们的孩子喊叫发脾气，都有一位父母跑过来示爱和依偎他，用不了多久这个孩子会利用发脾气得到自己想要的。

"哦，我能理解不去强化发脾气。"我说，"我们至少应该知道这些。可是在她打自己脸时我们该怎么办？"

我们决定应对的办法是完全忽略它，同时重新引导她的手的指向。

每次她打自己的脸，我们镇定地抓住她的手，放回到她的膝盖上，在那里把住她的手两秒或三秒钟，我们会以简明具体的行为强化语言表扬她："手放下来，很好。"

布里奇特解释说，行为计划包含许多尝试错误的干预。如果这次转移马莉手的策略不奏效，我们会考虑其他办法。比如，坚定地说"不许打"并马上把她的手掌平放到桌面上。或者我们可以用专业术语"把行为搁置起来"，就是说对它完全忽略：对不适当的行为没有任何奖励、强化或关注。

尽管我能配合布里奇特的工作，但仍然对每天要做出的决定是对是错没有底，我还是会想她的每一个孤独症的症状，某种原因是我的错还是布里奇特的错。每当一个消极行为增加时，我都会下意识地归咎于我自己甚至这个行为干预计划。的确，马莉可能在学东西，行为更正常，甚至有更多的语言交流，但我们的行为干预也可能对她造成了更多的精神损害。

因为，有一件事很清楚：她的社会与情感上的进步仍然举步维艰。社会互动（心理专家所说的"介入"）或许是马莉进步最困难的方面。

我们如何使她爱我们？这是一个我没有明确答案的问题。她似乎对爱她的人不感兴趣，这始终让我心痛。她似乎从不自发地接近或者向他人打招呼。仅仅因为她说过一次"嗨，爸爸"并不意味着以后她还会说。不时地有些天出现最坏的情况，她对所有人都不看一眼。

多数时间她仍是面无表情，甚至有些悲伤。仅仅看她的脸我就可以辨别出那一刻她是"和我们在一起"，还是沉浸在自己的世界里。她的每次微笑都是一件大事，我都会记录下来。

晚上我会把她放在床上，盖好毯子，要求她看着我，轻声说我多么爱她。之后我离开时，心里骤然一阵悲伤，因为她从不叫我回来。我在想，是否有一天她的生活还需要我？她是否会像丹尼尔那样急不可待地向我求助？我在场或不在场时她是否无所谓？丹尼尔和米歇尔是那样地需要我，他们的眼睛看着我时充满快乐，喜欢我抱，和他们说话和玩耍。她也会这样吗？

但是，像我后来一次一次意识到的那样，不是我一个人就能搞清楚所有这一切，或给出各种答案。我为马莉竭尽全力，与她沟通，教她和刺激她。至于如何"使"她爱我们，我懂得需要少一些靠自己，更多地依赖祈祷。我做了我能做的，之后把这个谜团托付给上帝。

随着春季结束夏季来临，终于有一天，我期待已久的那个时刻到了。一天晚上，她生病了，发烧，鼻塞，喊叫。我用比平常更长的时间抱着她，之后把她放到小床上，我托着她生病的小身体，让她知道我对她殷切的守护。她快睡着时我把她放到小床上，盖上被单，我转身要走出她的卧室。

"妈妈。"

我僵住了，她刚刚叫了我！她的生命里第一次叫我。这个词在我心中回荡。我在她身边蹲下来，用胳膊搂住她。"妈妈在这里，宝贝。妈妈爱你。"

我留在那里直到她睡着。我的脸挨着她的脸，就像她刚出生的那个时候，他们把她放在我身边，我抱着她，珍惜着这个脆弱新生儿对我的需要，开始相信……

18

6月上旬,看上去马莉每天都有进步,另外两个孩子也好。丹尼尔半天去幼儿园,在那里他很开心,笑口常开。我感到我们做到了让他的生活有足够的安全感。

一天里总有时间上的冲突,我与马莉单独训练时,丹尼尔会跑过来要玩具、玩游戏和得到关注。这些时候很难办:每当我关照一个孩子时,我会觉得冷落了另一个孩子。马莉还不能和他玩在一起。我唯一的对策是尽力平衡大人的帮助,尽可能少出现这个局面。问题是即使有其他大人的支持,马克、帕齐,或者一位治疗师,我仍然渴望自己去拥抱和爱每个孩子。我生活在恐惧中,唯恐不能照顾到每个孩子。

米歇尔是个快乐的小婴儿。他睡眠好,现在每晚短暂喂奶时醒来一两次,之后会马上入睡,常常是在我和马克之间安睡。他常常微笑,张着嘴,十分快乐,在婴儿的一天时间里非常忙碌,他给每个他看到的人一种"我爱你们"的微笑。他的姐姐、哥哥、帕齐、我、他的爸爸、便利店主、电梯工、快递员,无一例外,都享有米歇尔无条件的祝福和认可。

如果说马莉还没有真正与他们接触,马莉注意她的兄弟多了一些。一天,我屏住呼吸看到她向坐在旁边地板上的米歇尔伸出手,轻轻地把手放在他头上。我也看到她把玩具拿到丹尼尔玩的地方,不再满足于自己坐在房间里,她开始偶尔找我们。

为促进社会意识,布里奇特坚持马莉要对她而不仅仅是对金鱼饼干和M&M豆有反应。以前我从未听说过一个孩子小小的进步得到如此热情洋溢的表扬。我在走廊或公寓里做其他事情时,布里奇特的鼓励喊叫成了熟悉的背景声音。

"哇,马莉,你做到了!"

尽管马莉做的具体任务还需不断命名,"很好,你说'要'!"布里奇特也增加使用一些更自然的言语鼓励。

"谁是聪明的小姑娘?""你是聪明的小姑娘!"或者"好极了!"

布里奇特总是与马莉保持密切的身体接触。她相信拥抱、亲吻和把她抛起来与言语表扬同样重要。

不用多说,到了6月初,马克和我对布里奇特的看法完全变了。仅仅观察马莉向她学到的东西,就让我们非常高兴。我们庆幸在争取女儿的战斗中有这样一个坚强和执着的勇士!我们相信行为干预与拥抱疗法同样重要。也许,只是有可能,行为干预更重要。

然而,不幸的是,我们总是听到对布里奇特和她的教学方法的攻击。一些人似乎持有我们最初的同样偏见。客气点说,其中有些人应该比我们了解得更多。

一个叫路茜的母亲,为给孤独症的女儿求助而和我联系。在我们自己的探索过程里,我经常对其他父母做的是,给他们我有的所有资料,帮助寻找治疗师。她曾像我一样幼稚,打电话给佩恩·惠特尼咨询。一位年轻的坐诊精神科医生听了她关于给女儿要做什么的解释。我偶尔也能见到这位冷漠、孤傲的精神科医生。在听取我对我们家庭计划描述时,她不加掩饰地表示蔑视。

"行为干预,"她冷淡地告诉路茜,"在道德上应受到谴责。"

一天下午,一个朋友到家里来,一起喝咖啡。在我们的谈话中,她委婉地暗示行为干预不是马莉的最好选择。

"为什么不是?"我问她,心想她或许需要一点行为干预的细节和作用方面的资讯。我想起自己不久前还对它有很深的怀疑,在理论上完全反对。

"哦,我有个朋友,心理学博士,她说对儿童稍有了解的人就不会把他们交给做行为干预的人。"

"'对儿童有了解的人',她有孩子吗?"

"没有。"

"她有与孤独症儿童工作的经验吗?"

"我想没有,但她读了许多……"

"告诉我,她推荐什么疗法?"

"当然是心理治疗。"

这次谈话后我在屋里踱步良久。让这个博士有个孩子,让这个孩子有孤独症,让她慢慢用心理治疗帮助这个孩子,我不冷静地这样想。我要的是一个已经康复的孩子。

马克和我经常听到这些说法:有人说我们会制造一个机器人孩子,我们治标不治本,行为干预与虐待孩子只有一步之遥。特别是在纽约市,"行为的"这个词本身就是一种诅咒。其他州的一些父母告诉我,他们那里对行为干预没有那么强烈的敌视。但在这里,"这个行业是最好的",主要是指四十年来抓住同样观点不放的弗洛伊德主义者。

我们知道,一些敌意的形成,来源于所有的行为课程都在系统地使用一系列的厌恶物的看法,从打耳光、电击到震荡枪。然而在我们的家庭课程里,没有治疗师使用厌恶物。对马莉使用的最限制性的做法是,在她宁愿满地打滚时强制她坐在座位上。尽管有些人会认为这是非常令人厌恶的事,但拥抱疗法的强制拥抱比行为干预里的任何做法都更让人厌恶。

如果马莉的自我伤害、自我刺激到了我们不能成功地扭转到其他活动上时,我不知道我们能做什么,所以我不能不加区别地谴责所有厌恶物的使用,特别是在其他方法无效的情境下。另外,我也不想这样做。有些案例记述持续几年的严重自伤行为通过使用一些温和的厌恶物在几天内永久戒除。大喝一声"不",在大腿部拍一下……我想,问题也围绕着你怎样看待什么是厌恶物。一个人认为强加任何身体的不适都是厌恶物,另一个人觉得使用言语斥责不能接受,还有人说对一个不合作的孩子不能给予任何要求。无需多说,围绕这个话题有激烈的争论,还有一些专业人员确信自己最了解、比儿童的父母更关心孤独症儿童,倡导全面禁止使用任何厌恶物。

然而对行为干预的敌视远远不止是使用厌恶物。问题的根源是看待和干预孤独症的两种不同方式,在更广泛的意义上也适用于正常发展的儿童。

一方面有行为干预方法，坚定不移地要求行为改变，要求可接受行为的一致性；另一方面，有一系列的心理驱动方法，毫无例外地关注"理解"、分析、亲子关系和"灵感"。

我们亲身感受到这个冲突。贝特尔海姆在名义上丧失权威后很长一段时间，我们仍然看到精神分析方法是多么有诱惑力并广泛存在。随着时间的推移，我们会了解为什么他们的推崇者如此疯狂地攻击使我们的女儿脱离孤独症的这个方法。

19

6月中旬,马莉使用两个字的组合又多了几个:"嗨,(加人名)","再见,(加人名)","多一些,(加名词)"和"都不见了"。罗宾和布里奇特对每个两个字的组合词进行强化训练。每次罗宾把一个娃娃或动物玩具收起来时,她都示范说:"再见,米老鼠!""再见,冥王星!""再见,大鸟!"马克和我也一有机会就用这些词组。"说'你好,布拉斯!'""说'你好,乔治!'"公寓大楼里的电梯操作员和门卫已经习惯了我们给马莉督促和辅助。她一直没有自发地问候他们。"她很害羞。"布拉斯说。韦尔奇医生对她的进步很高兴,这催促我继续带她去母爱中心。

"好的。"我同意,好像有些勉强。我真的不愿意再去,可是那时候,我觉得出于礼貌还需要去韦尔奇医生那里一两次。还有我在母爱中心与两个年轻妇女成了朋友,她们非常渴望像马克和我那样给孩子综合的干预。我曾答应其中一位再去会面。

在诊所的拥抱疗法进行得不顺利。我们对建立在母子联系基础上的疗法的意义有更多的争论。在母爱中心看到的一切使我困惑,在那里观察到的一些儿童情况让我向韦尔奇医生质询。

我又重读了廷贝根的书,为挽救我崩溃的信心做最后的努力。我曾错怪了布里奇特。是否可能又冤枉了廷贝根夫妇呢?我是否夸大了他们的说服力和观点?我很想搞清楚是什么造成亲子联系失败,而这种失败怎样导致孤独症。但是我越往下读,书中内容的推理越接近于揣测和印象式记述。每件事情的解释都根据已经确定的理论,毋庸置疑的前提。一切都很简单,过于简单:这个是导致孤独症的原因,这是治愈的办法。

一天我重读有关自伤的章节。

到6月这个时候,马莉已经不再打脸,可我记忆犹新,十分害怕。这个悲惨的行为还有一些其他的印象笼罩着我。在马莉得到确诊后不久,马克和我看到一部PBS播放的孤独症纪录片。镜头对着一个有严重障碍的小男孩,最多不过四岁。爸爸带他去波士顿的治疗中心,希望那里的医生可以阻止这个孩子几乎不间断的自伤行为。画面始终停留在折磨人的场景上,这个男孩用拳头轮番击打头两侧,啪,啪,啪。观众能听到每次的击打声,能看到孩子痛苦的脸。他自己似乎想停下来,但不能自己。

我们在另一部纪录片里看到另一个男孩,八岁的样子,他已经住进集体托管机构。他的手上厚厚的绷带显然是由于无人能阻止他不断捶击自己的耳朵而绑上去的。在他用绑着绷带的手反复捶击耳朵时,他的面部表情很痛苦。

我知道有许多孤独症儿童不能正常感到疼痛,但是这个孩子脸上有某种痛苦。你只能把这样的情形带到上帝面前,泣求他,"主,为什么?为何允许如此的痛苦?"

当然,廷贝根夫妇对此有解释。在他们看来,这样的自我伤害是一种"转向的侵犯",成人强加给他们的环境造成的沮丧和羞耻并引发侵犯,"例如在他们以命令的口吻讲话时让孩子听到。既然孩子不敢攻击大人,他就把攻击转向自己"。

如此推理,即使对认定孩子的未来取决于相信这些人的父母来说,也无法接受这样的常识。我亲眼见过一个母亲或一个父亲在贬低孩子,骂他像女孩、爱哭、胆小鬼、白痴,等等。在公众场合,我见过大人掌掴孩子,这使我对这些孩子私下场合的命运深感担忧。我也在公众场合看到孩子因尿裤子而遭受羞辱。我担心这些孩子的情感健康,知道他们在精神上肯定受到了伤害。无论受到什么样的虐待,我以前也从未见过哪个孩子陷入这样持续不断、着魔般的自身暴力的情形里。还有,把这样令人厌恶的悲剧归罪于父母的看法在我心里越来越站不住脚。

大约在这段时间,在我尽力了解孤独症治疗上的心理起源风潮时,我读了一本马克带回来的书。这本书就是《空洞堡垒》,作者是布鲁诺·贝特尔海姆,当时这是最著名的关于孤独症的书。我从未想到去翻阅它,因为给我们咨询的几位心理学家告知我们它已经过时了。"现在没人相信它。"他们说。

然而我却没有这么确信。廷贝根夫妇和韦尔奇医生在孤独症起因上似乎非常强调母亲的行为。这难道不是贝特尔海姆所做的吗？有什么区别？有什么变化？

过去几十年里，贝特尔海姆的话没变，他所说的是："婴幼儿孤独症是一种心理状态，是儿童在完全失去希望的极端情况下导致的反应。"

这种"极端情况"非常类似于二战时期纳粹集中营的环境，"所有的精神病儿童遭受极端的生存环境。他们有一个共同点：对自己的生命有持续的恐惧。"正像集中营的一些战俘，他们受到"相信死亡随时到来"的折磨，而这个想法造成"精神紧张症，退化到婴幼儿行为……完全的精神耗竭"。

逐渐地，不可抗拒地，审视的目光指向母亲：

关于儿童早年生活极端情景的起源，可以说母亲的病态常常是严重的，在许多情况下她对孩子的行为就是不正常关系的典型事例……
我相信退缩的最初原因是孩子对接近他们环境的关键人物所施加的消极情绪的正确解读……

这不是她的错，贝特尔海姆接着说，但她无能为力。她只是做了轻微病态、稍稍错误、笨拙或不正确的事情，比如把孩子整夜放在一个冰冷的房间里。他给出了一个案例，而这个孩子灾难性地误解父母的过错。母亲有人性弱点，她的小小失误和不完美，于是，让孩子陷入精神分裂的恐惧中。贝特尔海姆原谅了她和孩子的父亲（某种方式）：

孤独症儿童的父母就是过自己的生活，从他们自身的心理建构做出反应。的确，他们这样做很少考虑到孩子的天性，但是对此他们并不知晓。

是的，他试图原谅他们。本着慈善精神，他安慰读者说他与一对夫妇有过讨论，他们可能给孩子传递了仇恨，但"父母对孩子的态度没有任何要把孩子放在烤炉上烘烤并吃掉她的意思……"。然而，有些时候贝特尔海姆未能保持对这些病态、扭曲的家长友善的容忍，让他们，更多的是让母亲，承担责任：

我要强调说毁灭性的母亲形象（吞噬的女鬼）是孩子想象的产物，尽管这个形象有其现实来源，就是母亲角色的毁灭性意图……这是我在整本书中陈述的看法，引发幼儿孤独症的原因是父母希望没有这个孩子。

读这本书几个月后，我与一位很有活力的女士谈话，她的女儿现在已经二十多岁，住在集体托养机构。她的女儿被确诊时，正是贝特尔海姆的影响和声誉如日中天的时期。她告诉我，每个人都相信他。父母们相信专业人士的，专业人士相信贝特尔海姆。没人对他的权威产生疑问。精神病学专家命令她一周五天带孩子过来做"分析"。母亲不允许坐在等候室里，医生的助手们不屑于和她待在一起，护士和接待员通知她把孩子送到门口，之后在外面等候。他们从不正眼看这个母亲一眼，拒绝和她问好或再见。她引起了孩子这么严重的症状，不配得到人们的礼遇。她说有许多天，她就站在门外哭泣，无论晴天、雨天，还是雪天。

"你是怎么捱过来的？"我问。

"我活过来了。"她轻声地说。

"后来呢，你感到愤怒吗？"

"是的，我感到愤怒。经过一段时间，我把愤怒抛到九霄云外去了。"她停顿了一会儿，接着说："你必须要生活下去。"

她用全部精力照顾女儿，竭力为她营造最好的生活，还在做努力，以保证她死后孩子能得到照顾。

我沉默了，对这位女士无话可说。不能再说更多有关受罪和勇气的话。

不用多说，贝特尔海姆和廷贝根夫妇对行为干预没有好感。按贝特尔海姆的看法，条件反射方法可能把孤独症儿童变成更顺从的机器人，孤独症儿童被贬低成巴甫洛夫的狗。让"孤独症孩子"决定他需要感觉到的反应，比训练他适应条件反应情景更好，不能因为他周围的人觉得更方便就这样做。

廷贝根夫妇对此有自己的看法，贬损"训练技能"对儿童十分枯燥，隐约将其与电击酷刑相比。他们反复强调一点，如果修复儿童的情感创伤，所有那些父母希冀的技能都会迎刃而解。

在韦尔奇医生那里，我看到他们之间的联系，其中有许多我不喜欢。"为什么你和廷贝根夫妇总是责难父母？"我问道，"听上去你的说法与贝特尔海姆区别不大。"

"我们没有责难父母！"她反驳说，一时失去了招牌式的笑容。"没人责难父母！"

难道是我误读了什么？

我再去读他们那些著述。

廷贝根夫妇带着很大的遗憾不得不发表令人痛心的证明："父母的行为，特别是母亲的行为，在主要的孤独症心理起因上"起到作用。

如果让我们在伤害一些母亲与拒绝对许多孤独症儿童施救上做选择……我们别无选择，只有让母亲面对残酷的事实。

可是母亲又是怎么把自己的孩子推到孤独症悬崖上的呢？涉及母亲角色的讨论总有贝特尔海姆的影子。母子之间发生的一些事情，有些母亲做的，或下意识的感觉，这些……是的，非常有害。母亲或许不晓得她过于知性的个性会有如此灾难性的后果；当然母亲并非故意使孩子孤独，然而，她的行为在某些方面构成对孩子情感健康上的忽略和不专注。廷贝根夫妇根据他们多年敏锐而耐心的观察，不厌其烦地提醒读者，他们罗列的"孤独症"成因逐渐明朗。同时他们引述一些与母亲名义上不相关的情景和事件，如离婚、过多旅行、搬家、住高层公寓楼，多数事例也还是直接牵连到母亲。母亲的失误包括喂奶困难，喂孩子牛奶而不是母奶，"教育程度过高的母亲"，忧郁的母亲，无聊的母亲，把孩子托管给他人的母亲（保姆或送日托），无经验的母亲，神经质的母亲，还有太严肃、心不在焉的母亲。

还有，那些拒绝接受孤独症心理起源观点的人，他们出于自己的"罪恶感"才认为这个观点"不科学，无理性"。

这些"负罪感"使孤独症儿童的父母难以接受孤独症心理起源理论，即使面对明显的相关证据时。"经核对，'明显的证据'既非科学的，也不是理性的，它完全是廷贝根夫妇对孤独症行为的主观解读（但非常自信）。"

是的，这是廷贝根夫妇的观点。韦尔奇医生怎么说？她的关于拥抱疗法的文章作为廷贝根夫妇这本书的后记。"孤独症，"她写道，"是母子间错位关系造成的。"她通过拥抱疗法"治愈"的儿童没有任何器质性损伤的这个"事实"为这样坚定的说法找到了支持，这就是说母子互动关系在孤独症根源上起着决定作用。

同样，母亲再次得到原谅，还是说她无法控制：与她的孩子一样，她也是受害者。韦尔奇医生善意地如此表示。

如此，妈妈被正式免罪。然而，在韦尔奇医生的"个案案例"中，她严词针对母亲的各种过失：

"H.M. 的母亲冷漠、疏远和理性。"

"P.R. 的母亲惩罚他，冷漠。"

"有一例严重的孤独症案例……孩子有二十次寻求母亲的身体表示，而母亲对他只有一次。"

有越来越明确的证据说明，拥抱疗法来源于贝特尔海姆关于孤独症起源是"母亲的错"的理论原型，我的不安也因此与日俱增。

但是，我还需要多看看、多听听。亲子关系治愈的承诺难以放弃，救世主难以割舍。我压抑着自己萌生出的对韦尔奇医生的不敬，又去了康涅狄格州两次，一次有马克和马莉同行，另一次只有我带着马莉。

但是那里发生的事情让我们难以接受，难以想通、消化，或原谅。

第一节课看到三岁男孩肖恩。我非常关注肖恩，他是我在母爱中心见到的障碍程度比较严重的孩子之一。他始终在动：用脚趾跳舞，翻动手掌，尖叫，摆头，上下跳动。他像一个小木偶，完全封闭在自己的世界里。他的妈妈更让我担忧。我几乎不敢看她，因为一眼就能看出她备受折磨，疲惫不堪：皮肤晦暗，双眼凹陷，嘴唇因痛苦紧绷成一条直线。她和她丈夫都在场，准备给肖恩做拥抱疗法。什么都没发生，没有眼神对视，喊叫和身体抖动一刻不停，一点也看不出他认得父母。就这样一直持续。"肖恩，看着我。求你了，肖恩，看着我的眼睛。"突然间肖恩的头碰到一件家具上，妈妈停下来，忧心地看着他头上肿起的包。"能给我一些冰块吗？我需要冰块，他的头受伤了。"

那天韦尔奇医生不在场，看上去是她助手的一个女人过来了，"玛丽，"她说，"与你要从孩子那里得到的愿景相比，他碰一下头不要紧。"

"我得不到什么该死的愿景！"玛丽高声喊着，此刻她开始抽泣。

所有人都没作声，专心于这个痛苦的剧情中，佯装不受影响。这时，韦尔奇医生的助手突然转向我说："凯瑟琳，玛丽认为她不能从肖恩那里得到好的拥抱是因为她丈夫没给她足够的支持。或许你可以告诉我们你丈夫支持你的积极方式。"

玛莎·韦尔奇的一个观点是，如果父亲缺席，敌视拥抱疗法，或者某种方式"不支持"他的妻子，治愈效果不会出现。

"我不认为在婚姻上她需要我给她上课！"我没好气地说，"我觉得她需要你别再说她需要得到一个愿景！"

我气愤地想，怎么能够有人让这个母亲觉得帮助一个严重残疾孩子的全部负担都落在她一个人肩上？这个孩子本应该接受强化治疗课程。如果最初按我的意图那样做，决定解聘布里奇特，现在会怎样？如果我们只依赖拥抱疗法会是什么情况？

我突然醒悟，母亲是孤独症原因的有害看法实质是因为母亲最想治愈孤独症。把孩子进步的担子全部压在玛丽的肩上，迫使她从严重障碍孩子那里得到"愿景"，如同在她折断的背上另外增加负疚。这对我刺激很大。

第二个事件与一个叫蒂姆的十岁男孩有关，发生在我们第三次，也是最后一次参加那里的拥抱活动期间。

妈妈和他做拥抱时，他反抗，母子扭成一团。双方的争斗愈演愈烈，最后同时摔在地上。母亲大声呵斥，蒂姆无声抵抗。这个母亲显然气急了，双膝圈住他，为使他胳膊放下来，把全身重量压在他肩头上。突然，蒂姆之前面无表情的脸上痛苦地抽搐，他哭了起来。"不要！"他气喘着喊道。

我抬头看，韦尔奇医生在场，看着这个场景，她还是平常那样微笑、走开。

我们离开了母爱中心，从此再没回去。我们看到的让我们失望、厌恶：母亲发泄愤怒，不仅对她们自己，而且对她们的孩子。虽然我也会觉得孩子的障碍某种程度是我的过错，但我绝不会想到是马莉的错。

之后不久，初夏，韦尔奇医生离开了这个城市。她在7月离开，之后在8月前往英国，在那里英国广播电台将继续拍摄拥抱疗法纪录片。她的声望鹊起。

我想她离开也好。近期我在她的诊所做的拥抱课程气氛紧张，争论到面红耳赤，期间她不断接听律师、代理、出版商、记者的电话。无论什么时候我们有机会谈到马莉的情况，她的建议都是一样的。

"马莉害怕在街上走路。"我报告她说。

"每晚都要抱着她。"她回答。

"马莉的语言仍然很有限，应用死板。"

"拥抱她，她准备好时自然会说。"

"在我回到家时，马莉不会过来迎接我。"

"只要多抱她。"

与我们做的行为干预相比，这类建议，现在听上去含糊不清。

我对韦尔奇医生更加失望，但是我内心里还愿意信任她。即使不是对拥抱疗法本身，也是对她本人。无论韦尔奇医生的信念多么漏洞频出，我想，她还是一个真诚的人，在我最需要她的时候，她使我没有垮下来。还有，我仍然相信拥抱疗法有些价值。我决定继续做（我自己的做法）。整个夏天，我会继续加以完善，同时让布里奇特进行艰难的技能训练。我不得不承认，我对后者的关注更多。

20

  我已经不再肯定自己是否知道什么是"正常的生活",但我确信一件事:马克和我已经走出阴影。曾几何时,我们生活、呼吸、做梦、谈话、思考,都离不开孤独症。马克有工作可以让他分分心,但他也承认在接电话和会议之间,孤独症的念头总是不期而至。

  6月上旬,每天的日子如常,我们为每一刻到来的礼物心存感激,尽量不去担心明天会发生什么。

  我渴望安静,珍惜白天、夜晚这样的时刻。我会坐在沙发上或蜷在床上:不看书,不谈话,让一天的时光从我身上溜走,放松自己,安详、平静。

  我们和一些朋友的交往中断了。危机似乎以某个方式考验友谊:一些人还是朋友,有些人不再是朋友。

  我们的第一个孩子夭折后,我天真地期望朋友会有所理解。我遭受到人生的粗暴打击,迫使我进入与之前生活不同的愤世嫉俗的成人心态。在朋友该说该做之后,当"别担心,你还会有孩子"的话语过多刺激后,我开始接受这样的事实:多数人可以对不了解的事情抱以同情。除非他们实实在在考虑特定的危机或损失,除非他们主动决定设身处地地为他人着想,否则他们不会获得这方面的见识,他们也不情愿那样做。

  没有人,也包括我自己,真的愿意体验别人的痛苦。或许还有许多其他一些因素:如果不能解决朋友生活里的事情,我们会感到无助;假如不能解决问题,就会假装问题不存在;我们不知道说什么好,找不到适当的说法。我们自己的生活也有痛苦和悲伤。如果看到贫穷,我们至少可以拿些钱出来帮助,虽然这点钱不会让人撑多久。但是,如果看到别人痛心,多数人没什么好办法,只能试着劝劝对方。或许我们应该了解痛苦常常没有解决办法,每个人或迟或早都会遇到。诚心要帮你的是身边的一两个人,他们始终试着理解你,在你经历痛苦时愿意与你携手同行。

经过痛苦的孕期后,我学会求助于女人,那些有同样经历的女人,或者那些懂得对尚未出世的孩子付出爱的女人,还有那些仅见过短暂痛苦时刻的女人。有些女人因为有自身感受所以了解,她们知道对一个新的生命爱的感觉,或者经历过失去尚未出生的孩子的悲痛。

但是其他人,男人和女人,对那些表面的、一看就知的事情——比如,刚结婚不久我伤了脚而表示的同情和遗憾,比混乱、隐藏、神秘、有些羞耻的生产苦痛多得多。一天,我挺着大肚子上街,与所有的邻居朋友和店员打招呼;一周后我没有大肚子和孩子在外面走走,没有人说一句话;有的人还礼貌地把目光转开。她流产了?她的孩子死了?最好不提这个,会引起她的情绪;她还会有孩子。流产后的一段时间,我真的想拿一块牌子,上面写着:我曾有一个孩子,他是男孩,他就是他,无可替代,永远是他自己。他死了。安慰一颗破碎的心的愿望很强烈。这事发生了,它是真实的,令我心痛。请别让我装作什么事情都没发生。

马莉诊断期间和之后,确有几个好朋友,比如艾维琳和达妮拉,真心地倾听和理解。我的姐妹不仅听我说,也和我一起伤心。

但是我必须找到保护自己不受他人伤害的办法。有时当我和朋友或熟人讲起一些艰难面对孤独症的事情,我遇到的几乎是敌意,他们坚持认为一切正常。"我看她没问题"是我经常听到的说法。或者,"我肯定她这样的情况会过去的。她或许只是害羞"。

一方面,我理解他们的固执看法。马莉还小,发现她的症状尚在早期,而且我们似乎正在扭转它。所以说,让一个没和她一起生活过的人相信一个现在开始组词说话的两岁孩子有什么问题,是很困难的事。短时间他们不可能了解她的病史,或者总体上了解她与人交往和语言发展与正常水平的差距。怎么能期望他们知道她自发的目光对视频率、语言的僵化使用以及与人主动交往能力的缺乏呢?他们按自己看到的作判断,对一个偶尔见到马莉的人来说,她的表现很正常。他们觉得对我啰啰唆唆的话最好低调回应。

另一方面，他们的态度激起我一定程度的辩护偏激。难道他们觉得这都是我编造的？的确，家庭主妇、全职妈妈的生活很枯燥，或许我将主导让几个神经学专家、精神病学专家和其他一些专家把孩子诊断成孤独症？于是在我周围造成不同寻常的兴奋？

当然，我这时遇到的这些猜疑与那些随着马莉状况好转引起的直白的怀疑相比不算什么。这是不可能的。事情不会是这样。这个孩子当时误诊了。孤独症儿童不会被治愈。

然而，时间将会给出证明。

那段时间，我与一些愿意和我分担不确定和忧虑的人常在一起，珍惜他们的理解。春季的一个周末，马克和我带孩子们去我姐姐简家，我一次次地站起来干预马莉的异常举动，当时我很感激她没说任何话。经常是，其他人不觉得需要这样警惕和坚定，他们会生硬地让我坐回座位。

"坐下！别打扰孩子们玩！"

"放松些，凯瑟琳！"

"别去管她！她只是要做自己的事情！"

"他们不明白吗？"我会失望地问马克，"问题的关键是跟着她，不让她独处？"

让她安静地玩、独处，有的是时间。作为普通孩子，她有一生的时间，发展独立和自主。我们只有这一点点机会，我想一至两年的短暂时间使她走向这个方向。现在还不是我坐下来放松的时候。

"不，"马克就事论事地说，"他们不会理解。或者和他们坐下来解释一切，或者尽量不受其困扰。"

"可是，这确实困扰了我。整天跟一个有孤独症的孩子形影不离，很难不被说成是强迫症、无法克制、过分护犊的母亲。他们为什么看不到这是一场危机，而我们不得不高度警惕做出反应？坐稳，放松，举重若轻，这样就能把孩子从我们杜撰出来的病症中拯救出来。神经病！白痴！我恨他们！"

"你恨他们所有人!"马克说着,大笑起来。

我也笑起来:"是的,把他们踢翻在地!扑倒他们!用油锅煮他们!"

带马莉在外面走走会引起各式各样的议论。自丹尼尔很小时,我就知道有些人听到婴儿的声音和哭叫会局促不安;这些场合里人会出现某种本能反应。一个小孩子开始喊叫或哭闹,周边的成人听到后,立刻显得不安和忧虑,像一群大象感到危险临近那样呼啦起身跑开。如果丹尼尔在便利店里哭闹,年长的妇女会快步过来,在他眼前晃一串钥匙发出声响,"喔,喔,孩子,不要哭!"

之后,当然,每个人对如何照管孩子都有自己的见解。丹尼尔小时候头上长过湿疹。"乳痂",行人看到后这样说。我本应该在他头上擦些油,可是他的头皮会出现粉红色,还有,医生的建议是晾开头皮。

那时我们住在格林威治村,那里的居民没有这个知识。有一天,我推着我的小头小脑、粉色头皮的宝贝到附近的公园,在每个角落都有陌生人给我上课。

"给那孩子头上戴个帽子!"

"他需要擦些防晒霜!"

我匆匆躲开这些议论,唯一的安慰是想到他们至少还表现了关心!

相比之下,在我要带马莉去外面走走时,我的问题更窘迫。她不肯去,总想让我用婴儿车推她走,自己不肯走。她的膝盖会打弯儿,整个人摔倒在人行道,抽泣。那时候我不了解,但显然,这样的行为在孤独症儿童身上很常见。之后,我听到几个母亲说每次带他们四五岁孩子出门都要拖拽着他们才行。

我不知道做什么。等这些行为随着她长大自然消失,不在我的考虑之列。我已经决定不再等待任何事情。如果不去管它,问题只会越来越严重。

布里奇特建议我使她走路。

"我怎样使她走路?"

"哦,"布里奇特回答说,"我会领着她的手带她走。如果她倒在路上不走,我会扶她站起来。假如她向前移动一点点,我会给她很多表扬。

她哭闹我不会理睬。如果她还是哭，我仍会至少再走一个街口，然后结束走路把她带回屋里。"

我试着这样做。

情景像地狱一般：马莉在街上抽泣，我扶着她站起来，一遍又一遍，坚定地重复："我们必须走路。来，现在走路。"

路过的人目瞪口呆。

"可怜的孩子。"

"啊，多可怜的小女孩。"

我的头上冒着汗滴。这是多么糟糕的场面！我的确需要这样做吗？我一定要在公共场合这样做吗？

"好了，马莉，开始走路！"

终于，她还是向前走了几步。

"好孩子！你在走路！走得好！"

这个办法奇迹般奏效了。我们走过半个街区，马莉时有哼唧，但似乎更安静和自信了。我决定一点一点来。今天走半个街区，明天一个街区，最重要的一步似乎是她至少开始走、尝试走。

不过一周时间，她就和我一起走着去夏季游乐班接丹尼尔。我的好妈妈形象在邻居中间有些污点，但是我得到了一个乐意、安静和自如走路的孩子。

这样，我常常把自己置于两面不是人的境地：我围着她走路时受到斥责；我用行为干预要求的坚定方法时遇到冷眼相向。我真的希望具有深入浅出解释困难事情同时面不改色心不跳的诀窍。如果做不到这些，我情愿学会不在意别人怎样看我。

随着时间推移，专业工作者、朋友、熟人，以及陌生人分成两大阵营：一些人让事情变得更困难，另一些人确实起到了积极作用。第一个阵营人数大大超过第二阵营人数。但是，尽管马克、我和马莉经受让人心酸的缺乏同情，但我们的确幸运，遇到那些真心帮助的人，他们以各自的方式给我们善意的帮助。

德卡洛医生给了我们一个早期诊断。今天,想到众多家庭多年来束缚在"他没问题,再给他多些时间"的评语上,我就会感觉这个诊断对我们非同小可。至少在生命的最初几年里,孤独症似乎是发展的。越早治疗,希望越大。

几乎只有科恩医生一个人认可合理程度的恢复正常,而且以客观的态度谈到一个同行的工作。现在更多的专业人士会认可康复的情况发生,但早在1988年,这样的人少之又少。

说到治疗,我们有福气得到这里最好的两个治疗师——布里奇特和罗宾。在马莉确诊几周后,她俩走入我们的生活,强有力地率先展开每个阶段的拯救。就我现在所知,我难过地意识到好的治疗师太少了,有多少家庭求之不得。

对于我给马莉做的或没做的事情,相对任何一个朋友或生人脱口而出的话或持反对意见但不说出来的人,也有许多理解、同情和用心倾听的人。无论什么时候我发火,哀伤或觉得无望,马克总是支撑着我,保护我,有办法让我笑出声来,放松自己。

这期间的前前后后,我也认识更多的好人:那些一路和我们同行、和我们交流的人,那些真正为我们减轻重负的人。其中有几位是心理专家。

幸亏这样。在马莉诊断前,我把他们斥之为一些刚愎自用的家伙,把他们想象为宣扬自我的宗教传教士,权威极度膨胀的假牧师和先知,以及美国世俗文化里的超人。妇女杂志尤其让我上火,他们所有文章的内容总是以"专家意见"结尾。

然而经过这几个月,我幸遇几个好的心理专家:知道自己知识有限的谦卑男女,但有足够理论和临床知识技能,可以给人真正的帮助;与我讨论的事情靠谱,而不是卖弄花架子或给我上课;那些在"助人行业"真正帮助人的成员。

这些行当里的"好人"之一是伯纳德·瑞慕兰博士。他让我了解,假如一个心理专家很差,他会差得没边儿;如果他是好的,就会非常杰出。

他在接到我写给他的关于拥抱疗法和韦尔奇医生的信后写了回信。信里的措辞表现出礼貌、坦率和审慎。我非常惊喜，几乎有些震惊：为什么这个人花工夫对一个完全陌生的人的来信给予深思熟虑的回复？还有，如果他不是孤独症领域的教皇也是主教，给外行回复时有这样的尊重，几乎是同行的语气？他的语气不仅是礼貌，同时带有活力和投入、知识的挑战、好奇和探讨。对此我如何解释呢？我怎么看？这个人实际上在征求我的意见！信的结尾，他邀约我保持通信。

通信往来后来证明内容丰富，收获很大。布里奇特和罗宾在一线为马莉做各项细致的工作。过去的几个月里，瑞慕兰医生成为我们的良师益友。他的知识如此广博，客观性如此明确，我感到似乎终于找到了一个人，一个可以和我深入讨论我们尝试使用的各种方法的原理和缘由的人。

在他给我的另一封信中，附着《孤独症研究国际概览》1987年秋季刊[1]，他在其中写有编者按，对拥抱疗法这个复杂、牵动情感的话题做了点评。终于有人给我一些可信的咨询让我确定拥抱疗法的作用。如我相信的那样，一个很有见识的人不否认它会有些实际功效，但是其原因与母亲糟糕的亲子联系毫不相干。

瑞慕兰医生的基本观点是，拥抱疗法在一定程度上有效，是在生理上而不是情感上有效。他假设，这些年的研究指出，孤独症是大脑皮质的发育障碍，拥抱疗法的强制拥抱可能导致孩子在激烈反抗中某种大脑皮质受到刺激，而不是任何"心灵的联系"。

我自己在想，母子拥抱的过程中可能有一种感情依附和交流。总之，马莉和我的拥抱演变成不是很强制和激烈，也是瑞慕兰医生假设的大脑皮层刺激的一个佐证。

在各方面，他的观点开拓了我对整个事情的思路。后来与他在电话里的长时间通话，内容丰富，终于让我摆脱了最后残存的负疚感和困惑。我们一致的结论是，如果拥抱疗法没有做到别的任何事情，仍不失为一个抓住孤独症儿童注意力的有效方式，而这一点似乎是任何学习的首要条件。

与瑞慕兰医生谈的越多，我学会的客观方法越多。他第一个告诉我

---

1 原注：*Autism Research Review International,* Vol. 1, No. 3, Fall 1987.

心理学有望实践实用科学的严谨方法，可证明的数据，可靠性，控制研究，接受同行评议，而不是停留在治疗师谈话、因高超的见解收费的领域。这些是他作为心理学家要求自己也是他在二十五年里坚持要求同行具备的品质。

在发表于1964年的《婴幼儿孤独症》中[1]，作者瑞慕兰医生几乎独自敲响了贝特尔海姆霸权的丧钟。用一位专栏专家的话说："瑞慕兰把贝特尔海姆的理论打入地狱。"《婴幼儿孤独症》一书出版后，通过它严谨的推理，对当时所知的有关孤独症的方方面面的翔实分析，孤独综合征的心理起源观点就再也没有主导过专业人士的思维意识。尽管有些强硬分子还会坚持多年，如马克和我发现的那样，但多数主流派专业人士认可瑞慕兰为深刻而有创见的思想家，他终于把孤独症的研究引向正确的轨道，有说服力地指出孤独综合征最可能的神经生理基础。今天，他的理论在各地都得到了确证，他的前科学工作有助于推动对孤独症真正发病原因和治疗的研究。他的书籍影响深远，揭露了父母在子女病因上一直受到的不公正待遇。

对我来说，瑞慕兰医生是一位有智慧和慷慨的老师，后来他也成了我信任的朋友。如果说他没有直接参与拯救马莉，但他整个一生的工作也肯定有利于我们的努力；他对我的信心始终给我的目标以力量，加强着我给女儿在方法选择上的信心。每次和他的谈话，我都获得一个平静和清晰的思路。通过给我力量，他给了我们整个家庭以力量。

---

1 原注：不幸的是，该书已不再版，在图书馆可以找到，作为论文著述仍为同行专业人士知晓。

21

为离布里奇特和罗宾近些,偶尔周末去东汉普顿也近,整个夏天我们没有离开这个城市。我在那里长大,位于距纽约一百六十公里的长岛南岸。有机会我就回去看蓝色的海水、静谧的星空、宁静的树林。马克总称那里是天堂。它现在也开始时髦和拥挤了,但是对我们来说,它仍是上帝创造的最可爱的地方。

我们在纽约的时候,丹尼尔去参加夏令营,每天中午我和马莉走路过去接他。上午我和马莉在一起,带她去散步,和她一起坐在地上玩,总是尽可能让她参与我做的各种事情。我开始能和她玩得更多;我比以前任何时候都能保持她的注意力;我从布里奇特和罗宾那里学会怎样从我和她在一起的时间里获得最多的东西,怎样强化和扩展她的语言。

与她一起唱歌似乎是获得她注意力和上语言课的最好方式之一。任何带有身体表演的歌,如《小小蜘蛛》、《小兔子福福》或者《划船曲》,都能让她活跃起来。我和她一起唱歌的多数时间里,她坐在我腿上,面对我,这样我就能得到她最多的眼神接触和参与其中。

跳舞也很好。我或许是世上最笨的舞者,可我至少学会了华尔兹的基本舞步。我会抱着她,在屋里划着舞步,直到随迪斯尼电影《睡美人》的曲子跳累了为止。歌谣表达的温柔和希望正好配合我们的舞蹈:

我知道你,在梦中曾与你同行。
我知道你,你眼里的光芒这样熟悉。
我知道看到的未必都那样,
但如果我知道你,我知道你要做什么,
你会给我一次爱,

如你从前做过的那样，

在梦里。

做泥塑也是一个好活动，特别在开始教她想象游戏方面。我用泥塑可以做的事情太多了：塑成蛇的样子，让它们嗖嗖地沿着桌腿爬到她的胳膊上；做成小汉堡假装吃它们；在泥塑蛋糕上放一些细条蜡烛，为某个填充玩偶庆祝生日；做成小人，让它们到处走，彼此谈话。

玩积木也很开心。摆起一个高楼，让马莉把它推倒，每次都能引起她的大笑。"哗啦！"之后我开始重建高楼，但这一次变成了"该我—该你"的游戏。"该我放一块积木了。"我会说。然后把着她的手："该你放一块积木了。"后来玩"该我了—该你了"游戏时只需要碰一下她的手就可以进行，但我仍坚持与她目光相视。

我这样玩受观察布里奇特和罗宾上课的影响。每天，在怎样获得马莉的关注、示范语言情景、使她参与互动而不是独自玩乐的活动上，我都变得更熟练。让我惊喜的是，我们每个人都能以自己的风格介入马莉的世界：课程最一致和结构化的是布里奇特，她总是能激起马莉的兴趣去完成具有挑战性的任务；罗宾，热情洋溢，常常使马莉融进愉快的社交情绪后鼓励她进行语言交流；而我呢，虽然有些急躁而且只是增加对她的要求，在独裁者和教养者之间转换角色，但她仍会感到安全和爱。现在她常常要和我在一起。有时布里奇特的课刚结束，她会告诉她："要妈妈。"

当然，涂色和画画在这个阶段是基本的，但是我们的做法与其他课程一样，从控制和引导她的手开始；手指正确握笔，教她画横线、竖线、圆圈和方形。然后我们慢慢教她画圆形的人脸，在哪里画上眼睛、鼻子和嘴。[1]

对我来说，一旦严格要求并迫使她集中注意力，剩下的问题就是用各种我们能想到的事情保持她的兴趣，特别是对我们和对语言交流的兴趣，

---

[1] 原注：经过几周时间，我们逐渐去掉各种控制，发疯地表扬她画出的每幅自己创作的画。幸运的是，她喜欢涂色和画画，一段时间后，这个活动本身对她就是一种奖励。

填满这段专注时间。一旦获得她的注意力,我们还需要做别的事情:必须帮她转移注意力。课程必须是快节奏的;户外活动要多样化。即使介入她,我们也要避免让她"锁定"任何一种玩具和活动。

随着她的状况逐渐好转,我们对她说的语言也随之变化,不再使用电报格式的缩略话语,比如"摸鼻子";我们逐渐更"正常"地与她交流:"马莉,你可以给我那个吗?"

我们每个人,上结构化课程的布里奇特,更通用化的罗宾和我,都要问自己同样一个问题:行为和语言这两方面,她的弱点是什么?什么是她已经有准备,可以做的?我们怎样引发她的兴趣?给她各种挑战?

布里奇特每天下午过来上课,罗宾在周一、周三和周五晚餐后上课。生活日程变得容易掌控。一天晚上,马克和我甚至去看了一场电影,这是我们七个月以来的第一次。我们再次感到安全,白天很平静,夜晚不再有噩梦,我们的孩子茁壮成长,每个孩子都是。

米歇尔是个幸福、充满微笑的婴儿。他看上去是爸爸的小型翻版:直直的金发,丰满的嘴唇,黑眼睛。虽然他还像婴儿一样圆圆的,没有他哥哥那样颀长的身材,但他还是像丹尼尔,按年龄看个头挺高。在家庭录像里可以看到他在婴儿走步器里快步走动,抓握东西,咿呀咕噜,好奇自己的小世界,对我们的声音做反应。他的眼神活泼、直接,而且专注。他的笑容随时可见,全心全意。我们现在观察眼神的意识比在丹尼尔和马莉那个时候敏感得多。马克和我看他,或者和他玩时,常常会松一口气。我们了解两个孩子都患孤独症的概率很低,但是,时不时地,我们还是会感到恐惧袭来的阵阵刺痛。我们经常谈到他的发育情况,把他和我们记忆里马莉生命的第一年做比较。如果是……毕竟,马莉的状况逆转得晚……哦,上帝,不可能的。感谢上苍,他身上没有那个迹象。

夏季在延续,我们不失时机地抓住这短暂的幸福时光。马莉情况很好,进步喜人。我们并不知道她能走多远,然而她在快速学习,快步回到正常轨道。比较与她朝夕相处的我们,那些一段时间没见她的人会更明显地看出她的进步。

7月的一个周六,我们站在东汉普顿房子的门口,我母亲开车过来,下车后走向房子。出乎我们意料,马莉当即丢下手上的东西,跑向外婆。

"Gruh-gruh!"她说,这是她的"外婆"说法,我母亲高兴得眼前一亮,"马莉。"她随口答应着。

恰巧我在给丹尼尔和马莉安装三轮玩具车。马莉开始哭闹,等不及要骑上去。我母亲对此赞叹不已。

"为什么?"我问。

"你不记得了,几个月前她对这些东西看都不看一眼!"

"对。"我回想起来。我记得她确诊后的那个圣诞节。圣诞夜我们带到公寓一棵很大的圣诞树,觉得即使周围的大人都惊慌失措,孩子们怎样也要有些庆祝。我们抬过来那棵大树,放在树墩里。不料,马莉甚至都没抬头看一眼。

布里奇特对马莉课上的进步激动不已。"她飞快掌握了这些课上内容!"她告诉我说。但是,不仅她学习速度加快了,她与人交往上也有了更多反应。布里奇特不再需要像课程开始的头几周那样使用很多天然强化物,马莉似乎像喜欢饼干和发条玩具一样喜欢热烈地对她说一声:"做得好!"我们看到了她的个性在形成。从她的脸上看得最清楚,课上她做对了什么时,她的眼睛会期待地看着我们的眼睛,或者得到我们的微笑表示。我们看到一个自我的开端,而从前我们看到的她心不在焉、面无表情。

后来,布里奇特曾向我坦白说,她最初觉得给马莉上课很困难。"我就是不能进到她的心思里。"她对她的男朋友约翰抱怨说,"她在学习,但没有效果,面无表情。"现在,马莉明亮的眼神和好奇的表情让我们大家感到喜悦。

一天,我和她坐在地上玩,"奶油"(butter)这个词蹦出来。

"巴——瓦。"她重复说。

"巴——特。"我纠正她。

"巴——瓦。"她还是这样说。

"巴——特。"我坚持说。

"巴——瓦！"她喊起来。她的信息很清楚：已经很好了，妈妈！我就是按听到的那样说的！

我乐意见到她出现这样的独立性火花。

回想在 2 月份，即使夜间我也不想让马莉单独一人。我把马莉的床搬到丹尼尔的房间后，她对他的意识、丹尼尔把她看作潜在玩伴儿的兴趣确实增加了。那时，大约在 6 月中，好像一夜之间，她对她的哥哥发生非常敏感的兴趣，我们为此欣喜。她开始找他，满屋里转着去他玩的地方。这仍说不上是互动游戏，但肯定是并行玩耍的开端，而且一天比一天多。很快，她就模仿他的动作和手势，很有些样子。

如果他盘腿坐在地上，她打量着，然后自己学着他的样子盘腿坐。如果他兴奋地蹦高，她也跟着蹦高，他一停下她也马上停下来。看他们在桌上吃早餐既有趣、给力，又让人尴尬。她的眼睛紧盯着他不放，观察他的每个动作并原样复制。他盛了一小勺麦片，她也盛一小勺麦片，同时眼睛一直盯着他。他放下勺子，双手拿起橙汁杯子，她也放下勺子拿起她的杯子。他放下杯子，她也是同样的动作。

"我们暂时先观察一段这个行为，"布里奇特说，"看看后面会怎样。"我们高兴的是马莉终于对丹尼尔有意识、有反应了。我们不想劝阻她，虽然她做得有些过头。

我想，反正普通的两岁孩子都模仿其他孩子。如果她这样做得太过，或许她在补偿失去的时间。

一天，我带丹尼尔从一个朋友家回来。马莉一定是听到了门锁声音，在我开门后，她就站在我面前，期待地抬头看（这样的小事也会让我很高兴）。丹尼尔和我进到寓所。还没等我们说什么，比如你好，她就伸出手，用胳膊抱住他。

"阿——哦——欧。"她说。

"我爱你！"他爽快作答，很自然的样子。然后他们两人跑开，没有看到此刻他们的妈妈掩面而泣。

丹尼尔成了半个治疗师，最好的承诺践行者。他不觉得妹妹有什么问题，也不会因为她缺乏自发性或兴趣觉得自尊受到伤害。如果她不看着他，他会大声一点喊她。他总是一个精力充沛、发号施令、高兴、好激动的孩子，他强势地想得到妹妹的关注，正像他要得到家里其他人的注意一样。"马莉，过来，拿着这个！"他总是用乐高、木质积木或纸和胶水做东西。他需要一个玩伴儿、帮手，或者一个观众。他强迫妹妹参与，一点都不难为情。"看着我！"他会命令道，显然是模仿我们每个大人经常要求马莉的注视。"马莉，看！"

她是否介意这样独断的发号施令？她好像很喜欢。她变得与丹尼尔形影不离，她的课一结束就要找他，对他做的事情和玩耍越发有兴趣。

7月下旬一个下午，马莉在上布里奇特的课。我们一直在进行几个不同的课程，其中有命名课：我们教她说家里所有人的名字，任何时候需要什么都要使用这些名字。她把丹尼尔的名字念成"而——耀"，我想她是从丹尼尔名字的最后一个音节（"iel"）发的音。

马莉听见丹尼尔在客厅玩的声音，马上变得着急、哼唧。

"你要什么，马莉？说话。"

"而——耀，想而——耀。"

"说话太好了，马莉。你问丹尼尔，很好！"

布里奇特马上请丹尼尔进来一起完成课上活动。

也许像马莉一样，丹尼尔也很小，也许是他总是动静大，也许他很强势要求她，不管什么原因，在马莉从黑暗里走出来时，她伸手抓住了哥哥的手。时至今日，她再也没有疏远过他。

马莉进步很快，但没有摆脱羁绊。忧虑仍然困扰我们的一部分原因是我们没有一个原型，一个康复的孩子和她比较。她会在某个阶段出现高原现象吗？她会不会到达某个水平后停滞下来？她的语言开始出现，但多数使用呆板。她的交往行为有了改善，但是她是否能像普通的孩子那样自发、好奇、交流？无论是口语还是书面语，她是否能在未来的生活中理解语言的丰富内涵？她是否会有朋友、对他人的疼痛哭泣，甚至有爱情？

虽然我想心存感激，对她取得的难以置信的成绩，我是心存感激的，但我永远不知道下一周、下个月，甚至是明天早上一觉醒来，会不会前功尽弃。然而她没有。她有时会慢下来，有时会停顿。她还会在有些天里几乎不说话，或者整个下午时间不和任何人接触；有些天里，"孤独症的自我"仍然占领了"马莉的自我"。她一次一次要回到单调重复的活动中去，我一次一次打断她这样做。

然而，她没有退回去。我是说，她一旦学会了什么新东西，就没有再失去过。她开始对丹尼尔有了兴趣，就再没有完全忽略过他。她一旦开始组词，就一直做下去，最初表现为零星、模仿，之后变成经常。

虽说如此，她仍有一些障碍要跨过去。在这个强化、加速学习期间，马莉做了许多同龄普通孩子做的事。但是过犹不及，比如仿说，普通的孩子模仿大人说许多话。根据《我书》的观点，这是一个孩子在 30 个月时出现最多的语言行为。他们沉迷于逐字逐句重复别人的话，但是在重复话语中混入自发和创造性的语句。而马莉的仿说，开始于 6 月，很快变成强迫性行为。罗宾在一次课上注意到马莉差不多重复了 90% 左右她说的话，有些时候她在我们尚未说完一句话前就开始重复。我想这几乎是一种"言语刺激"[1]，她对字词的发音着迷，而不管其含义。一天晚上，她的爸爸下班回家，走进浴室，我正给马莉洗澡。

"嗨，马莉。"

"嗨，马莉。"她回答说。

"说'嗨，爸爸'。"

"说'嗨，爸爸'。"

"我能亲你一下吗？"

"我能亲你一下吗？"

他干脆亲了一下。

我们不想对她的鹦鹉学舌大惊小怪，在每周一次讨论马莉课程的会上，

---

[1] 原注：俗语逐渐变成日常词汇。"stim"（自我刺激举动）来源于"自我刺激行为"。布里奇特、罗宾、马克和我，常用言语刺激、感觉刺激、视觉刺激等，类似有人谈论天气的方式。

我们决定对此忽略。我们让她重复字词经历的困难够多了,不想突然和她说不能重复话语。

但是问题每天都有加重,到了仿说占据她的话语的程度。这时我们决定改变策略:布里奇特在课上纠正,同时,我们这些"外部世界"的人继续忽略她的鹦鹉学舌。"不许重复"课程包含了布里奇特说"不许重复"。在她每次要重复时,布里奇特用手指按在马莉的嘴唇上。

过了一段时间,随着马莉掌握了更多的适当交流技能,鹦鹉学舌的确减少了。总的来看,我估计经过了六到八个月时间她的鹦鹉学舌才完全消失。

韵律发声是另一个难题。随着马莉的语言更确定地出现,有怪诞的事情发生了:她开始尖声说话。她不用正常的嗓音说话,所有的话语都变成高音。"你要吃午餐吗?"我会问。"希德(是的),"她尖声回答,"要吃午餐。"我们用很低的声音给她示范,除此而外,可用的办法不多。有时我试着和她做小游戏,我会尖声说某个事情,发出大笑,然后用很低的声音再说一次。我来来回回高声低音地说,让她听出这两者的差别,跟我学着说。经过一段时间后,我们可以用言语辅助"低声说"(这个辅助本身也低声说出),后来她终于能纠正自己的发音了。

恐惧仍是一个大问题。她害怕许多让人恐惧的事情。在东汉普顿,一天下午我带她和丹尼尔去散步,别人家车库前的车道上跑出来一只小黑狗,激动地狂叫。马莉害怕,哭了起来。这更刺激了这只狗,它往马莉和丹尼尔的身上跳。这条狗并不危险,只是一条幼犬,想要和他们玩闹。可是他们两人都吓坏了,想要跑开。"别跑!"我喊着,"它不会伤害你们。"

可是为时已晚。孩子们尖叫着,狗也变得疯狂了,整个场面失控。我抱起马莉,另一只手拉着丹尼尔,竭力镇静地往家走。这条巴克斯韦尔犬在我的腿边跳来跳去,试图够到马莉。此时马莉已经是歇斯底里。

终于,我带着两个哭泣的孩子走到家门口,进了家。那条狗狂叫不止,爪子抓在大门上,马克不得不出去赶走它。我们这次安静的散步就此告终。

丹尼尔又哭了五分钟,好在我们能把他安抚下来。

整个那个周末,马莉都在哭。她的哭泣似乎不时地要停下来,随后她好像记起了什么,又开始阵阵恐惧,颤抖、哽咽,一遍一遍重复说"狗狗,狗狗"。我自己也头大了。我抱着她,和她说话,试着给她解释狗狗又叫又跳是要玩耍。可是说什么也没用,一提到狗似乎只增加她的惊恐。深夜她还在哭泣,直到最后哭累了睡着。第二天早上醒来,她又开始流泪和身体打颤。这一次,我尝试忽略她的哭叫,无论她什么时候哭我都先去做我的事。这样做我比她更难受,但似乎也没什么帮助。

终于,到了周一,我能想到的办法都试过了。我的脑子里突然跳出一个想法。为什么不试试"去戏剧化"?让它再次发生,但这次让她有些控制?我把她抱在膝上,重讲"狗的故事",竭尽夸张的说法。

"之后来了一只狗!它的声音很吵!汪,汪,汪,汪!这时候妈妈来了,爸爸来了,丹尼尔来了,我们都喝止这只狗!马莉是我们中间最勇敢的,她站在那里,说,'走开,你这个狗东西!不准叫!'"

她停住哭泣。她在听。她能理解,至少是故事的大意。

"马莉站在那里。马莉说:'站住,狗狗'!"

我看见她的嘴角现出一点笑容。

"后来!你知道马莉做了什么吗?"

她在聚精会神地听。

"她俯下身子,拍拍狗的头!"

这个办法肯定没有立竿见影的效果,但随后的两天,每次她想到狗开始哭时,我就给她讲勇敢的马莉这个故事,她就会停止哭泣。后来,我们在东汉普顿路上或者纽约的人行道上看到狗时,她的惊恐会再次出现。但是每一次我们都停下来,正面看着狗,甚至伸手抚摸它们。马克和我都不是把惊叫的孩子扔进游泳池学游泳的那种人,或者会强迫一个受惊吓的孩子触摸动物,我们觉得这样做很残忍。要帮助孩子迈过看似恐怖的门槛,我们可以做更多的事。一旦我们鼓励她别惊慌,与那只惊吓她的狗接触后,我们惊讶地发现她很快决定喜欢和信任它们。她完全摆脱了恐惧,从颤抖的惊恐到战战兢兢的勇气,到被它们的顽皮逗得开心大笑。

马莉从自我封闭走出的历程中有过许多恐惧。一个人仅仅是看上去有些不同,特别高的男人,或者戴着非常考究的帽子的女人,就足以引发她一阵一阵的恐惧。一天晚上,我们的一个牧师朋友到访。墨非牧师走进来,他身高将近一米九,一身黑,戴着黑帽子。马莉看他的第一眼就吓得往后退。当时的场面很尴尬,一边是我们招待牧师喝红酒,热情谈话,另一边是每看牧师一眼就哆嗦和抽泣的马莉。

"但愿你内心不受此影响。"我抱歉地说。

"我能给她做祈祷吗?"他问。

"噢,等她睡觉后吧。"

一天我们坐巴士回家,坐在我们对面的一个女人戴着怪诞的红色假发。马莉看着她,把头埋在我怀里,双眼紧闭,哽咽。显然她对人的面相有个标准,不能接受与此不同的变化。

廷贝根的关于"忧虑占主导的情绪不平衡"理论,无论是如何引起的,对我来说,在马莉的情境上似乎真的说对了。后来我遇到的几个孤独症儿童都没有恐惧症,这让我确信一些恐惧症是孤独综合征的一种表现,但不是所有儿童患者都有。一次,我问一位孤独症孩子的爸爸如何应对孩子的恐惧,他打断我的话,问:"什么恐惧?"这是一个有见识的父亲,我确信如果他的孩子有类似马莉那样的恐惧,他肯定能意识到。

随着对那些可能诱惑我的过分简单的孤独症理论的揭露,我与许多孤独症儿童家长的交谈让我了解到每个孤独症孩子可以很不同,非常个体化。

那个夏天的一个上午,我姐姐伯克打电话给我。"你看到这期《时代》杂志了?"她问。

"还没有,怎么?"

"在科学版上有篇文章,报道加利福尼亚一个叫考切恩的人,他做孤独症研究。我不知道该不该告诉你,因为有些让人泄气。"

我找来这篇文章。埃里克·考切恩博士,在18个孤独症患者中发现14个有大脑皮质异常,而以前通过X光、CAT扫描对孤独症患者大脑检查通常是阴性结果。考切恩的研究使用了磁共振成像技术,实际上是首次用精确图像显示孤独症患者的神经病理状况。

我回电话给伯克。"为什么说这让人泄气?"

"噢,因为这是真实的,这给她的症状定性,那么无可置疑……我是这样想的。"

"伯克,"我叹口气说,"我知道这样说很难让人理解,可这个消息使我高兴。"

"为什么?"

"因为有太多的有关孤独症的胡言乱语!"世上每个怪人对此都有自己喜欢的说法,我告诉伯克。每个自认为了解儿童的人都觉得自己懂孤独症!我尽量使声音听上去温和些,我接着说:"我乐意看到有人开始用磁共振扫描,我也乐意其他人在一些孤独症里发现脆性 X 染色体综合征。"我告诉她,事实上,我喜欢任何把理性和科学的冷静光芒带到这一团混沌上来的事情;我愿意看到血液中血清素含量的更多研究;苯丙酮尿症与孤独症的关系;母体风疹与孤独症的关系。我巴不得要得到所有这些答案。

我对自己声音里的愤懑情绪感到意外。之前我没有意识到不耐烦的情绪在我内心积郁。我很气愤,但不是对伯克。

"可是,知道马莉可能真的有某方面的神经异常,这不会让你感到更难过吗?"

"不,一点也不。我相信某个方面出了错,但是她每天都在好转。我相信她在恢复正常。我一开始就相信,如果给予正确的刺激,有些情况下大脑会自愈。"

"是的,我也相信。你是对的。我每次见到马莉都觉得她好多了。"

她的确好多了。目睹她在我们眼前绽放是多么令人欣慰的事。总去忧虑她的具体行为和残障已不可能,因为她在每个方面都有改善。

即使她有一些怪癖行为,我也不像以前那么忧心。为什么要让这些怪癖行为吞噬我呢?这个小姑娘在学着怎样和我说话,怎样看着我的眼睛,对着我微笑。

她的有些怪癖比其他怪癖持续时间更长。她在触觉上一直有问题。她有的时候太想要感觉事物，甚至着魔一样，比如她总是喜欢把面颊贴在任何坚硬、冰冷的平面上；或者她有一些幻觉时刻，反复地把手掌平放在自己的胳膊或腿上。

另外一些时候，她讨厌触摸。她最早出现的孤独症状就是向后缩手指，这很常见。这似乎表示她不想用手掌接触某种东西表面。一天晚上，她突然决定她不想光着脚掌接触厨房间的大理石地面。每次走到厨房门廊，她都会停下来不动，蹲下来，笨拙地爬过去，同时两手攥拳，让手掌不触到地面。她在用拳头和两膝"走路"，双脚向上。这个情景着实令人吃惊。

布里奇特和我会给她按摩手掌，还有让她的手和脚接触不同材质的平面"脱敏"。我们并不确切了解我们做的事情，不得不像对待其他问题那样，摸索问题的答案。现在我知道有些人对感统的各个方面都有更多研究，他们知道如何干预一些类型的过敏反应。

但是无论什么问题，韵律语调，仿说，感觉过敏，过分独处，缺乏语言自发性或原创性或是哭闹，不管什么都在好转，而且好转得很快。即使是我这个最担心她的人，过了这几个月后，也感到她的进步可靠而确定。

"哎，你是怎样期待奇迹发生的？"一天晚上马克逗我说，"吹口气，她就治愈了？我不认为这是上帝做事的方式。我想你看到了你在祷告里要的一切。我不知道她是否能比现在这样进步得更快。"

我想知道韦尔奇医生从英国回来后会对马莉的现状说什么。我要开始告诉人们马莉的事情，为见证在我们眼前发生的这一切激动不已。有的时候，我感觉到这个快乐是一种真实存在，从内心发出，化为一种纯粹的幸福笑声，弥漫在各种不经意的时刻。一天又一天，我在她身上看到上帝给我的礼物不计其数。

即使在一些小事情上，比如玩耍，她也有了过去没有过的目的性。她有一个玩具马车、一匹小马和一个牛仔。这些天来，她不像从前那样在地毯上来来回回推着小车走，而是可以离开这个房间去找牛仔和小马，找到之后，拿过来，继续玩。我觉得她开始想到玩游戏需要的东西，有更多的计划，采取一些步骤使她的游戏更精彩，更有想象力。

与丹尼尔一起时她的互动多了起来。他们能够更长时间保持着对彼此活动的兴趣,我觉得她开始明白她也有自己的权利,以很初级的方式理解分享和等待轮到自己的概念。一次,因为她拿了他正在玩的火车,他对她吼了一声,她看着他,然后看着自己手里的火车,最后把火车还给了他。

虽然她仍哭得很多,但在她第一次用语言和我们争辩时,布里奇特和我还是为此高兴。她还是经常哭,那是由于懊丧:如果她想要什么东西但没有马上得到的话,她的自动反应就是大哭。但是,当她对"马莉,你不哭之后才能得到那个玩具"有理解和反应时,我们所有人都把它看作是一个突破。

8月30日,马莉要我和她一起玩一个游戏。她拿起一个玩具电话,从屋里那边走过来,把话筒伸向我,说:"这里。你。我。"

我几乎从椅子上跳起来,差点吓着她。我太激动了。所有的事情,所有的快速进步,汇合起来,变成现在这个包含手势和动作的行为。这太伟大了!我想。这美妙极了!看看她!她在邀请我参加这个互动的游戏!她恰当和自发地使用语言。她在正确和区别使用代词。

那天晚些时候,她走进厨房,我正在摆弄米歇尔的奶瓶。

"妈妈?妈妈?"

"噢,宝贝,"我说,低下身子把她搂在怀里,"谢谢你叫我,马莉,你让妈妈高兴极了!"

此刻,我再也不能抑制自己。这样的神灵显现时刻让人激动不已。那天晚上我告诉马克马莉最近取得的成绩,他和我同样惊喜。我们要把我们的幸福分享给某个人,某个权威人士,他能够确认这些不可思议的进步,告诉我们与同龄孩子比较,她处在什么发展水平。我们决定约见科恩医生。

9月29日,我们再次去斯达顿岛上的州立发展障碍基础研究所。马克开车,我和马莉坐在后座上。天气很好,空气里有一丝凉意,清澈的天空飘着一些白色云朵。在我们驶过哈德逊河时,马莉说:"船,飞机。"她指着一架直升机说。我抓着她的手,我的嘴唇有些干涩,心怦怦在跳。

我们在八个月前去过的候诊室里等了十几分钟。我站在那里拉着马莉,她在看走廊处挂着的一个彩色日历。

科恩医生,由另外一个心理专家维克·苏哈特[1](Sudhater)医生陪同走进候诊室。"你好!"他大声说。

"你好。"马克回复问候。

马莉和我转向他。

"你好。"马莉说,看着他的眼睛,害羞地微笑。

科恩医生看了苏哈特医生一眼,然后看着马莉,最后看着我。

"祝贺你。"他轻轻地说。

我说不出话来。

他知道。甚至我们尚未说任何事情,或者观看录像、与父母谈话,以及进行文兰标准测试之前,他似乎就已经有所了解。现在我也理解。正常发展的孩子目光注视有质量标志,在相遇的最初时刻闪现的某种联系,对他人的认可和兴趣。我相信一些专业工作者在面试的头五分钟可以看出孤独症儿童明显缺乏这样的表现。我感觉科恩医生在这次对视里没有发现孤独症症状。

评估持续了两个小时。结果让我喜出望外。马莉精神状态极好,似乎是喜欢整个过程。科恩医生这次的书面评估报告是我最珍视的文件之一:

> 这个孩子的进步惊人……马莉这次表现与上次我们观察的行为形成鲜明对比。上次,她完全抵制任何互动性的社会接触;有持续性孤僻行为;没有眼神接触,而且没有语言。在今天的评估里,马莉眼神对视很好;正确回答是与否的问题;看见画笔时主动说"想画";表现出自发的物品命名行为;模仿好;表现适当的喜好;认识身体部位;了解颜色;并能区别"我的"和"你的"。

科恩医生从文兰量表中得出下面的陈述:

> 自1988年1月20日至今,在八个月的时间里,马莉在适应性技能方

---

1 译注:科恩医生的合作人。

面进步到明显正常的区间，即超过90%的置信区间和预测区间。在交流上她的进步幅度为十八个月；ADL技能为十三个月（"ADL技能"指日常生活技能：用叉子吃东西，从杯子里喝水，自己穿衣服，等等）；社会交流为十五个月；运动技能为十六个月。

评估结束后，两位医生隔着桌子与我们面对面坐着，对这些发现做总结。他们告诉我们，在所有这些领域，交流、社会行为、运动技能、日常生活基本技能，她的表现都在正常值范围。

马克伸手握住我的手。我坐在那里，眼睛直瞪瞪地往前看。

苏哈特医生满面笑容。科恩医生问了马克许多家庭干预课程的问题。

忍住别哭！我以巨大的努力控制着自己。别哭出来！

但是眼泪还是夺眶而出。我抱住她，我的迷失的孩子回家了，我的小羊羔。

"马莉。"我轻轻地说，我的脸埋在她的头发里。

她的胳膊搂住我的脖子。

"妈妈。"

半小时后我们离开了研究所。马克和我有点小心翼翼地迈步，试探着这个新世界。我们有些木然，有些梦幻。

我们去了斯达顿岛上一个商场，去喝杯咖啡，聊几分钟。大厅里有个女士在卖气球。马莉看到气球说："气球？"我给她买了一个，心型形状，上面印着"你是这么特别"。

一个"你很特别"气球，价格2.16美元。

我怎么和她解释发生的这一切？怎么让她明白她的成就？什么样的礼物、话语或者表示足以表达这一切？我如何感谢她在回到我们身边的途中自己做出的努力？

我们给布里奇特和罗宾买了多姆百利浓香槟酒。我思忖着这不对等交换的荒唐：谢谢你把孩子还给我——这里是一瓶香槟酒。

回曼哈顿的途中，马莉在后座上睡着了，马克和我在前座，我转向他，说了我们内心的话：

"上帝回应了我们的祈祷。"

"是的。"

"为什么？"

马克知道我的意思。为什么是我们？

"你考倒我了！"他开怀大笑。

马莉还在睡。我想到了她的未来，在以前只能看到的乌云之间，射出一缕光芒。我转身望着车窗外的水面。

难以置信，难以置信。可爱的奇迹小姑娘，回家了。

你给了我这么多，
再给我一颗感恩的心。
……

并非因高兴而感谢；
仿佛你的保佑有时日；
一颗心跳动或为你颂扬。

你给了我这么多，
再给我一颗感恩的心。

22

马莉是否完全恢复正常?这场战斗结束了?那段时间,我们确实不知道该做何感想。

再评估之后一周左右,我们与布里奇特、罗宾,还有科恩医生有过一次长时间的讨论。他们三个人意见一致:她的干预计划依旧进行。

"强烈建议,"科恩医生在评估报告里写道,"继续她的干预计划,通过示范和持续的关键技能教学,重心放在扩展她的进步到其他环境。"

马莉现在只有两岁半;我们还要看她在学校、一对一关注以外的表现。我们还需要看她继续发展语言和社交技能的潜力如何。

儿童三岁以后,所有的问题都会出现:什么,哪里,谁,为什么,什么时间,还有怎样做。此外,他们的会话技能会发展:他们在一个话题上说得更多,与他人有几个来回的对话。他们可以澄清问题,比如:"你是什么意思?""他为什么这样做?""她刚才说什么?"他们理解非字面的含义:"我们的午餐是恐龙肉串。"丹尼尔会无表情地说出来,接着爆发一阵大笑。

马莉缺乏所有这些语言技能,也许她的语言技能还在萌芽状态。我们没有人想过现在可以取消对她的特别帮助。

科恩医生强调,文兰量表为广泛普查设计,主要用途是说明一个孩子按一个统计标准值所在的位置,它并不测量她是否残存一些孤独症特征。我们一致认为她仍然有症状。她的表达性语言还有仿说和代词倒置的情况,与人交往上还会自我封闭。

这些特征,还有一些怪癖行为,都使我们决定要继续她的治疗,直到我们确定她没有任何症状为止。

通俗地说,我们的情境不像外科手术那样,患病的盲肠今天有明天可以没有。在马莉回归的路途上我们达到一个重要的里程碑,但是我们不很确定她是否仍需要更多的帮助，也许两个月，也许两年时间。

我们走出了孤独症最黑暗的丛林，这一点没有疑问。无论还有什么问题，马克和我都有了一个可以交流的孩子。另外，每个新的一天，我们都更相信她在学会爱我们，需要我们。

"我不知道未来会怎样，马克，但是现在情况不错。"

"是的，说到这儿，我们不知道我们的任何一个孩子未来怎样，也不知道你的和我的未来。"

的确如此，虽然我要承认我不是那种能把自己和未来完全分开的人。对我来说这似乎是人生的一部分：我们对昨天的怀旧和对明天的梦想。

我在母爱中心认识一位女士，后来我们成了朋友。在马莉再评估的那天晚上她打来电话。她有一个两岁男孩，刚刚开始家庭环境干预计划。听到我们的好消息，她大度地为我们高兴。

"玛莎从英国回来了，"她告诉我，"你应该给她打电话让她知道。"

"好的。"我赞同地说。无论我在理论上与她有什么争执，我仍觉得我对她有亏欠。如感谢其他人那样，我要谢谢她，因为她给过我希望。

第二天上午我打电话给她。听到我们的消息时她变得很兴奋，询问我是否可以与英国广播电台摄制组谈谈。

"他们又来了？"

她告诉我，他们在城里，为纪录片做最后结尾。

"我不知道，玛莎。我几乎抽不出这个时间。我觉得没什么可说。他们要我说什么？"

"只是告诉他们发生的事情，说你要说的。"

"噢，我要先和马克商量一下，之后告诉你。"

她告诉我，英国广播电台摄制组在这里只待到明天，要做的话只能在明天中午以前。

哦，好吧，但是我要先和维尔科斯通话，戴斯蒙·维尔科斯，制片人，我和他在母爱中心谈过话。

"戴斯蒙不在这里。我让导演给你打电话。"

导演亚利克斯那天晚上打电话过来。"我要求只出现我的名。"我告诉他说,"除了拥抱疗法外,我还要谈到我们使用的其他两个疗法,还要谈到我对拥抱疗法理论基础的不同看法。"

"好,没问题。"

第二天上午,我信心满满地前往。这些制作电视纪录片的人是否要一心考虑尽可能客观,仅对揭示真相有兴趣,全部真相,除了真相没有别的。不知何故,我在心里打鼓。

这次被误导的采访对我的影响是可怕的。

我回来后,觉得有些紧张,预感到什么不对劲儿,但不知为什么。

"有什么事吗?"帕齐问我,她和我在一同照看孩子。

"我不知道。我不希望过分赞扬了拥抱疗法。"

"可是你的确提到了布里奇特和罗宾做的工作。"

"是,但是我没有展开说,毕竟这是关于拥抱疗法的片子。我的观点很清楚,我们做的是综合的方法。"

在我说的所有话之间,我记得都有一个清楚、概括的结语:"我们每天做一小时拥抱疗法,两小时行为干预,还有一周三小时的语言矫正课程。"

"噢?"

"问题只在于……你知道吗,帕齐,我可以对任何话题滔滔不绝;这些人只会采用他们想要的东西。"这时我意识到编辑会操刀增删的想法已为时已晚。

我对这个纪录片有些紧张,但是还是把整个事情放置脑后。纪录片在英国的播放日期安排在11月,我还有好多其他事情要考虑。

马莉开始上学前班,第二阶段的康复干预也已开始。

对那些有后院、邻里的一帮孩子常来常往的家庭来说,可能难以理解为什么住在市区的妈妈们在孩子很小时就把他们就送到幼稚园,让他们与伙伴一起玩耍,甚至是在孩子两三岁就已开始。

这是因为如果我们不这样做,孩子简直就要疯掉。上午与其他大人和孩子做伴玩耍使他们的一整天时间划分成不同的活动时段,这有助于他们在公寓以外的地方玩乐。丹尼尔酷爱上午去"学校"。

对马莉来说,唯一的问题是,她能做到吗?马克和我心里明白她需要这样的环境，或许比丹尼尔更需要。必须要让我们之外的其他人进入她的世界；必须要让她对真正的学校要求做尽可能多的准备：再有两三年，她就要在学校听从集体指令，与其他孩子配合玩耍，参与需要语言交流的活动。到目前为止，她在集中注意力和一对一的教学上表现不错，现在她能应付得了学前班那种更宽松、结构性不太强的环境吗？她能听从一个不可能时时关注她的教师的话吗？

我们决定把马莉的诊断和家庭干预计划告诉老师。布里奇特、我与学校的主任和工作人员两次见面讨论。很幸运，他们很欢迎我们，让我们了解他们乐意与我们配合工作。一个专职机构，福利儿童协会负责该学校运作，格蕾琴·布肯霍尔兹任主任。机构的政策是对所有儿童开放（分配位置！），不分贫富、健康还是残障。

安妮老师，还有她的助理塞莉娜，不理解为什么先是布里奇特、之后是我需要坐在教室，因为马莉看上去很正常。但是经过一段时间，她们也看到她仍然需要一些帮助。每天早上，我和马莉一起去学校，我和她共同接受"问候"：问候每个教师，目光对视。

"嗨，马莉！"

"嗨。"马莉说。

"嗨，安……"我辅助马莉。

"嗨，安妮。"她顺着我说。

塞莉娜走过来。

"你好，马莉。今天早上你好吗？"

马莉没作反应。

"马莉，"我说，"看着塞莉娜。塞莉娜问你好吗。"

"好。"

她很配合，没问题。抗拒性地哭闹也不是问题，她从不轻易大发脾气。我觉得她的接受性语言比正常值差不了多少。她懂教师专对她说的话。但是她在关注人上需要得到帮助：老师经常要重复说三四遍才能得到她的注意。缺乏自发性和主动性仍是个问题，她比以前好得多，但仍未达到正常水平。

一次我坐在游乐区边上，看到一个与马莉年龄相仿的小姑娘，她从教室一边喊着对面的另一个小姑娘:"詹尼!詹尼,看!"就是这种通过喊叫、叫某人的名字,邀请另外一个人一起玩和参与活动,这样的求助表达对马莉仍然困难。即使是分享单一事件的观察,如"看,外面下雨",在她身上也不常见。

我,后来是教师,有时不得不辅助她请求某人得到她要的东西,她自己常常做不到。

"橙汁。"马莉说,她坐在桌子旁看着下面。

"橙汁,橙汁,橙汁。"

一个教师正要递给她橙汁,被我伸手拦住。

"马莉,你要橙汁吗?"我会这样说。

"是的。"

"问安妮。"

"安妮,我要……"

"看着安妮。"

她这样做了。

"安妮,我要橙汁。"

"你能大点声说吗?"

"安妮,我要橙汁!"

教她说"请"和"谢谢你"有充裕的时间,眼下我们集中在交流的最基础的方面。

如果有其他母亲碰巧进来,听到我以这样强烈的命令口气和马莉讲话,她会惊讶地看着我。我会尽力控制自己,不对她的看法过度敏感,继续手头上的工作。没关系,我这样对自己说。她的孩子自然轻松地学习这一切,不知道她是否意识到自己多么幸运。不管怎么说,马莉也在学习,只是方式不同。我不在乎她的学习看上去多么被迫。

后来,我教她不仅看着教师,为得到他们的注意,还可以向他们伸手,碰触他们。我示范给她看怎样把手放在老师的手臂上,怎样轻拍他们的肩膀,怎样说话声音大一些。她还是习惯轻声,甚至是像说悄悄话那样说事情。

过了一段时间,马莉真的开始主动与人接触,又一次向她爸爸和我显示,我们的机械式、程序化的干预似乎没有排斥自发性。她开始在自己的要求前面加上人名，更多地直视对方，说话更有力。逐渐地，我开始少出面，减少辅助，掌握火候用示意的眼色、有意义的沉默，或者简单说一句"马莉"即足以暗示她抬头看，说话声音提高一点，或者回答问她的问题。所有的教师都能娴熟地做到对她的小小进步给予鼓励。"我喜欢你这样看着我，马莉！""你叫了我名字，很好！"

在学前班她是否与其他孩子一起玩？她年龄太小，因此这个问题不是格外突出。她对其他孩子偶然会有兴趣：她不时地对一个男孩或女孩笑笑，或者自发地等候玩一个玩具，但我觉得她在学校还没有参与持续的互动游戏。

这似乎也关系不大。我们在她身上看到了想象式、象征性的游戏，她现在可以做到把一块积木当作一条船，她能够与哥哥丹尼尔轮流和分享。所以这个模板有了，暂时足够。我不想在她只有两岁八个月大时，较劲儿地为她建立广泛的"伙伴游戏日"。只要看到她进步，我们对她最终达到完全的社会交往抱有信心。

10月，我们终于得以造访加州大学洛杉矶分校洛瓦斯门诊。

"有胜于无。"马克说。

我们在2月份和他们联系过。在夏天，一位给自己三岁的儿子做家庭干预计划也去过这个诊所的父亲，纠正了我们一直认为那里运作顺利、设施齐备、有电话转接员、档案管理、大量的办事员，还有一个治疗师队伍的想法。"它只是一个学术部门，"他告诉我，"像任何其他学术部门一样缺钱。有个学生接听电话。洛瓦斯，还有他手下几个研究生，一起带一群本科生。"为全国的孤独症儿童人群服务，这些人确实不够。

洛瓦斯的一个高级主管道伦·格兰皮谢在电话里说马上出来接我们，我们既感激又激动。布里奇特和罗宾渴望听到她的见解，我急于比较洛瓦斯实验中的孩子，讨论马莉的进步。

像科恩医生那样，道伦似乎在她到来的五分钟里了解了马莉的基本状态。

"她看上去很好！"她热情地说，"感谢上帝。"

当时我就喜欢道伦。她似乎真诚地关心马莉，不在意她的专业知识给我们的印象。她谨慎地认可我们已经投入的大量工作。她开始就说,到目前为止我们靠自己做了出色的工作。

第一天下午,她观察了布里奇特给马莉上的一小时课。课后我走进去,她抬头看着我。

"这里你有一个一流的治疗师,凯瑟琳。"

"我知道,"我对布里奇特笑了一下,"现在。"

道伦教给我们许多东西,为我们的工作注入了新的生命,提供了许多在加利福尼亚大学洛杉矶分校发展的"高级"课程。她对课程的建议,我们在今后几个月要实施的项目,包括下列内容:

- 实施互动会话。成人陈述说:"我穿着蓝色裤子。"之后辅助马莉说:"我穿着红色裤子。"或者说:"午餐我吃的是香肠三明治",辅助她说她的午餐吃的什么。或者说"我手里拿着红色橡皮",等等。
- 使用剪子练习精细动作协调。
- 从人像图片中辨别情绪。"告诉我哪张是'高兴''难过''生气'"等等。
- 辨别家庭房间的功能:"你在厨房做什么(洗澡间、卧室,等)?"
- 帮助她表达喜欢和不喜欢。课程目标是喜好表达的自发性。
- 学习有连词、冠词、正确的主语代词的完整句子,等等。
- 示范和协助她对一幅画讲较长的故事。
- 学习复数和单数、反义词、过去时和现在时概念。
- 示范和协助她在句子中使用"之前"和"之后"。
- 协助她说不是当前发生的事情和事件:"你在马戏团看到了什么?"
- 社会意识:设置两个人在马莉面前谈话的情景。使用简单的话题和句子,问她:"我们在谈什么?"通过用丹尼尔发展她的同伴会话技能。[1]

10月和11月,马莉的语言有了更大的进步。在课上,布里奇特使用

---

1 原注:这里罗列的课程仅是道伦建议的一半课程。附录Ⅱ中,"教学课程"包括洛瓦斯团队不同人员给我们的许多其他课程建议。

动作命名卡，马莉开始说"男孩坐着"，后来发展到"男孩坐在椅子上"，再到"男孩坐在红色的椅子上"。罗宾的象征性游戏课演变成更多的语言详述，因为这个时候马莉已经能够问她"什么"和"哪里"的问题，并开始了与玩偶和玩具娃娃的初级对话。

然而，或许是最重要的，她向布里奇特、罗宾和我们显示出她现在能够从环境中学更多的东西。她开始脱口说出没有人特别教给她的许多短语和句子结构，这是她从周围的人讲话中学来的。

布里奇特在11月2日的课程笔记，有下面的自发对话记录：

布里奇特：这里怎么啦？

马莉：米歇尔做的。（说明马莉可泛化应用9月份开始的时态课程内容。）

布里奇特：米歇尔做了什么？

马莉：书扔（throw）在地上。

布里奇特：谁把书扔（threw）在地上？

马莉：米歇尔把书扔（threw）在地上。（马莉在听到一次"扔"的过去时辅助后自己改正过来。）

11月下旬，我已经不用继续陪伴马莉去学校了。现在不管她需要什么帮助，安妮和塞莉娜都可以胜任。

12月，米歇尔过他的第一个生日。为这个庆祝时刻，我把孩子们叫到餐桌前。马克还在忙碌着。我们有巧克力蛋糕，还有两三样礼物要打开。

我高兴，大家都高兴。我们的小世界似乎再次找到平衡。马莉越来越好；丹尼尔这一年令人骄傲；马克和我之间的爱变得更强烈。

"祝你生日快乐，生日快乐，亲爱的米歇尔！"

马莉和丹尼尔的童声汇入了我们的歌唱。厨房间气氛热烈。孩子们健康、幸福。他们围在桌前，露出漂亮的小脸蛋。我切蛋糕时，喉咙颤抖，深深地吸了一口气。我们走过了挣扎的路程，重又获得健康和安详。我递给米歇尔一块蛋糕，他迫不及待双手拿过去。我大笑着在他头上吻了两次。

一次为庆祝他的第一个生日,一次为他来年祝福。上帝保佑你,小家伙。

1989年1月30日,我在我的黑白色日记本上写下最后一次记录,那是我的马莉日记。

这次记录以日期开头。之后我罗列今天听到她说的五句话:

"你给我做,妈妈,我不会做。"

"丹尼尔在哪里?"

"你做什么?"

"妈妈,扶着我。"

"我摔倒。胳膊有伤。亲亲它。"

"上面是今天马莉说过的一些话。"我写道。

一路走来,我相信过,也怀疑过。现在我这颗固执的心终于软下来,诚惶诚恐地接受这个礼物。

马莉还要有其他的"测试"、再评估和各种考验:智力测验,言语—语言评估,对现在的学前班和今后的其他学校不断的适应性测评。

但是,我们现在进入到了平静的生活,当前情况不错。不仅不错,处处洋溢着满足和快乐。

过去的一年,我始终担心我们在再造她,迫使她嵌入适当行为和习得语言的模式里;我们的女儿在她一岁和两岁之间已经死去,是我们用曾经是小女孩的泥土"再造"了她。

现在这个担心不复存在,即使对这个想法的回忆也成了在无比幸福的脸上寻觅悲伤。我们没有,也做不到"再造"她。她现在有太多的个性,充满了自我的生命活力,她有自己的想法、欲望、创造性和智力,除了她的造物主外无人能做到这些。正像她"在我的子宫里编织成型"这个奇迹过程是我所不能控制的那样,在我们不完全理解也不能控制她的重生期间,她走出了孤独症。

不管什么样的神经过程在她的脑内被重新激活,也无论什么化学不平衡得到纠正,我们可能永远不会了解。在她融入仁爱的光芒,抬起她的蓝色眼睛看着我们时,我们不再追根溯源。

23

11月来去匆匆,我不时地想起英国广播电台摄制的纪录片,想知道片子是否在英国已经播放,看上去怎样。12月,我几次打电话给韦尔奇医生,然而她似乎有些迟疑,怪怪的,不愿和我多谈。后来我听说她搞了一个小型聚会让一些人观看这个纪录片。我打电话问她能否让我看看片子。

"哦,我没有多余的带子给你。"她说。

对此我有些吃惊,并确信是韦尔奇医生不太愿意让我看这个片子。后来我自己设法搞到了该片的录像带。

1989年2月的某个时候我得到这些片子。有两个独立的广播片,一个是1989年9月9日拍摄,另一个是11月16日拍摄。一天晚上,马克和我看了片子。

"难以置信。"马克低声说。

这时我浑身发抖。

片子对韦尔奇医生做了不加掩饰、赤裸裸的吹嘘。拥抱疗法回答了那些绝望的父母的祈祷。韦尔奇医生是"希望的源泉"。

"可是拥抱疗法是治愈良方吗?"片中解说人问。

回答,一遍又一遍,是肯定的。解说人接着说:

对这些父母来说,没有任何疑问。他们知道,通过拥抱疗法,许多孩子已经恢复了正常生活。

她的成果,那些回到正常生活孩子的数量,在美国成为给人深刻印象的证明。

可是这些证明在哪里?那些恢复正常的孩子在何处?那些被治愈、"恢复正常生活"的一定数量的孩子在哪里？片子里的这句话意思是什么？我曾经反复要求见到一些这样的孩子，可终究一个也没见到。戴斯蒙·维尔科斯找到了他们其中一个好样本吗？他找到十个？五个？一个？

片子里有诸多母亲的证词，声称她们的生活由此逆转，她们获得希望，她们相信。

然而，那些治愈的孩子在哪里？

有个小男孩，还有那里一半的孤独症孩子，可以背诵字母表。认识数字和字母，早熟的记忆才能，许多孤独症儿童具有这些零星才能。在那些可被称为"孤独症天才"的人群中，这些才能令人惊羡，但并不说明他们可以灵活、生动地与人交流。电影《雨人》里的主人公可以即刻进行数学运算，但是他的语言仍停滞在婴儿水平。该片的制片人曾向瑞慕兰博士请教过对主人公的孤独症症状的描写。英国广播电台这个关于拥抱疗法的纪录片缺少的、现在公众都知道的关键意义，是没有一个孤独症患者——或者从前是孤独症患者——做到了持续的、互动式会话。

片中出现了凯蒂，那个生活杂志专题报道的小姑娘。她写的关于基督、救赎和韦尔奇医生的诗，曾经非常打动我。

纪录片镜头停留在这些令人惊讶的诗词上很长时间，解说者给了说明：一年前，在凯蒂十岁的时候，她写了关于韦尔奇医生的诗句。解说者说，她已经参加了"若干次"拥抱疗法但仍然"没有反应"。（"若干次"拥抱疗法，确实如此。凯蒂这个时候已经有了八年拥抱疗法的历史。）

韦尔奇医生读了一首她的诗，一首赞美诗，赞美韦尔奇医生的：

她激怒、羞辱和挑战我，
她尊重我，支撑我，
在我狂野的噩梦之上给了我母爱。

凯蒂做了多少拥抱疗法后，达到了写这些诗的程度？戴斯蒙·维尔科斯问。

这个问题的提法不对，韦尔奇医生回答说。凯蒂本可以很久前就写出

这样的诗。她没有这样做的原因是她恐惧,非常害怕且有正当缘由:"她的生活没有一点安全感。"韦尔奇医生接着说:

……一旦她有足够的安全感,她开始写,从没有交流到完全的交流,在九岁时她的写作达到学院水平。

为解除可能的怀疑,维尔科斯说——现在我听出他是解说者——他被邀请观摩一次文化课。

镜头切入到凯蒂和她妈妈一起坐在床上。妈妈的手握着她的手。她们用大而幼稚的手划过半页纸,一起写两行字:

妈妈
  爱你

这些画面继续播放,我闭上了眼睛。我被某种比失望还强烈的东西惊呆:像被出卖。妈妈?爱你?我在哪首诗里曾读过这样的类比。神学的冥想?这首声称由凯蒂自己写的诗,韦尔奇曾经给我看过,并在生活杂志那篇文章里复制发表。我记得在哪里读过这首笔体工整、言简意赅而又晦涩难懂的手书体原诗?任何这些作品,无论是在形式上还是在概念的成熟上,与这个费力的、孩子般笨拙握笔、妈妈协助的潦草笔触有什么关系呢?

"我发现这很自然,有趣而且有说服力。"维尔科斯这样解说。就此结束了凯蒂的画面。所有怀疑被解除。

画面出现马莉和她的妈妈。马莉的妈妈公开了马莉重估的结果。马莉的妈妈概括说明马莉的治疗情况:

"我们每天做一小时拥抱疗法。"

当然,如果听众仔细听,在介绍马莉这一节里,可以听到解说人使用了插入语"……以及其他疗法"。

并不是说,这个词本身能给英国听众留下深刻印象。毕竟,或许马莉是这个纪录片里唯一一个接近恢复正常的孩子,而马莉的妈妈说道:"我们每天做一小时拥抱疗法。"

录像带还在播放，到处充斥着廷贝根—贝特尔海姆—韦尔奇的主张：

• 孤独症是心灵遭受创伤的孩子选择的封闭状态：这个"堡垒"（贝特尔海姆最常用的比喻）是"自我强加的"，韦尔奇说。

• 作为聪明的幼小灵魂，孤独症儿童主要的问题是他们的情感被阻断："……这些孩子，"韦尔奇说，"他们开始展露自己真实的潜质时，会变得非常突出，聪明的儿童……"（这些孩子？是多少孩子？那里孩子的一半？所有那些孩子？）

• 孤独症儿童只需要一个接受他们的环境，一个接受他们的成人出现，以便最终释放他们被压抑的情绪；韦尔奇给听众讲授，许多这些情感受伤的孩子在母爱中心表现出他们最大的情感，因为"在那里他们知道自己的情感有支撑"。

• 孤独症是对生活事件的灾难性反应，特别是对最可怕的生活事件的反应，比如一母同胞的孩子出生："他的小妹妹的出生引发了麦克尔许多症状。"维尔科斯就一个三岁孩子出现孤独症这样解说。

• 还有，最使人厌烦的，还是老调重弹，主张错位的母爱是孤独症的直接原因：一个母亲终于向韦尔奇医生"承认"，因为她的母亲在她小的时候没有抱过她，这位母亲对自己的孩子不能做出反应，在他哭的时候不能把他抱起来。"这个普通孩子"后来就自暴自弃，封闭自我。韦尔奇医生解释说，这个母亲的坦承使她对孤独症成因有了一个"新的见解"：

母亲自己未被拥抱过和感到被需要的观点是爱恨交织的，这个矛盾情感同样也存在于孩子身上。我豁然想到"拥抱"会克服退避行为并可使接近行为绽放出来，之后你会有正常的发展。于是我承担起证明它的使命。

多么奇怪。我始终认为研究者的目标是测试假设，而不是证明它。

这样，母亲生育了这些"正常的"婴儿，之后在感情上虐待了他们，直到他们变成孤独症，现在将得益于这个第二次机会：拥抱将保证孤独症儿童现在能够"在家里、学校和工作中获得他们应有的位置"。

然而，拥抱疗法的作用，按照受人仰慕的玛莎·韦尔奇在这个片子里的证词，远不止是治愈孤独症，拥抱会治愈一切！韦尔奇说，拥抱疗法会使麻烦的两岁发展期和少年期问题阶段"消失"！拥抱创造"顺从、有情感依恋的"少年，也是对发脾气的"最佳解决方案"。拥抱会使兄弟姐妹之间的竞争"消失"。

我给瑞慕兰博士打电话，竭力不让自己在电话里情绪失控。"我知道，"他告诉我，"我听说过这个片子。"他说，英国孤独症协会办公室的电话被急于了解这个新的"治愈"方法的家长打疯了，谩骂"该机构"拒绝就此奇迹治疗法给出信息。该协会也酝酿抗议行动。他们想知道，控制条件的研究在哪里？那些治愈的人在哪里？第三方对样本的评估和独立的跟踪测试在哪里？

我写信，向设在伦敦的广播投诉委员会正式投诉。我的证词被用于误导孤独症儿童的家长，这使我恶心，痛心疾首。我对自己如此幼稚、过度赞扬拥抱疗法而恼怒，那些制作歪曲事实的纪录片人更使我气愤。

3月和4月，信函往来于大西洋之间，直到戴斯蒙·维尔科斯发出公文，威胁将对我采取法律诉讼。按他的说法，我几乎暗示了他的行为不当。

朋友、家庭、我的律师姊妹、马克、瑞慕兰博士，所有人都敦促我迎接挑战。"你在开玩笑？"一天我姐姐让喊道，"因为他虚张声势威胁，你要撤诉？你在法律行当里一刻都不能生存！"

然而，我不能承受持久战。我已经感到对方人多势众，自己力不从心。玛莎·韦尔奇把我写给瑞慕兰博士的信给了英国广播电台，我不知道她还给过其他什么人，还有我女儿的名字是否要被公共媒体曝光[1]。

我再继续下去没有出路。对他们这帮人发起我的反诉讼，那也存在着另一种形式的疯狂和偏执，我有过太多的战事和大起大落，够我消受一辈子了。

我现在已经熬夜到凌晨三点，写那些无用的信，尽力减轻已发生的灾难。我已经给家庭生活增加了忧愁和愤怒，而这个生活刚刚获得一些平衡。

---

[1] 原注：在这个纪录片里，我们要求只出现名，不出现姓。

4月底我撤销了投诉。

然而痛苦缠绕我很长时间。"家长又有了一个通幽曲径。"我尖刻地对马克说:"一天一小时拥抱疗法:治愈孩子的孤独症。"

无论我觉得自己多么了解人们的刚愎自用、想要获得承认和出名的欲望,还是不能理解玛莎·韦尔奇竟允许播出如此歪曲事实的观点。直至今天我仍不能理解。我赞扬了她,肯定了她的方法。尽管存在所有风险,拥抱疗法确实有助于马莉的进步。为什么这对韦尔奇医生仍然不够?她知道布里奇特和罗宾做的工作;我们一直对此有争执。她怎么可以让任何人、任何父母,相信每天一小时的拥抱疗法会拯救他的孩子?她怎么能够此时继续传播"错误的母爱"理论,彼时会否定它呢?

马克对我易激动的性格通常给予镇定的配合,这次他震怒了。但是,他对制片人和韦尔奇的行径并不感到震惊。

"我不感到意外,"一天他对我说,在我反复不断自责时,他想尽力安慰我,"媒体的这个把戏确实没出乎我的意料,而且我从来没有信任过玛莎。"

他转身看着我。

"听着,宝贝,要相信两件事:第一是这关系不大,一年后人们不会记得这个片子。重要的是我们使小女儿恢复正常。"

我无言以对。我知道我应该这样去感觉,但此时此刻,我心情很坏。

"第二件事是什么?"

"第二件事是真理长存,谎言短命。"

他或许是对的,可是那时我不可能有这样的哲学感慨。这不仅是因为我的话被编辑用于其他人的目的,也不仅是我们经历的痛苦和成就被利用去误导人们,而是涉及所有的事情。

过去一年发酵的所有事情。我在母爱中心见证的沮丧和气愤,廷贝根夫妇和贝特尔海姆书中的虚假谬论,对行为治疗的不断攻击,疗育幼儿所仅提供看管。所有这些汇聚起来,我几乎无法忍受。多少个夜晚,我无法入睡,躺在床上,回想着围绕孤独症的痴妄行为,对自己参与了同样的痴妄追悔莫及。自己一无所用的感觉几乎使我一蹶不振。无论有什么数据公布，有多少科学研究发布，这个谬论会永远流传下去。情感化和简单易行总会战胜复杂的真理。我是多么幼稚、多么愚蠢，未能完全理解孤独症世界里存在的刚愎自用和力量博弈。谁将成为救世主？谁成为救世主并得到媒体的最多关注？这是一场豪赌。谁会在乎客观事实呢？

当然，我万分庆幸，我们设法使马莉脱离了孤独症困扰。但是在我周围，我先后认识了更多的家庭，我见到年幼的孤独症儿童陷于骗术，他们的父母被鼓动把成年累月的时间花费在未经证明的各种治疗计划上。现在我自己为这些困扰家长的误导信息做了贡献。

这年疯狂的4月，我常常因悔恨而恶心，为自己的愚蠢和受骗上当而恼怒。

24

5月,洛瓦斯门诊派人来访。这个安排是一个家庭或两三个家庭分担支付机票、食宿,还有工作坊的一些费用。费用依据参与的家庭数量而不同,每多一个家庭费用相应减少。

安东尼负责做这个项目。他的观点非常尖锐,很健谈,对表达性语言和互动会话方面的高级课程有许多好的想法。但是有些事情上我不同意他的观点,不完全认可他的治疗风格。

这一点让我为难,因为我非常尊重行为课程,尊重洛瓦斯的研究。

"凯瑟琳,"安东尼走后,马克对我说,"你想象着有个完美的治疗方案摆在那里,有一个知道所有答案的完美的人。"

"不,我不这样想,现在不会这样想了。可是,我还是觉得洛瓦斯的人对孤独症的了解比我们多得多。"

"他们肯定对孤独症还有行为治疗有很多了解,但是我们了解自己的女儿,知道什么适合她。"

"是的,我们现在知道。"

"所以,如果我们不同意安东尼说的事情,我们不去做。修改它,适应它,能用的则用,没有什么不可改变的东西。还有,我相信洛瓦斯也会这样说。"

虽然洛瓦斯的研究为我们提供了一些答案,到目前是最重要的部分,但我们的课程的确没有严格按照《我书》去做。布里奇特一直给我们带来新的课程,其中有一些明确来自于《我书》,另一些课程则选自特殊教育课程、书籍、文章和行为干预会议文献等,按她的说法:"都在那里摆着。"还有些课程是她自创的,以及我们一起创造出来的。

更多不是在课程内容,而是在实施的风格上,我们有了自己的做法。

阅读行为干预文献越多,我就越有机会见到更多的治疗师,越意识到两三件事对我不言自明。

第一，治疗师参差不齐，有好的，有意愿好但经验不足的，还有那些十分严厉的。

第二，总的来说，行为治疗建立在前后一致的基础上，学习者对特定的刺激和结构做出一致的反应，但反应的范围和性质总有些变化，在风格和内容上适合一个孩子的教学不一定适合另一个孩子。

第三，行为干预是非常强大的工具。它的作用可以出奇得好，也可能碾碎人性灵魂。

有一次，布里奇特应邀参加对一个家庭的咨询。她回来后，心绪不定地和我谈话。她观摩了一个受过训练的治疗师给一个孩子上课。这个治疗师年轻，非常自信。孩子不到四岁，高功能，有语言能力。

"这个家伙不断地对小孩吼叫！"布里奇特告诉我。她通常都保持平静，但我此刻能看得出她很生气。

"他吼叫什么？"

"停下来！坐在椅子上！停下来！"

当然，孩子很快会完全服从。每次他要哭时都听到"停下来"，治疗师会用力推他坐回座位上。

过了一段时间，治疗师允许孩子站起来，去他妈妈身边。"问妈妈好！"他大声喊道。

孩子走近妈妈，小声哭起来。

"安静！我说向妈妈问好，马上！"

像布里奇特一样，马克和我被此情景描述吓坏了，倒不是因为我们全部否定厌恶物。我曾说过，我们三个人都相信在某些情境下，对某些孩子使用某些厌恶物的必要性。我们听说过一些极端的案例，儿童的自伤行为严重到威胁他的视力、听力，或者生命。一个母亲曾告诉我说，在她儿子数十次刺穿自己的鼓膜后，她最终决定使用厌恶物。她允许孩子的教师在他每次用手动耳朵时使用一种难受的身体控制，这样最终让他的行为得到控制。我们也读过关于一个小女孩的报道：在五年里，她经常用劲儿打自己，造成大脑额叶受损，鼓膜开裂，眼睛严重受伤，基本失去视力。她的父母不能应对这个真实的"没有终点的噩梦"，无奈把孩子交给她祖父母看管。试过各种办法无效后，祖母定制了一个头盔装置，在孩子每次击打头部时都发出不太强的电击。她击打头部的行为在几周内被戒除。根据这位祖母的报告和小女孩的教师确认，她戴着头盔期间从没有试图取掉这个装置。事实上，当有人想给她拿掉头盔时，能看得出她很生气。尽管如此，一个"维权"群体竭力推动禁用这个装置，全然否定她的祖父母对此的看法。"或许这些倡导者应该和这个小女孩一起住几个月，"得知这个争论时，我对马克说，"我想知道他们可以在多长时间里看着这个孩子把自己搞瞎搞聋。"

还有一个实例，离我们家不远的一位母亲向我们求助，她的六岁孤独症孩子自两岁起开始尖叫。起初她不理会他的尖叫，后来每次他尖叫时她说"不许叫"。母亲最近说他的尖叫一天达八十次。有一次在学校，他在两小时内尖叫了六十次。

她母亲和我都知道，不管谁干涉他，问他事情，或者给予任何课业时他都会尖叫。

我们两位母亲在厨房餐桌旁坐下来，想找到一个厌恶物。每次孩子尖叫时，他妈妈就会在他脸前用力拍手，喝止他："不许叫！"我们两人都不喜欢这个办法，但是一个行为延续四年，时间太长了。这个母亲试过用爱、温柔和忽略他的办法，也去看过神经科专家、心理学家、治疗师和医生。她说，学校老师无法帮助他，不知道能做什么。她告诉我，她害怕，儿子除非停止尖叫，否则永远不能学习任何东西。她害怕他这样下去，其他人会排斥他、取笑他。

第一次她使用我们的厌恶物，这个孩子感到吃惊。他安静了一会儿，又开始叫喊。他妈妈用整个身体重压在他身上，并保持每次喊叫都这样。

一周结束时，孩子的尖叫降低到一天两三次。五周后，他的尖叫没了，永远消失了。这个男孩安静多了，似乎更友好，学习也有长进。他的微笑更多了，在公园玩孩子也不再避讳他，因为现在他不再隔几分钟发出令人恐怖的尖叫了。他的妈妈确信自己做了正确的事。

但是，布里奇特目睹的这个情形不同。我们很想分析出让我们不安的原因。我们所有人都会对恶意诽谤行为治疗进行辩护，现在我们自己在这里对那个家伙的傲慢感到愤慨。

"那是因为他刚刚见到这个孩子，"布里奇特说，"对孩子的哭闹没有进行功能分析：是逃避任务？是害怕？还是要引起他妈妈的关注？他没做行为分析。"

布里奇特总是对我说，在开始教孩子自我控制时，分析与行为密切的前提条件是第一步。第二步，在使用厌恶物前，要通过其他方法获得孩子的服从，或许对任何安静下来的举动给予表扬，或者对哭闹不予理睬，继续实施任务教学，服从任务要求要给予分化强化。而这些在她描述的那个情形里都没出现，反而是用坦克冲锋方法：冲过来，把坐在椅子上的孩子撞倒，用布里奇特的话说："言辞打击"。

我摇摇头，很泄气。如果不是一个极端，就是另一个极端。"大男子主义，"我叹口气说，"如果他确实认为必须马上压制这个孩子的叫喊，在没有尝试任何其他办法前，为什么对孩子吼叫？为什么不坚定地说'不要哭'？他或许说服了孩子父母，如果他们抗议，他们就是十足的胆小鬼。"

"孩子的父母坐在那里，看上去和孩子一样吓坏了。"

在感激洛瓦斯耗费时间和精力发表研究成果的同时，我们确实没有照搬他书中的每个建议。我们经常要自己做出判断。在《我书》中有下面的教孩子说"是"和"不是"的课程内容。

选择两个行为，一个是你的孩子喜欢做的，另一个是他不喜欢做的。举例说，你可以问一个问题，比如"你要糖块吗"，对比的问题是"你要扇耳光吗"。问其中一个问题，然后辅助正确的反应。（就怎样减少辅助和随机提问的更为具体的步骤描述。）

让孩子体验到正确使用"是"和"否"与不正确使用"是"和"否"的不同的后果或许是明智的。就是说，如果你问："你要扇耳光吗？"孩子说"是"，这样孩子或许应该得到一记重拍（力度足以让孩子感到一些不舒服）；再问"你要扇耳光吗"时，你的手势可以十分夸张，帮助孩子形成正确的回答。就是说,抬起你胳膊,向孩子清楚地表示即将到来的后果是什么。

布里奇特使用这个程序教马莉时,在她前面摆放了一碗冰激凌和一碗菠菜,问她要哪一样,辅助"是"和"不是"的使用;再逐渐减少辅助,随机呈现这两个问题。答对的奖励是表扬和一小口冰激凌;答错的后果,很简单,没有表扬,沉默。

洛瓦斯博士对孤独症的了解比我多得多。他曾经面对有严重自我虐待、长期固执己见者和自我刺激者,不仅是儿童,还有青少年和成人。非常可能的情况是,马克和我在《我书》里看到的严厉课程对不同情境里不同的人有效果。我在和一个母亲谈话时了解到,她接受过十几个专业工作者的建议和咨询,她五岁的孤独症女儿仍不能自己如厕,直到这个母亲使用《我书》里洛瓦斯的训练方法。我还要强调的一个事实是,马莉年龄很小,她的孤独症症状或许不像四五岁孩子那么复杂,她的障碍也不很顽固。

然而,洛瓦斯博士本人有一次向我说明任何东西都不是固定不变的:所有的治疗课程都需要不断地调整,需要治疗师和父母经常的思路创新。

这就是为什么我对此感到气愤:看到或听说治疗师,在没有尝试任何其他方式前使用厌恶物,只有呵斥没有表扬;对每个错误喊"不",在如厕训练时对每次偶然的尿裤子施加惩罚。没有什么一成不变的东西。需要经常做出判断,正如需要人性、智慧和克制一样。

坚定与严厉之间只有微小的差别,我觉得每个人对此有不同界定。然而有些行为治疗师,他们的总体态度超出了这个界限。有些治疗师面对孩子发脾气不动摇,另一些治疗师则造成孩子的恐惧,把恐吓作为首选方法。有人说为达到目的可不择手段,但是我们不禁会想,在这样一些情景下,目的或者结果是否就是他们想象的那样。

随着时间的流逝,马克和我慢慢学会了如何判断效果,如何向可以教我们的人学习,最重要的是,如何相信我们自己的感觉和理性。

25

除了拥抱疗法虚假报道引起的沮丧和愤怒外，1989年春天是我们休整和痊愈的时间。

争夺马莉的战斗仍在持续，但已不再是每个钟点都充满火药味：她主动学习许多东西，我们要做的是让训练对她有趣和有挑战性；她也不再是又踢又叫地被动学习，我们的作用是更多地在她身后，这里轻推一下，那里刺激一下。有时我们轻轻推她一下，她就可以跟随去做。

丹尼尔是马莉恒常的玩伴。我在家里开始有更长的放松时间。只要能听得到他们两人叽里咕噜说话，我就不必时刻保持警惕状态。马莉已经能够让丹尼尔听懂她的话，她也能听懂丹尼尔的话。我一直觉得很神奇的是，年龄在三到五岁的孩子，知道与一个婴儿或者两岁孩子说话时，怎样把自己的话说得简单易懂。我曾观察过丹尼尔和他妹妹一起玩时的情景，听到他给她耐心、清楚地讲自己设置的游戏，比如，"马莉，你拿着这个娃娃，我去找熊爸爸"。我在心里为他祝福。要是他知道他为他的小妹妹做了多少事情该多好。

在学校，马莉与同学一样，继续发育、学习和成长。虽然还有些胆怯，偶尔会有不专心和精神恍惚，但她也有许多非常敏锐和友好的时候。可以这样说，到了1989年3月和4月，她与其他同学在任何方面都没有明显差别。如果有人坐下来分析她眼睛对视的频率和持续时间，会发现她仍低于平均水平，然而这只有我们自己清楚，其他人并不了解。

她的语言里每天都会有更多的创新、更长的句子、更复杂的问题，比如，"安妮去哪里了？"还有更多的自发性。一天，我去学校接她时，没有任何辅助，她告诉我上午做的一件事。"你今天在学校高兴吗？"我问她。"是的。"她回答。之后，稍微顿了一会儿，她说："我做了一个木偶。"

我和安妮确认这件事,他们上午确实做了一个纸布袋木偶。马莉开始更多、自发地说那些不在眼前发生、不那么具体的事情。

到了1989年5月,罗宾、布里奇特,还有我,都在想我们是不是到了找问题的程度了,不知道我们是否还能客观地判断马莉的语言达标情况。

我们四下打听,找到了这个社区的马格丽·拉帕波特(Margery Rappaport),一个在本社区受尊敬的、优秀的语言矫正师,目的是做一个详细的交流缺陷或弱点的第三方评估。到6月,马莉3岁3个月时,做了这个评估。之前我们告知了马格丽马莉的病史。

在马莉这个年龄段,她的障碍和缺陷只在社会交流的细微方面表现出来,马格丽给马莉的交流能力分析对我们尤其重要。我们的主要问题是,马莉的语言是否仅仅是"滞后",抑或是"异常"[1]。

---

1 原注:为写本书,我请求马格丽本人提供给我"滞后"和"异常"之间不同含义的专业解释。她写道:"语言滞后:一个语言能力滞后的儿童呈现的语言带有典型的比其年龄更小孩子的语言特征。人们能够看到他语言充分发展,但仅表现出更小年龄孩子的语言特征。"

"语言障碍:语言出现非典型特征,或者缺少一些语言技能的儿童会被诊断为有语言障碍的儿童(斜体为作者所加)。儿童会呈现有散在的语言能力,包括某些方面与年龄适应的技能。伴有非典型和缺失的特征,相对于滞后而言,这种非典型特征标志障碍。语言障碍综合征的一个例子是举名性失语,即说话者对已知的词汇呈现困难,可以在具有或不具有词汇量的孩子身上都存在。仿说是另一种症状,如超出一定时段,标示为障碍。正常发育儿童在一个短暂阶段可见有仿说。超出短暂阶段,在性质上显著或突出的'滞后'(一字不差地重复说几分钟或几小时前听到的词语),仿说即一种语言障碍。缺乏某些'语言实用能力',即适合情景的使用语言能力,也被看作是语言障碍。在孩子呈现很强的词汇和语法时,父母可能喜出望外。重要的是评估他们语言的适当性,而不仅是语言结构。其他语言障碍包括缺失眼神对视或目光躲避行为。异常的韵律语调,即不能学习和使用言语的适当声调,是表达意思的另一种形式,是语言障碍的另一个特征。"

观察

马莉毫不困难地暂时离开妈妈,轻易地进入各项评估活动。她是一个漂亮的孩子,与人互动好,有些胆小,具备良好、不受打扰的注意力广度。能够保持良好的眼神关注,但其持续性比该年龄应有水平稍低一些。马莉在各项活动上都表现出合作。她微笑、大笑,不时地因看到测试间里和测试材料的某些东西高兴……

语言

马莉的表达性语言特征是使用4~6个词的多词发声,最多在一个场合有10个字词发声(那个男孩玩球、鼓和马车)。3岁4个月大的孩子发声平均长度是4.3个词,马莉发声的中位数明显超出这个中间值……句法和语型接近年龄期望水平……存在偶然可见的滞后:马莉倾向于忽略冠词"a"和"the"的使用……人称代词的运用良好。马莉使用复杂句子时用"和";常用"因为"开始一个句子。

马莉呈现出许多句子,用在不同的功能方面,命名,陈述事实和感觉,描述,承认,问候,表示反对,比较,要求物品和行动,否认,回应,叙述,并在有限的程度上修补交流障碍,或对修补交流障碍的要求做出反应。混淆(我们有两只狗,但只有一只狗)或走题情况偶然出现。

接受性语言的测试显示接近年龄相当水平,马莉能够跟随两步指令并能回答许多WH问题(什么、为什么、在哪里、谁、怎样、多少)。回答偶然跑题指向缺乏理解(举例:你的房子里有宠物吗?马莉:有沙发)。出现一次仿说(问:你知道什么是宠物吗?马莉:什么是宠物)。

马莉呈现的各种交流技能由少许滞后到超出年龄期望值较多。

总体上说,马格丽告诉我们,她发现马莉的语言不能看作"异常",仅仅在某些方面有滞后。她让我们相信,假以时日,这些弱点或许会消失,可能就在未来的六个月的时间。

也是那个月下旬,我们决定带马莉去见佩里医生。我们指定了科恩医生作为专业人士定期监视她的进步情况,并定于7月见他。这样我们约见佩里医生有些多余,也许更多是对我们有利,而不是对马莉。我认为在某种程度上,佩里医生代表了不赞同强化的行为主义和康复观点的专业群体。然而,在我们见到的所有"不赞同"的医生中,他似乎还是机智和公正的。我们想听到他对马莉进步的反应。

看到马莉讲话,看着我们,向我们微笑,和他进行互动的游戏,佩里医生的表情似乎震惊。整个评估过程他紧盯着她,表情惊愕,还有愉悦。他似乎真的高兴看到她做得这样好。最初他沉默,我看他一度很为难,琢磨适当的话。随后我们的谈话彬彬有礼:他询问了我们使用的各种方法,饶有兴趣地听我们客观的叙述。总而言之,马克和我看到几周后收到的他的评估报告,对于这位曾经断言"孤独症儿童不能康复"的心理学家来说,报告非常恰到好处,开诚布公。

1988年2月18日我给马莉做的第一次诊断。那时我的诊断印象是婴幼儿孤独症。

就这次我对马莉的观察而言,马莉和她的父母在我办公室外面等候时,我即开始观察。马莉坐在她的父母之间,握着他们的手。在我问她怎样时,她看着我微笑,回答说:"好。"在我们四人走向我的办公室时,她继续做出适当反应。进入办公室后,马莉立即看到办公室里的玩具。她对医生的工具箱有兴趣,自发地说:"看,这是行李箱。"然后她问里面有什么东西。她打开箱子,看到里面的东西时说"哇"。我问她听诊器是做什么用的,她回答说:"肚子痛用的。"然后马莉玩一只玩具熊和玩具狗。在她拿着一个玩具时,我问她家里有没有泰迪玩具熊,她回答说有一个并说它的名字叫"巴尼"。之后我把注意力转到莫里斯夫妇。和他们交谈几分钟后,我查看马莉在做什么,她拿着一些积木摆东西。我问她时,她回答说"我给狗狗盖房子"。她说的狗狗,就是玩具狗。期间我给了马莉一支铅笔和纸,让她画画。她画了一个人,说是她爸爸。按年龄说,她的画很像样,有眼睛、鼻子、嘴、眼镜、头发、耳朵、胳膊和腿。这次约见快结束时,我问马莉是否愿意玩娃娃家。她好像记得娃娃家玩具放在哪里,去储物柜下面去找。马莉摆放玩具的情景是妈妈和爸爸在等他们的孩子。孩子出来后给妈妈一个吻。然后她摆出了餐桌和几把椅子，家人坐下来吃"炸薯条"和"鱼排"。吃完饭后，家人一起玩，然后去睡觉。

我的印象如下：我认为马莉在过去的一年零三个月里进步巨大，现在我不会诊断她为婴幼儿孤独症。她的语言叙述和游戏不再显示与该障碍相关的异常。

我注意到几件事仍可能为残余的孤独症症状。我要强调，如果我不熟悉马莉的过去，这些事情或许不会给我留下印象，而且我也不会注意到它们。几次情景里，马莉用同样的词组回答问题。其中一个短语是问句"这些叫什么"，另一个是"我不知道"，用来回答一些问题。马莉的言语似乎有些韵律语调。最后一点，有两次情景，一次是我与马莉一起玩球，另一次我让她玩玩具娃娃，她似乎很快离开我们一起玩的游戏，返回到她之前的活动。

关于我刚刚提到的韵律语调，莫里斯夫妇告知我，语言矫正师正努力解决这个问题。另外，我问莫里斯夫妇他们是否看到有持续性的问题领域，他们回答说马莉有"恍惚倾向"，症状很轻。这可能与马莉离开和我互动游戏的情况相关。

以上所述不应贬低马莉取得的巨大进步。在我与孤独症儿童的经历里，从未见过经历一年左右时间不再诊断为孤独症的事例。

我的理解是莫里斯夫妇将根据需要继续马莉的治疗。期待着未来某个时候不再描述马莉"与其他孩子没有分别"（她的教师对她的描述），而仅作为一个普通的孩子。

马克和我觉得报告里提到的"残余"，如果可以这样定义的话，对马莉那时的行为描述非常准确，但是我们不担心。她的韵律语调已经有改善；她的梦幻状态在一年半里不断减少，而且将会继续减少；她每天自发和原创的表达远远超过任何重复性话语。时间将给出所有答案。基本上说，我们的女儿是一个普通的孩子。

第二部　米歇尔

26

佩里医生给马莉再次评估的同一个月,1989年6月,米歇尔一岁半了。他的语言发展不是很快,能说几个词,屈指可数。他经常在要东西时喊叫,而不是伸手去拿或者指向想要的东西。

为撰写此书缘故,我翻出了1988年10月以及接下来12月他的第一个生日晚餐时我们拍摄的家庭录像。

我要看看开头是怎样的。

回想起来,我看到什么?那时能看到什么事情,这么早期?

在10月份拍摄的录像里,我看到一个10个月大的婴儿开始走路。他大大的褐色眼睛盯着镜头;肉嘟嘟的双腿站得很宽,以便让身体平衡;他像个一意孤行的醉汉摇摇晃晃,扑通摔倒在地,坐在自己厚厚的尿布上!

我看到他哼唧、哭闹,但也看到他微笑。

那时他一岁。我看着这个小东西吃巧克力蛋糕,发坏地撕扯桌上的生日纸巾。他在地上,朝我走来,现在走得挺好。他张着双臂。他在微笑。

在录像里,我的声音出现,笑着对他喊道:"过来,宝贝!到妈妈这儿来!好,过来!"我骄傲地向其他孩子宣布他今天一岁了,能自己走路,用叉子吃饭,甚至说话!他会说一个词,"不"。

看着录像,我记得那时他能做到的事情,也记得为什么说这些话:我需要让自己一遍又一遍地确信他没问题。所有的事情都有序,每件事都好,进展顺利。

我在他能做的一览表里刚要加上他会说"妈妈"和"爸爸",这时我停住了。在他10个月大时,我只听到他说过一两次"妈妈"和"爸爸"。

10月份拍的录像里有公园场景,我看到了另外一些东西。我们的一个朋友把米歇尔抱起来,和他讲话,让他学着挥手再见,米歇尔没有任何反应。

那又怎么样？他只是个婴孩，不可能每次都回应所有人对他的主动表示。他吃东西，睡觉，发育很好。他咿呀发声，观看，拿取东西，走路，微笑。还有，在一岁时，他可以说一个词。

我又看到另一件事。

1988年10月和12月，偶然一些时候，我要叫他三四次，他才抬起头看。

然而，他有太多的事情与马莉当时的情况不同。马莉那时很封闭，而他友好得多。我们抱他时他会伸出双手，他微笑、大笑、眼睛对视好像都没什么问题。

他理解语言吗？他一岁半的时候，我们很多的话题都与他有关。我们觉得他能理解一些词语，比如"洗澡时间"、"过来"、"坐下"。

可是数周、几个月很快过去，如果他的语言发展突然加速，也许我们就不会去想他或许是孤独症。只能等到他30个月大，那时我们所有人都会脱离险境。

"上帝的智慧决定让他说话晚一些。"我和姐姐戴比说，边说边大笑起来，但又有些紧张。"不知他为什么要这样？"

"我不知道。我见他时间很少，但我看他没问题。"

"我也看他没问题。我是说我可以罗列一栏不好的行为和一栏好的行为，可是我想你可以给任何18个月大的孩子这样做。"

"是的，哪些不好的行为？"

"噢，这些天他踮脚尖走路有点多，脾气坏。除了我和他爸爸外，对任何人都没有兴趣……"

"嗯，我不知道，也不容易知道，他现在才一岁半。"

没有人，包括我们自己，会急着宣布他完全没问题或者有潜在危险。我还记得在马莉那个时候我们经历了很长一段不确定时期。我无数次热切希望在孩子还很小时，有某种验血办法，某种诊断和排除孤独症的确定方法。

我们在东汉普顿住了一周，见到我的侄女海伦。海伦比米歇尔小六个月，她已经能站能走，能咿呀发声和指向哪里。除了很少用手指向哪里，米歇尔也是一样。海伦会说米歇尔不会说的一个词："妈妈。"

7月，我们按预约带马莉去见科恩医生，那时她3岁3个月大。上次科恩医生给她做评估是十个月前。由于事先没有计划，但我们几乎是在最后一分钟不得已做出决定，去评估时带上了米歇尔。

科恩医生似乎再次对马莉的进步感到吃惊，他的评估为她的进步提供了证明。

录像观察

与看护者互动

观察马莉与妈妈的互动让人高兴。一进到房间，她看到这些玩具很激动。她立即走到桌旁，按其功能玩玩具（土豆头先生、数字积木、女孩娃娃）。语言方面，大部分时间里她的话语适当，含有合理构成的问题和良好的实用技能。眼神接触非常好，伴有适当的情感。马莉常常有超过五个字的话语陈述，某些情景下有些仿说，语调有时不适当。注意力集中很好。

在面对面的互动中，马莉讲了一个适合其年龄的"坏狗熊"的故事。狗熊追逐一个小女孩，吃掉了她。之后又描述妈妈"用一支枪杀了它"。很显然，一个三岁的孩子适合讲这样的故事。

与陌生人互动

马莉很快就接受了与苏哈特医生的接触，而且她很有意思。她与妈妈亲吻后说再见，互动配合得非常好。有发音问题。好像她对"我"的发音有问题。完成句子的任务要求说明需要扩展她的语义方面的联系。例如，她不能完成这样一个句子，"一个女孩用____看"和"花长在____上面。"在问到她爱谁时，她很快回答"妈妈"。

与上次相同，按三岁孩子来说，她的注意力非常好，眼神接触和情感恰当。

在莫里斯太太重新回到房间时，马莉抬头看着她，微笑。

评语

马莉继续表现出显著的进步。她现在的标准分数无疑在平均数值和高于平均数值之间，其中包括她的社会交往分数。考虑到她的进步速度和她的年龄，我期待着她会继续进步，并非常可能在交流技能上出现持续进步。她显然不再有孤独症的症状，尽管少许语言缺陷仍然存在。针对这个问题，马莉最近做过一次整体语言评估。在任何情况下，目前我们唯一要推荐的是继续拓展马莉的知识基础，继续让她与非障碍儿童互动。为此非常明显的转变，马莉和她的家庭都应该得到祝贺。

在一面单向镜后面，马克不能完全看到女儿的成功作业。米歇尔一直哭闹，马克不得不把他带去走廊，紧张地来回走动。即使在那里，米歇尔还是在制造麻烦。后来，一位医生瞥了一眼走廊，说："……你可以把他带进哪个房间去吗？我在做评估……"不得已马克找到一个没人的办公室，他和米歇尔可以坐下来。

后来，马莉、马克、米歇尔和我都到了科恩医生的办公室。我们说出一些对米歇尔的担心，但又急着向科恩医生说明他的情况与马莉的情况不同，一点都不一样。举一个实例，他的眼神接触很正常。

"我可以很快做一个发育障碍普查测试。"科恩医生说，"你们要做吗？"

"噢，好的，"马克说，"趁我们在这里。"

文兰量表的详细问题用了一个小时，包括米歇尔的语言和非语言交流、与人交往行为、活动技能、适应性技能，等等。

科恩医生离开房间去查看测试结果。

十五分钟后他回到办公室，坐下。他看了看办公桌，整理了一下文件，拿起笔。

说点什么，求你了！我觉得自己像一头困兽：大祸临头前纹丝不动，专注，僵硬。

"似乎有些，"他小心地说，我是多么害怕这样小心翼翼的口气，"担心的理由。"

他顿了一下，马克和我此刻鸦雀无声。

"米歇尔目前的交流和社交功能比他实际年龄落后六个月。"

"这是什么意思?"

"这可能只意味着他是滞后。"科恩医生说。

"有些孩子,"我急着插话,呼吸有些快,"到两岁前都不会说话。"到现在为止,我曾多少次听到、自己也重复说过这句话?在马莉确诊前,我曾多少次希冀人们对我说同样的话?

"米歇尔在正常范围内。"科恩医生回答。

"他是否处在低端?"

"是的,"科恩医生停顿片刻后说,"非常低端。"

"他有孤独症的症状吗?"

"他今天看上去不像有孤独症的症状。"科恩医生说。

自始至终,他说的每个字都经过慎重选择。怎么能不这样呢?多一个字梦想坍塌,少一个字失去未来。

"我观察他的时间不足以给他下任何定论。密切关注他,未来几个月我们会知道很多。"

我们带着孩子回到家。我与罗宾、布里奇特通电话。我做不到说清楚事情原委,我惊慌失措。

"他不是孤独症,凯瑟琳。"罗宾说。

"我看不出他有孤独症。"布里奇特说。

"他不是,亲爱的。他不是,不是,绝不是。"马克说。他转身把米歇尔抱起来。米歇尔扭动身子,然后才放松让爸爸抱。马克亲吻他每一侧胖嘟嘟的脸蛋。"爸爸爱你,对吧?米歇尔?告诉妈妈你很好。"米歇尔转身,伸手要我抱。"看见了吧?他很好,我知道的。再过两个月时间看看。"

我们约好上午与朋友阿特和艾维琳出去。和我们一样,他们是法国和美国人组成的夫妇,很快要成为第三个孩子的父母。他们是我们最好的朋友。埃韦林和马克一起做金融投资。

开始我们聊工作和这个城市,但很快转到孩子的话题上。我很尴尬,再次情绪失控,紧盯着不透光的红酒杯,竭力平静下来。

阿特和艾维琳有爱心,让人放心。随后一个小时,我们谈到了他们的儿子埃里克，比较他和米歇尔。埃里克比米歇尔小一个月，和他一样，只能说五六个字，也还不能叫"妈妈"。

午餐快结束时，我的呼吸舒畅一些，也有了笑容。马克手臂搂着我，我靠在他身上，一切都好。我们因马莉发生的事情变得过于担心。这个情况再发生的机会很渺茫。瑞慕兰博士曾和我们说的什么？一个家庭同时发生两个孤独症的情况只有2%？

随后的几个月，我满脑子只有一个想法——确定米歇尔的状况。我发现自己又开始在公园里与陌生人说话，只要我醒着就离不开一个噩梦般的问题：什么是正常发育？

我看见一个母亲和她的孩子一起玩，这个孩子看上去和米歇尔年龄相仿。无意间，我走到她们身旁。

"可爱的小姑娘。"我微笑着说。

"谢谢。"

"她差不多二十个月大？"

"是的。"

"噢，我孩子比她大一个月。"

"噢，是。我看见他，按年龄他个子算高的。"

"是的。即使他们年龄一样，每个人都不同，真不可思议，是吗？"

"确实是。"

"我儿子几乎不会讲话。或许他讲话晚。"

"噢，是的，但是这也很常见。"

"是的，我知道。你女儿语言怎么样？"

"这些天她讲得太多了！每天她都有些花样出来。"

就像是那一刻预备好了似的，小女孩颠颠地走过来，说："妈妈，要泡泡。"

"你要吹泡泡？好，小宝贝。"

我感到浑身一阵紧张。

"噢，"我也附和着她们笑起来，"你知道人们怎么说小姑娘。"

"噢，是的。女孩总是比男孩说话早。"

"哎呀，对不起，我得过去看他，保重！"

我脚步轻盈、快乐地抱着苦恼的米歇尔离开游乐场。

我告诉自己，如果扮演的角色没错的话，说我现在应该说的台词，结局一定是好的。

米歇尔的情况与我的侄女海伦比较起来也不太理想。在动作技能、适应技能和模仿上，她现在也大大超过了米歇尔：从杯子里喝水，把着扶手上下楼梯，甚至有过对着玩具电话咿呀咕哝。每次见她，我都会观察她，心里沉沉的。米歇尔就是不做她那些事，而她才十六个月大！

我又把书搬出来看，没有用处。我在这些非常含糊其辞的书里找不到他的影子。

哪些语言延迟正常，哪些不正常？

一天，我和丹尼尔去大学医院，给他看嗓子。巴克斯特医生在休假，他的助手给丹尼尔做了检查。

"你看过一些讲话晚的孩子吗？"我突兀地问。

"当然。"

"哦，多迟就算迟？他们最终什么时候开始连着说几个词？我的另一个儿子还只能说几个词，他已经二十二个月了。"

"我不知道能不能具体回答你的问题，但有一件事确定无疑，儿童在最初总是听懂的比他们能说的多。"

"米歇尔可能有问题。我不知道他能听懂多少。"

"哦，他可能仅仅说话迟一点。他会赶上来的。"

"你怎么知道他不会有问题？也许就是有问题。"

"那好，那好，有问题！你在和我谈一个我从没见过的孩子！"

"对不起，你知道，他的姐姐诊断是孤独症，现在恢复了。我又开始担心他。"

"他姐姐？被诊断为……？你知道，有时候这些诊断会搞错。"

"诊断没有错！她已经康复了。洛瓦斯博士做到了使孤独症儿童恢复正常。你没读过有关他的报道？"

我正要概括说说洛瓦斯的文章，但心里闪过一个年头，这个人怎么看我：一个十足的疯子。一会儿说丹尼尔嗓子痛，一会儿说另一个儿子的"问题"，又说到女儿的"孤独症康复"。如果他说有问题就马上扑过去扼住他的喉咙，他说没问题就朝他叫喊。每年在这里就诊的数百个孩子里或许有一个有孤独症，然而我却期望他知晓孤独症的最新研究。

我低声说抱歉后离开。

在哪里能找到我想听的话？

米歇尔的语言仍无变化：原地踏步，词汇没有增加。一周一周过去，还是同样的五到十个词，其中没有"妈妈"，没有"爸爸"。喊叫和哭闹更多了，更多生气和发脾气。这些天他经常用脚趾走路。他还是看我，但基本不注意其他人。

一天，我注意到他在前厅里来回跑动，目光看着一侧。我跟着他，他来回跑着，眼睛不是朝前方看，而是朝侧面看。跟随着墙裙上部视线高度的一条线。

"好了，不能再这样跑了！"我抱起他来，走开去玩别的。看到吗？他可以和我玩。我注意看他看着我的方式。我用橡皮泥给他做些小蛇。他能懂，也喜欢！

谁能告诉我他没问题？不是科恩医生，但是他本应该知道答案！去哪里找一个今天就能告诉我的人？

"随后几个月观察他。"不行，不可能。如同看着你的孩子随后几个月是否患癌症一样。病症发生可能缓慢，不知不觉加剧，所以要每天盯着他，看是否有变化。你知道那些变化是怎么回事。

不行，这样下去我受不了。要有个人告诉我他一切都好。

我与布里奇特和罗宾谈，她们的口气不像以前那么肯定。

"我需要把它解决掉。我受不了什么都不知道。"

罗宾联系了一位心理专家，她们过去共事过。一个她尊敬、有能力给像米歇尔这样小的孩子做评估的人。

评估进行得不顺利。帕斯科医生尽力了,但是整个测试期间米歇尔急躁、生气。他不愿做给他设计的任何小的任务。我只好中断评估。

后来她打来电话。

"听我说,我当时离开了,很抱歉。"我说,"但是你知道吗,帕斯科医生,我真的觉得我的焦虑传染给了米歇尔,当然他也不合作。我们的紧张影响了他!"

我一向反对含糊其辞的因果推论,这时却为米歇尔不断增加的烦扰行为找出书上罗列的各种环境"压力"原因。

帕斯科医生没有回答。

"哦,不管怎样,你是怎么看的?"我追问她,"我的意思是你不会告诉我他是孤独症,是吗?"

她的答复又是审慎选择的词语,像刀子一样。

"我们两人哪一个叫他,他都没有抬头,这让我有些担心。"

"他生气了,他有意不看我们。"

"可能是。或许他就是生气了。"

后来我和罗宾说起这事。

"我没觉得你的朋友怎么样,罗宾。我真的不知道她了解普通孩子有多少。她知道的就是病理学,所以她看哪里都是病态。"

罗宾叹了一口气,她夹在中间很难受。我知道我的口气不对,找茬攻击带来坏消息的人。

我想到一个主意。"我想起来了,罗宾。我怎么不带他去看马格丽·拉帕波特?她很在行。"

在马格丽那里,情况也是一样。米歇尔不理睬她,不理会我,不看那里所有玩具,不听她讲话和要求,哼哼唧唧,哭闹,眼睛不看她,推开她的手。

"嗯,马格丽,听我说,我要把他带回去。浪费了你的时间我很抱歉。他不在状态,身体不舒服。他感到紧张,所以完全不理睬我们。你照样把这个时间收费单据寄给我。但是,真的,你不需要写任何报告,他没问题,我肯定他没问题。对不起。"

就是不要给米歇尔写任何东西,也不要寄给我。我不能接受。我很抱歉。米歇尔。

你要去哪里,小男孩?金发、黑眼睛的小娃娃?求你,别这样……

每天每夜他都是我们的焦点。有些时候我们谈起他,也有一些时候我们不谈他。有些时候我们装作一切都好,一些时候我们的生活情形有惊人的相似之处。

不。我们又要朝哪里走去?我们以前不是曾经走过这个地方吗?那些恐惧的阴影、悲伤的洞穴?我们不会再次走到这里,那是噩梦,现在是光明。

我要去找罗宾,坚持让她自己给米歇尔做评估。

一天晚上,在她给马莉上课结束后,她想用她带来的小玩具吸引他。

半小时后,她从米歇尔房间出来,和我一起坐在厨房。

"他不太配合,凯瑟琳。"

"罗宾,他有什么不对劲儿吗?"

"我认为……我相信他可能有交流障碍,或许有社交方面的问题。他非常抗拒,我和他待在一个屋子里他都不行。"

"交流……社交……"我不能掩饰声音里紧张、祈求的口吻,"罗宾,我们说的都是孤独症的核心症状。"

"我不知道能有什么人今天能给他做出这个诊断。凯瑟琳,我真的不知道。"

今天不行,或许下一周。我的内心发出一声长吼。这个状况还要持续多久?

罗宾留给我一些阅读材料。我们都想知道,米歇尔是否会有其他可能的诊断,一些其他的不这么可怕的标签。

那些写关于语言障碍、交流问题、学习困难文章的人,多数人知道做到准确诊断是完全没有指望的事情。一个叫福里和另一个叫斯普瑞的人,他们对诊断名称提供的建议颇具讽刺意味:

从第一栏中选择任何一个术语,与第二栏和第三栏里各有一个术语结合，你得到一个公认的诊断名称。在下面第二栏黑体出现的术语有时可以单独使用。

I	II	III
主导性的	语言	障碍
非主导性的	语言学的	残疾
具体的	学习	滞后
最轻微的	大脑皮质的	缺陷
症状轻的	大脑	功能异常
先天的	知觉的	损伤
发育的	视觉—运动的	病理
慢性的	神经的	综合征
幼年	教育的	残疾
心理神经学的	失语症	问题
功能性的	残疾言语困难	伤害
	阅读障碍	

这些科学的精确定义足够了，我想。马克看了一眼这个术语表，算出了有1452个可能的诊断名称组合。这个时刻，我情愿确定其中任何一个。

12月的一个周日，我们带孩子们驱车去新英格兰乡间。照管米歇尔要付出双倍的精力。我们在一家麦当劳餐厅停下来吃午餐，我抱着米歇尔进去，马克领着丹尼尔和马莉。

人们盯着我们看。我在一个隔断里抱着他坐下。

"孩子，这是妈妈。我在抱着你。你为什么要哭？看见吗？没事的。这只是一家麦当劳，我们在这里吃午餐。"

他一直在哭，剧烈地哽咽，眼泪因他小灵魂里的某种恐惧和困惑而来。

"宝贝，别哭。看，爸爸在这里，还有马莉、丹尼尔。"

"别哭，米歇尔。"丹尼尔说。

"别哭，米歇尔。"马莉说。

米歇尔一点儿反应也没有,仿佛没听见我们的话。他的眼睛四处张望、左顾右盼,但从不停留在我们身上。对他来说,我们根本不存在。

我猛地一下站起来。

"我带他去车里,"我对马克说,"我在车里等你。"

我带着他出来,到车里坐着。风吹着秋季最后的落叶,在我们周围打转。空气清冷,他仍在哭,我抱着他。

他的眼睛疾速、恐惧地左看右看,但一直不看我。

这时,另一个在车里的人哭了。

我双臂搂抱着迷惘的他,再次接受事实。真实的痛苦震撼着我。

"啊,上帝,不要再来一次,不要是我的米歇尔!"

27

我需要时间消化这个现实。

有些事情不得不做,但我不情愿去做。

首先,我必须告诉马克。

马克是一个乐观主义者,非常执着于快乐的人。除非不得已,他拒绝烦恼。

马克珍惜他的家庭。

"如果没有你们,我会是什么样?"他常常这样想,"我会是谁?"我知道。一个衰老的单身汉,工作狂,半夜回家吃冷冻食物,面对冰冰的公寓!"

"呵呵,男人的素色装饰:海军蓝、咖啡色、灰棕色。但是想一想,你会感到安静。"

"那倒是。也许有点太安静。"

马克已经开始为孩子做规划:"将来我会买一条船,带着他们上船。他们会兴奋得很!你可以待在家里,"他好意地说,"我知道你不喜欢船!"

"我不讨厌船。我只是不喜欢花两周的时间待在一个摇晃的旅馆里,没有冷热水供应。"

他没接我的话,继续说自己的:"我来看看。男孩子将成为大猩猩,马莉是船上的厨师。"

"性别歧视!"

"那好,马莉是小猩猩,米歇尔是厨师。"

"米歇尔会想妈妈的。"

"看看吧?你也得去,我不能把米歇尔留在家里。"

马克的办公室里摆满了三个孩子的相片。他到处吹嘘孩子的每个优点和成绩,从丹尼尔最初的微笑到米歇尔学会走路。他确信他们都将在班里名列前茅,毕业于耶鲁大学,之后去征服世界。

"如果他们在高中班里垫底毕业,你还为他们骄傲吗?"

"当然。"

马克如此热衷于谈论自己的孩子。不止一次在酒会上,我不得不提醒他停止谈论。他的那些年轻同事、副总都成了被动的听众,其中有单身人士因厌烦而表现出不解。

"马克,别再吹了,人家没那个兴趣。"

他随即大笑着说:"我有兴趣,他们是我的孩子,他们就是有意思。"

给马克带来欢乐的,更多的不是孩子们的未来,而是他们的现在。他在自己的感情上一直是矜持和小心翼翼的,长期冬眠的柔情在父亲的角色上派上用场。他很高兴有这些小生命让他指导和保护。当丹尼尔还是婴儿时,马克显得笨手笨脚,但很快他就会在孩子生病或者害怕时紧紧地抱着他们。他第一次抱着哭闹的婴儿丹尼尔,边走边让丹尼尔头靠着他的肩膀入睡时,一直微笑,并暗自骄傲。

米歇尔在十三四个月大时,他总是争着迎接爸爸下班回家。如果马克下班早,听到开门锁声音时,米歇尔总是激动地叫出声来。他会颠颠地跑到前厅,扑到爸爸的腿上,得到爸爸的小熊抱。

马克上班的每一天都很耗精力,要参加压力很大的会议,不停地出入办公室,尽快接听和回复二三十个电话信息,应付刁难的客户和竞争的同事。之后,马克回家后尽情享受天伦之乐。

米歇尔的笑充满欢乐。他用胳膊抱着爸爸的腿,向后仰着头,这样可以看见他仰慕的爸爸。

马克会抱起他来,给他一个大大的拥抱,两个人会对视着大笑。

然而,这是多久以前的事?这些天,爸爸回来时米歇尔几乎不抬头看。

我们那次去麦当劳一周后的一个晚上,马克在卧室看到我,我坐在床上,什么也没做。

"什么事,凯瑟琳?你看上去这么不高兴?"

"是米歇尔的事。"

"我知道你担心他,但我们谈过几次了,他不像有这个症状,他很依恋我们。"

我低头看着地板好一会儿。

"马克,这些天他很少看我。他会说的词也不经常说了。我想,他甚至可能失去一些过去会说的词语。"

马克没说话,气氛紧张得让人透不过气来。我小心翼翼地把话和他说开。

"马克,前几天,我抱着他坐在我膝上,我举着奶瓶,我知道他会要它。我说'爸——爸',我一定说了二十次。"

"他做了什么?"马克问。

"他盯着我的眼睛,好像根本不知道我要他做什么。他一直去抓奶瓶,可是他没说这个词。"

我停下来,深吸了一口气,接着说:"他以前常说这个词。这个词也是他以前会说的一个词。"

马克在我身边坐下,等我继续说。

"最后,"我说,"最后,他和我都哭了起来。"

马克面色苍白。

"你最好给科恩医生打电话,还有德卡洛医生。要不要打?"

"我想要打电话。"

再把米歇尔拖进那些可怕、恐怖的测试评估,听到那些话,我不能想下去。马莉的经历有一个不错的结果丝毫也不能减轻那些话对我们的打击:"他是孤独症。"再见,米歇尔,告别我们内心里对他的梦想:完美无缺的孩子,受保佑的幼儿。告别那个自我,获得新生,让生命之花绽放。现在,他又是从根部枯萎;他也在疏远我们。他走过的不是一个明媚的早晨,而是一个黯淡的黄昏。

我在马莉学校认识一个母亲,戴安娜·迈耶,她是我可以倾诉的几个人之一。她是纽约一家医院的医生,曾经每天处理病症和创伤;她的智慧和敏感一直是我的精神良药。她善于倾听,深切同情,弥补了我在其他地方遇到没有得到的理解。

我给她打了电话。

"戴安娜，我需要你帮助。我要带米歇尔去做诊断，得到一个确定无疑的结果。"

"告诉我，我能帮你。"

我概述了我的标准。

首先，我要找一个人，我们彼此互不认识。我不想带他去看科恩医生或德卡洛医生，暂时不去。我担心的是，他们看过马莉当时最坏的情况，这可能会对米歇尔的诊断有影响。还有其他的原因，在更直觉、不那么理性的方面，我想回避诊断的噩梦场面再现。我仍在拼命地找不同的意见。

其次，我想找一个专业人士，他不仅了解普通儿童，也了解孤独症儿童。我仍抱着希望，米歇尔只是语言滞后。

最后，我想找到的这个人，不把我当成十岁的孩子对待。我没有心思让任何孤独症"专家"屈尊。

奇迹发生了，戴安娜果然找到一个这样的人。玛丽安·格什温（Maryann Gershwin），教育学博士，有与各种儿童工作的丰富经验：有情感问题的正常发育儿童，孤独症儿童，语言发展滞后儿童。

几天后，格什温博士来到我家。

为她准备咖啡时，我的身体有些颤抖，调羹掉在台面上发出声响。

"我有些紧张。"

"我知道。"

我们坐下来交谈，在地板上和米歇尔玩。丹尼尔、马莉不时插我们的话。三个小时很快过去了。

格什温博士和我去客厅坐下。

"我想你知道，不是吗？莫里斯太太？"

那一瞬间，我头向后靠在椅背上，闭上眼睛。

我睁开眼睛。

"是的。我知道。"

我们静静地谈了很长时间,之后她离开。后面我还会收到她的诊断报告,详细分析米歇尔的优势和弱点。

诊断:怀疑为婴幼儿孤独症。

马克安排今晚早回家,我不得不告诉他。

米歇尔,金发的孩子,我们要付出的痛苦代价。啊,求求你,坚持住。

恐惧一浪高过一浪。

我给孩子吃了东西,洗过澡,穿上睡衣。我坐下来,给他们读故事。米歇尔在书房玩小火车。我的身体一阵阵打颤。

米歇尔,你在那些我不能承受哭喊的日子里给了我微笑。

现在,你的微笑哪里去了?

马克回到家。我只能告诉他这个疯狂的事情,做不得已要做的事。让你心里的怒吼喊出来,接受这个痛苦的现实。

我静静地说给他听,和他并排站着,看着三个孩子玩。

他眉头紧蹙,几乎察觉不到,仅一瞬间。

他站着没动,长叹一声,然后走进书房,坐在他的小男孩身边。他的整个身体弯垂下来。

"马克,"我说,我几乎说不出话来,"我们会让他恢复正常,我们能再次做到。"我自己都不信我说的话。我们已经有了一个奇迹,奇迹不会再次发生。

"是。"马克木然地说。

然而,他的眼睛充满痛苦。

他要说什么,或许他在尽力找到一个鼓劲儿的词,在马莉确诊之后的那些痛苦的日子里、无数次让我坚持下来的坚强话语。

可是没有。

他坐在小儿子身边,看着他。

小火车来来回回地跑着,突然卡在什么东西上。米歇尔一直没抬头看,发出不耐烦的尖叫。他抓着爸爸的手腕,朝火车那边推。

我看见马克的脸抽动了一下。他站起身来,走出房间。我没拦他。

第二天，我开始做要做的事情。我知道要做什么。时至今日，再抗拒任何事情已经没有意义。

我给德卡洛医生和科恩医生打电话，和他们都做了预约。

我给布里奇特打电话，告诉她，我要立即开始对米歇尔的治疗，即使在诊断得到确认之前。

"我周五过来做基础数据测试。我们看看他适应课程的情况。"

我打电话给罗宾。她答应过来，马上开始米歇尔的课程，一周两次。

"谢谢你，罗宾。"

每个人都行动迅速，快速做出决定，重新调整各自的安排。我们所有人最终再次正视事实后，紧迫感陡然增加。

我们仍要继续马莉的干预课程，她的计划没有终止。现在只是立即暂停她的干预，集中所有人力资源用在米歇尔身上。布里奇特和罗宾没有两年前那样的时间调整余地，特别是布里奇特，日程安排紧张。她已经开始了心理学博士的课程，只能部分时间在学校为孤独症儿童上课，没办法给我更多的时间。罗宾要兼顾私人客户和她在西奈医院的全职工作。

我从未像现在这样依赖这两个人。我再去哪里找到有她们这样能力和投入的女人？在布里奇特说她至少在开始阶段可以过来每周上四节课时，我忍不住要拥抱她。

这样，与马莉的课程相比，给米歇尔设置和实施的治疗课程是儿童游戏。我们了解正在做的事情，每个人都知道自己的角色。

然而，米歇尔的反应出乎所有人的预料。

布里奇特给他的第一次课让人难以承受。

马莉在她第一次课时哭闹、颤抖、摔在地上。她似乎主要是害怕。

米歇尔则是一阵阵不可遏制的狂怒。

开始时，米歇尔不理睬她，推她走；她不让步时，他开始尖叫。

他的怒火不断升级，哽咽阵阵发作，在地上来回打滚，踢倒椅子，能够到的东西都不能幸免。

当时我在现场观察。我本来以为自己可以应对，认为自己现在可以应对任何发生的事情。

我看着他在地上打滚,近乎歇斯底里地发怒抽搐,我脱口而出一个声音,一个哀嚎。我离开了房间,去了寓室的另一头,坐下来抱着丹尼尔和马莉。他们和我讲话,但我什么都没听见。

十五分钟后,布里奇特从房间出来。

"你能进去安抚他一会儿吗?我告诉他你会过来。"

我进入房间,抱着他。在他肯让我抱着他时,我抱着他摇动,告诉他我多么爱他,布里奇特多么爱他。他的哽咽终于变成无声的身体抽动。

他安静下来后,布里奇特进来,他们重新开始。

不到两分钟,他又开始了愤怒的尖叫。

这样的情形出现在第二天,再一天,几天都是这样。他就是不能安静下来。

每一天,我在客厅里来回走动。我无法留在那个房间里,可又不愿离开太远。他必须安静下来。马莉能做到,他也一定行。这样的情况不能继续下去。

后来,终于他开始安静下来,可是随后的情况更糟糕。他按布里奇特要求的那样坐在椅子上,两只小脚平放在地板上,双手放在身体两侧。他不再叫喊。他哭,仿佛伤心至极,两颊流满眼泪,可是他甚至不抬手擦掉眼泪。

在房间里,三脚架上放置了摄像机,布里奇特为课程和记录他的进步全程拍摄录像。晚上孩子们都睡了以后,我会看白天的课程录像,但是没有一次能看完。"这太痛苦了,马克,我受不了。"

尊敬的上帝,他才两岁!为什么发生这样的事?我们为什么要这样做?

仅有一个想法给我一点安慰:洛瓦斯博士的人曾不止一次向我提过,似乎那些最有火气和抗争的孩子,可能走得最远。最顽固的是那些无精打采、冷淡、不为所动、人在心不在的儿童。

米歇尔与我们全力斗争。

马克休假一周,再次开始征程之际,我们能够携手并肩,相互支持。

我们两人都很虚弱。我的体重下降很快,心率不齐。马克痛苦悲哀。我想安慰他,让自己尽可能显得乐观些,然而我知道这不仅仅是承诺他米歇尔会好起来这样的简单问题。他为发生在儿子身上的事情悲伤,无论米歇尔是否能够获得重生,他的一部分生命即将死去。

2月5日,我们上午去见德卡洛医生,下午见科恩医生。

与德卡洛医生的约见平稳、安静地进行,评估与马莉那次一样详尽。结果不出意外。德卡洛医生的诊断印象如我们预想的那样:"婴幼儿孤独症。"

"但是我对他抱有希望。"我们离开时她这样说。

我们一路无话,驶往斯塔登岛,继续这个残酷的旅程。

在研究所,我们在很熟悉的候诊室里等待。我带着米歇尔去一下走廊,转身看见科恩医生和苏哈特医生朝我走来,他们表情严肃。

"你好。"我说。

"你好。"他们的目光由我转到米歇尔身上。

我想让气氛缓和一些。

"我不能说,"我口气轻松地说,"我很高兴见到你们。"然而我的声音不像开玩笑,没有效果。

"是的。"苏哈特医生说。

一样的测试,一样的问题,一样拍录像。

在录像期间,我把米歇尔面朝我抱在膝盖上,用尽浑身解数得到他的目光对视、微笑和反应。

他曾一度短暂兴奋起来。科恩医生站在镜子后面,转身对马克说:"这很好,是很好的迹象。他经常这样吗?"

"我觉得没有。"

在录像室,我往后靠靠身子,精疲力尽。

没人知道,让米歇尔集中注意五分钟要耗费多大气力,似乎只有给他催眠或使他走火入魔才行。我身上的每样东西,声音、表情、眼神专注、微笑、身体姿势、手的位置,为一个目的全部动员起来:让这个孩子专注我，看我的眼睛。还有，这样还得让他喜欢才行。

科恩医生和苏哈特医生的诊断是婴幼儿孤独症。

实际上，米歇尔在七个月前做的文兰量表测试时就有落后。现在他两岁，但交流和社交方面仅达到十个月的水平，他的动作和适应性方面没有变化。

他的接受性语言降低很多，重复性的怪癖动作增加了。他只有零星和不确定的目光对视。

他正在从悬崖上坠落。

没有别的办法，我们只能承受这些悲哀，继续要做的工作。

布里奇特开始每周四次课，但是同时我们要尽快找其他的治疗师。

罗宾开始时一周两次课，等米歇尔的语言好转一些后，增加到一周三次课。

我要做的是给马莉做过的一样：白天跟着他，不让他花太长时间在任何一个活动上，要求他的注意力关注，强化和泛化布里奇特和罗宾教的任何东西。

最初两个星期，我给米歇尔做过一些拥抱疗法，之后放弃了。我仍然认为拥抱疗法有一些真实价值，但很有限。对于一些非常封闭的孩子，最初的接触有些益处。有的时候，这是能有目光接触的方法之一，是暂时地"唤醒"一些孩子的方法之一。但我不能依赖它让孩子恢复健康，更不能通过这个方法让他学东西。这方面，我们主要依靠行为课程，罗宾的语言矫正治疗，还有我们了解的什么对他有兴趣、怎样泛化课程、如何强力介入他的封闭状态方面的知识。另外，马克和我继续多给他拥抱、亲吻和搂抱，正像我们始终对普通孩子做的那样。

诊断已经做出并得到确认，干预课程也开始实施。我们都知道要做什么，每个人都已经开始做。

诊断、恐惧和调兵遣将之后，马克回去上班。经历了震动和最初的悲伤后，现在他重新有了希望。我知道他对我有信心，所有人都对我有信心。

德卡洛医生对此说了很多，还有科恩医生，以及所有的朋友和家人。

"你做到了一次，也一定能再次做到。有你这样一个妈妈，有给马莉工作的治疗师，米歇尔有了世界上所有的机会。"

唯一的问题是，我自己不相信米歇尔会恢复正常。

28

  我的信心如此脆弱，而米歇尔的抗拒那样强烈。

  第一个月的治疗犹如噩梦。显然，他不是马莉的翻版。现在回想起来，马莉适应课程很快。米歇尔的愤怒和抗拒超过那时马莉的两倍、三倍。

  一天又一天，我站在门外的走廊，听到他啜泣。我为他的适应和顺从祈祷。我常常头靠在墙上，心在流泪。"啊，上帝，求你让他停止哭泣，让他像马莉那样开始学习。"课程在进行，我的神经紧绷着。我的所有心思都集中在那个房间，不能有任何让我分心或者干扰我守在那里的事情。课程必须见效，没有别的办法。我已经没有什么好牌可出。

  任何人都不许靠近上课的房间，或者在附近的走廊里玩闹喧哗。布里奇特每天战斗，争取米歇尔的合作。如果她失败了，我们就会永远失去他。我确信是这样。

  一天，我在教室房间隔壁的卧室里，帕齐与丹尼尔和马莉在书房。布里奇特准备给米歇尔上课时，他在啜泣。我紧张地听着那个房间传出的每个声音，渴望他会停止哭泣，开始听话、学东西。

  突然我听见他的卧室门开了。我冲到走廊看，马莉走进治疗室。

  我跑着追上她，抱起她进到我的房间。

  "我告诉你不能进那个房间！你听到我说了吗？你听妈妈的话了吗？回答我！"

  我震怒，浑身发抖。

  她受惊一样看着我的眼睛，然后她的脸抽动，开始哭起来。

  这时，我的愤怒瞬间消失，被羞耻代替。我把她抱起来。

  "对不起，宝贝，对不起。妈妈道歉。我爱你。"

  她哭了一会儿，突然不哭了，从我的拥抱里抽身出来。她的脸上还有泪水，但是朝我笑了一下。

"没事，妈妈。这是一次意外！"

孩子如此慷慨地原谅我们。

第一个月里，米歇尔在许多方面的情况都在恶化。

我不了解孤独症怎样发展，特别是儿童经历的迟发退化症状。我的意思是说，即使你全力应对这个障碍，迫使孩子倾听、学习、看和关注，即使你看到一些词汇和专心重新出现，你还是看到症状在一段时间里恶化。综合症状的一些表现中止了，另一些表现又会出现。将来会有一天某个人找出它在神经上的变化原因。多数孤独症儿童在三四岁，症状有了集中表现时，才能被诊断出来。我们的孩子恰好在他们的症状恶化明显加速时得到诊断。米歇尔现在经常用脚趾走路，翻动手掌；僵直的身体，摇头，目不转睛地看着举在眼角边的东西，把东西倒过来看；尖叫发脾气；每天鲜有目光对视。他似乎还有一些初步的想象游戏，比如把娃娃放到床上，但仅在我把娃娃和床摆在他眼前，然后示范给他时，他才能照做。

他的语言本来就很少，现在几乎没有了。他逐渐丧失对我们所有人的意识。

那一天，他一上午没抬头看我，我带着丹尼尔和马莉进到公寓里时，他没有任何反应。在我坐在他旁边的地板上时，他有意回避我的眼睛。我再也撑不住了，我给正在上班的马克打电话，只有啜泣。

"我不能，我撑不下去了……这一切都没有用……我要失去他了！"

此刻，我什么都不相信。

我祈祷过，但我的祈祷像是对着一个不存在的空洞说的话。

我抚摸着十字架戒指，默诵连续九天的祷告，我脑海里出现讽刺的笑声。你怎么评价？你觉得你是谁？你要得到的不是一个奇迹，你要两个！那太奢侈了。这很可笑！你觉得上帝会听你的？你觉得有上帝存在？做梦吧！

从前我内心珍藏着爱和信任，而现在只有怀疑和恐惧。

"啊，主啊，我相信。我信不足，求主帮助！"

福音者的话出现，保护我免遭绝望的杀戮。这些话不仅来自很久前患癫痫、在耶稣像前乞求的牧师，也来自自己的孩子要死去的忠诚的百人队长："主啊，我不值得你来到我的屋檐下；只要你说一个字，我的孩子将会痊愈。"

我变得像孩子。

当然我理不出头绪：谁是值得的？谁不是？谁的祷告得到回应？谁的不会？我告诉孩子们有一个上帝，他爱他们，大爱无形，他们不带疑问地相信我的话。我的灵魂，尽管受到太多的知识侵扰，是否能够回归到孩童般的信任，对信仰深信不疑呢？我能做到真的相信上帝在关照我们吗？或者是米歇尔恢复正常，如果不能恢复，在他的心里保存一份宁静呢？

这不是通过理智解决的问题：信任上帝，恐惧超过理智，只能通过意志力，一个可怜的祷告者的奉献。祷告开始的话就自相矛盾："主，我相信。我信不足，求你帮助。"

一天又一天，我站在米歇尔的那个房间门口。我不停祷告，不时啜泣。他除了哭，什么都不做。"拍桌子"，布里奇特说，辅助他的手拍桌子。

一天一天过去，数据没有变化。百分之百有辅助，自发举动百分之零。

主，给我半小时，最后的半小时，让他镇定和安静下来，让他允许布里奇特接触他，让他别再哭泣。

我双手紧握，身体倚靠在墙上，听我儿子的声音。

他的啜泣慢慢少了。

啜泣停止了。

之后听到布里奇特激动的声音。

"哇！你做到了！你拍了桌子！"

之后又有一个声音，新的声音！咿呀咕哝。

之后寂静，之后更多的咕哝。

终于，我听到了世上最甜美的声音，米歇尔在大笑。他看着布里奇特做的什么事情大笑。我的儿子笑出声来，因为布里奇特在做一件滑稽的事情。

我双手掩面而泣，全身颤栗。痛苦和欢乐的巨浪碰撞，我就要被吞噬。

治疗开始了。

29

有时候,前行的路上仿佛漆黑一片。我有过希望,之后破灭,然后失而复得。一天,马克和我对视着,不晓得我们走过的这段艰难路程是否到了尽头。

有些记忆比另一些更难忘:那些转折点,那些迷茫的日子,那些胜利的时刻。有些时候,感觉事情似乎压得我们透不过气来,决定太艰难;另一些时候,我们感到对选择的路更有信心。

米歇尔的课程进行了几周时间。他和我在房间,我们坐在地板上。他在玩喜欢的木制火车,我把所有的小车厢藏在我衬衫折起来的下摆里。我给他看一个拿在手上的车厢,他要拿它,但是我握起手掌。

"Choo-choo。"我说。

他发出哭腔,随后喊叫。他想抓住我的手,我把车厢藏在衬衣里,抬起他的下巴让他看我,坚持说:"Choo-choo。"

随后是十五分钟的发怒,没有啜泣,感谢上帝;只有发怒、叫喊和踢打。

我知道他很想要火车,用其他一些用过的东西没有这个效果。在我的衬衣里,我有一个比任何巧克力豆更有效的强化物。

"Choo-choo。"我说。

"Too-too!"他终于磕磕巴巴说出来。

我发出了战场上的呐喊声,抱住他亲吻。"你说出来了!你说了'choo-choo'!"

总共有十一个车厢,他每说一次"Too-too"就得到一个。

大约在米歇尔头五个月的治疗期间,每天上午九点半至十一点半,我和他在我的房间里练习,丹尼尔和马莉在学校。

我已经学会在更少的时间内集中练习，做更多的事情。我只能这样。现在我要给丹尼尔更多的时间，同时我也深深地担忧不能给马莉更多的关注。我的下午时间基本上属于他们，那时米歇尔在上课。

我的面前摆满装订成册的歌曲、游戏，还有活动的项目。这些是从我的记忆里、我们有的歌手拉斐的磁带、书籍和自制材料中编辑出来的。一个朋友叫克里斯汀·埃里逊寄给我一本她的漂亮的书[1]，我也从中选一些，可以帮助米歇尔训练。在扉页上有克里斯汀的赠言："亲爱的凯瑟琳和马克，有上帝保佑，我们的目光可压倒黑暗。"

有这些工具辅助，我可以做到在两小时的大部分时间里把他的注意集中在我身上。

"美丽的玫瑰花园"：他最喜欢的一首歌曲；在唱这首歌的时间里，我总能使他抬头看我，期待着那句"全落下来"！

"这是女士驾车"：我在膝上颠簸他，这对目光接触很管用。

"这是小猪猪"：歌词和韵律不是太重要，重要的是他从游戏里得到快乐，而快乐与我有关，一个人，他的妈妈。

假装吃脚趾：整个游戏充满笑声和惊叹。玩怪兽和追逐游戏时，他的反应近乎恐惧。愉悦或恐惧要适可而止，这样他不至于变得害怕。

"躲猫猫"：最初不是很成功。我们距离太远，不能保持他的注意力。

"1——2——3—抱成团"：这是另外一个期待性的游戏。我数"1、2、3"，然后用力抱紧他。他好像很喜欢这样玩。

做鬼脸：这似乎总能引起他的注意，特别是把它当作游戏的时候。

边节律按摩边唱歌：音乐对我的三个孩子最有吸引力。我给他们唱很多歌，常常伴着舞蹈，身体摇摆和晃动，或者用手指碰触身体。

挠痒痒：只要他不是没完没了。

"快跑，快跑去波士顿"：另一首孩子在膝上颠动的歌曲。

---

1 原注：Christine Allison, *I´ll Tell You a Story, I´ll Sing You a Song* （Delacorte, 1987）。

"小兔子佛佛"/"小小蜘蛛"：任何手指游戏歌曲，如这两个，都有助于他集中注意。

"开/关"：一只手的活动歌曲，伸开手和握起来。他必须坐在我膝上，而不是我在这儿，他在那儿。

"头、肩、膝、脚趾"：歌曲包括边唱边用手接触身体的相应部位。学前学校教师都熟悉这首歌。

"在我的小红色拖车上颠上颠下"：另一首身体上下颠动的歌，来自我们的拉斐磁带。

"摇呀摇"：布里奇特教给我怎么做，我们面对面，拉着手前后晃动身体。

"我认识的六只小鸭鸭"：另一首拉斐歌曲。米歇尔很喜欢里面的"呱——呱——呱"，特别是鼻音很重、夸张的发音。

"约克的高贵公爵"：也是一首身体律动歌曲，通过身体运动表现歌曲节律。

任何其他含有舞蹈、跳跃、手指活动游戏或运动的歌曲和歌谣。

除了玩这些歌谣和游戏外，我给他读书（婴儿书籍，每页有一个字）；只要米歇尔能理解的娃娃游戏我就尽量和他多玩，还有任何需要轮流和请求的玩具。其中一个玩具是费雪儿玩具店卖的玩具收款机，就是把很大的有颜色的代币投进机器。玩玩具火车时，我拿着那些代币，暂不给他，每次等到他看我并发出声音时才给他。基本的技巧是总要让他对某个东西有兴趣，或者从他的兴趣里获取收益，例如一个玩具，之后利用它促进语言、交流的概念。我不在乎他要这些代币时说什么，我觉得他说的是"gih"，前提是他掌握这个概念：这是我（米歇尔）从我嘴里发出交流的声音；我说了什么，而我说了之后，讨厌的妈妈给了我要的东西。

4月，我们的课程增加了一名治疗师，玛丽·贝丝·维拉妮。布里奇特的课时开始减少。5月，安妮·玛丽·拉金过来几周，之后因故没再上课。6月，凯莉·麦克多诺加入了我们的团队。

布里奇特的课程减少到一周一两次，她的作用主要是做课程主管，让其他人、经验较少的治疗师承担更多工作,保证团队里的每个人工作目标一致。还有,像罗宾一样,在课时以外的时间里泛化米歇尔学到的词汇。

玛丽·贝丝、安妮·玛丽,还有凯莉不愧是有才能、有爱心的治疗师。每个人都有自己的特点和不同的经验。玛丽·贝丝在米歇尔最狂怒的日子里能让他笑出来。安妮·玛丽的工作创造性与布里奇特不分高下。凯莉后来成为我们最可靠、忠实和负责的人,除了因流感和其他重大病症躺倒外,她从不耽误任何一次课。她们学会在一个团队里成长、学习和工作,而我也学会更加依赖这个群体,不再只把布里奇特作为世上唯一一个有效的行为治疗师不放手。(当然,在我看来,她仍然因具有天赋和近乎完美而出类拔萃。)

给米歇尔增加课时是我的决定。这次我更相信行为治疗,我可不愿意全部自己来做;我是说,经历过马莉的事情后,马克和我非常确定,最关键的是让孤独症儿童始终有事情做。如果可能的话,在第一年,或者前两年的治疗期间,在白天每个醒着的小时里,都把他放在有人的环境里。就马莉的情况来说,无论什么时候布里奇特和罗宾不在时,担子就落在我身上。这一次,我愿意分担,与任何一个好的行为治疗师一起工作。这样做当然有不利的一面,会更多地影响整个家庭生活和私人时间;有利的一面是我可以腾出更多的时间给丹尼尔、马莉、马克,还有我自己。我们的危机到现在已经是第三年了,重要的是我不要过多地扮演女强人的角色。越是学会让人分担工作,我的工作就越轻松。

与马莉的情况相比,米歇尔有很大不同。马莉那时与人交往更封闭、更害怕,而米歇尔与人互动则好一些。最终在课上对非天然强化物、表扬有反应后,他总带着微笑和良好的目光对视。米歇尔真正上到"轨道"的前六个月的治疗,他名副其实上了轨道:高兴,有反应,互动很好,让我们觉得他一定已经脱离了任何专业人士所说的"典型的孤独症"领域,就是那种自我封闭、迷失在自我的世界里的状态。他有情感萌发的时刻,但除此以外的场合他很可怕。他的性情,高声哭闹发作,确实惊人。

语言方面,马莉的交流能力比他来得容易。马莉在与人交往上需要更多的刺激。具体到我和她接触,我总是在公寓内四处跟着她,从不让她自由自在。米歇尔则需要更结构化的教学，我们必须集中在他的语言模仿上。洛瓦斯门诊的杰克·维恩过来给了我们一些好的强化语言模仿训练的意见。

很长一段时间，他的发音差。虽然他会说的词汇有增加，但那些词汇的发音，除了他的治疗师外，其他人几乎听不懂。他把"Dumbo"（小飞象）说成"Adoh"，"fish"（鱼）说成"dis"，"bug"（虫子）说成"guh"。

尽管他们姐弟之间有这些不同，但在个性发展和我们的总体治疗上，米歇尔的进步还是很快。

到4月底前，他已经重复说"妈妈"、"爸爸"，叫布里奇特"Deedee"，罗宾是"Wah-wah"，玛丽·贝丝是"Mmm-bah"。他还是说不清谁是丹尼尔，谁是马莉。

我们教他五个两个词的组合："不要（食物名字）"，"再见，（人名）"，"你好，（人名）"，"晚——安，（人名）"（他发音为"Nih-nih"），"多些（食物或游戏名称）"。

虽然他现在可以对我们给他示范说的任何两个词做出近似的模仿，但是这五个两个词组合短语是他仅有的、偶然自己说出的词。

两个月后，他的进步明显加速。

发音好一些，达到这样的程度，可以说"house"（房子）而不是以前的"how"（怎么样），"car"（小汽车）而不是"keh"。

自发、创造性语言开始略有增加。一天他拿起一颗小葡萄，说"babygrape"（小孩葡萄），表明他有了一些类比思维和用语言表达的能力。几天后他在橡皮泥上重复这个说法，拿起一小块橡皮泥后说"小孩橡皮泥"，然后对着一块大橡皮泥说"妈妈橡皮泥"。

我们观察到他对夸张的小画片反应不错，可用橡皮泥做或手画，边做边讲给他听：我在磁力魔板[1]上画了一条大鱼，然后帮助他画上眼睛、嘴、大牙齿，还有一条尾巴。逐渐地，我们增加水、一个男孩、一条船、一根

---

1 原注：Tyco公司制造，很好的玩具，米歇尔喜欢。由一个金属板和磁性画笔组成，孩子可以很方便地画画、擦掉。

钓鱼竿。他喜欢那个男孩用他可怕的牙齿咬住一条大鱼的戏剧画面。他想让这个故事激烈一些、更酷一些。我们用一块大橡皮泥做了一个妈妈恐龙，一块小的做了一个小恐龙。看到小恐龙从桌子边掉下去，妈妈恐龙也跳下去救他时，他很兴奋，"救命，救命！"他会模仿悲伤的声音喊。"别担心，我来了！"妈妈喊道。故事越是夸张，对话越激动，就越容易保持他的注意力。

语言治疗课的训练持续不断。言语模仿、辅音、元音、一个音节的词、两个音节的词、形容词；用正确的动词命名图片（跑、睡觉、走路，等等）；介词、副词"上"和"下"。所做的一切都必须功能化。目的不仅是让他重复一个词或短语，而是让他理解和使用语言。

布里奇特的创造性总让我惊奇。发现他对无休止的介词训练厌烦时，她决定不用玩具，而是用米歇尔本人作为道具：她把他放到椅子上面。

"你在哪儿？"

她示范如何反应："在椅子上。"

她手持椅子在他的头上面。

"你在哪儿？"她大笑着说。他们把训练当游戏做。她示范说："在椅子下面。"在许多前面的玩具训练课上，他们对每个这样的短语进行过练习。

"你在哪儿？"

"椅子旁边。"他回答道。

"椅子后面。"

"椅子前面。"

马克和我感到在社会和情感联系上，米歇尔或许比他姐姐进步快得多。5月的一天，我们开车去东汉普顿。马莉坐在中间座位上，米歇尔在左边紧靠着她坐，丹尼尔在最后一排座位上，米歇尔看不到他。在马克倒车出车库时，突然米歇尔显得不安，接着哭起来，他好像很烦躁。我回头看他。

"怎么啦，孩子？"

"米歇尔！米歇尔！"他哭喊着，盯着我的眼睛。他的手伸出车窗外，

"米歇尔!"

"什么?什么?我不明白。马克,停车。他真的很不高兴。"

"米歇尔!"他在座位上扭曲着身体,从车窗往我们刚离开的车库里看。

"天哪,他是叫丹尼尔!"

"丹尼尔!"米歇尔重复说,这次破涕为笑。

这个可怜的小东西在想我们落下了他的哥哥。他不能说对名字,因为他才刚刚开始熟悉家庭成员名字的课程,但是他知道一件事:他要他的哥哥。

"他在那儿,宝贝。你看见他了吗?就在你后面!"

"我在这儿,米歇尔!"丹尼尔大笑起来,从后面伸过头来。

米歇尔开始高兴和放心地笑着,我们都一起笑起来。马克和我看着对方,品味着这个幸福的时刻:我们两个都知道无论米歇尔有什么问题,现在肯定不能说他对家庭"冷淡"。

随着时间的推移,我对自己越来越有信心。马克和我现在有把握给米歇尔的课程做决定。或者,我应该这样说,马克觉得让我做决定他没问题。如果三个月前让我承担儿子未来的责任,我会退缩害怕;现在,我感到布里奇特和我,还有罗宾、玛丽·贝丝和凯莉,我们一起能够带他走完全程。

30

我想用自己的判断应对米歇尔的哭闹,但并不知道是否能做得好。他的哭似乎永无休止,或许我更强势一些,他的哭会更早一些停止。

但是我没能做到,我是说我在感情上做不到行为方式要求的百分之百的一致性。

现在是早上七点,孩子们一个一个睡眼惺忪地进入我们的卧室。我赶紧从床上爬起来。我早起不太行,说着:"我们吃早饭。"

就这一句话,米歇尔立刻倒在地上,开始哽咽。可能除了有人给他提了要求外,看不出任何缘由。我叹气,马克也叹气,丹尼尔和马莉不去管他。我们都已经习惯了他这样。

我打起精神来,我知道这是他一天里可能要有二十五次这个情形的第一回。

在这个事情上,我可以非常"行为主义"。我知道应该怎么做。他哭的时候我不迁就他,不以任何注意强化他。我摆好餐桌,给其他两个孩子吃早餐。随后自然而然地把米歇尔抱起来,带到餐桌前,扶住他坐在椅子上。我的手把着他的手握着勺子,控制着勺子由碗里到他的嘴上的动作,不去管他的喊叫和哭闹,把着勺子在他嘴边,直到他吃一口。我用话语激励他:"嗯,好香。你在吃麦片,好孩子。吃早餐真好。"

终于他开始吃东西,这是由于我坚持要求,直到他这样做。这和让丹尼尔吃蔬菜的情况不一样。丹尼尔不喜欢吃蔬菜,与他的较量我基本不在话下。但是米歇尔喜欢吃麦片却饿肚子,他抗拒,因为他的性情里某种东西迫使他倒在地上,而不是吃早餐。我试着让他戒掉这个行为,排除任何对这个行为的外部奖励,这样他就会停止这样做,像普通孩子那样早餐吃麦片。

经过许许多多这样的情形,是的,我的做法确实开始起作用。你看他,走到餐桌前,自己坐下,拿起调羹吃饭。奇迹中的奇迹,他在享用每一口东西。

但是,我不确定我是否相信有放之四海而皆准的人类行为准则——我的行为,他的行为,或任何人的行为。有时下午晚些时候,第四节课结束后他从房间出来,疲倦,沮丧,承受力到了他的极限。丹尼尔和马莉碰巧在玩一个他要玩的玩具,他立刻倒在地上,恼怒和哭叫着满地打滚。

这个时候,我会把他抱起来,搂着他亲,给他唱歌,直到他在我的手臂上放松下来,风暴才算过去。

我并不想强化他发脾气,他这样做是对沮丧的极端反应。然而我确实强化了他的行为,因为其他的需要这个时刻占上风:需要让他知道我们爱他。我知道一整天的苛刻要求对他多不容易,他有权利,正如我有权利一样,不时地给愤怒、伤心和迷惘一个发泄的通道。

因此,就这样,他的行为变得很不一致,有时从我这里得到矛盾的信息。常常是我"消灭了"他的大发脾气的行为,但另外一些场合,情急之下我又奖励了这些行为。我也说不出有什么一致性准则指导怎样做才正确,比如什么时候需要拥抱他,什么时候要忽略他。我依据当时的场合、起因,甚至情绪,我的和他的,匆忙做决定。我觉得要有一定的自由度,也给自己一些灵活性。我想随着时间过去,他的交流技能和社会意识有更多发展后,他的哭闹就会随之减少。我自己有一个说不清的模糊意识,就是他还不到停止大哭的时候;他还不够那个年龄,他才三岁,在某些方面他比这个年龄还小得多。对我来说,这就如同让一个婴孩别哭一样。我感觉在许多方面要求马莉和米歇尔没问题,但另一方面我又觉得他们的情绪不成熟,米歇尔的情况,几乎可以说他的"婴儿期",应该是我考虑的因素。

尽管布里奇特能接受我按自己的判断做决定的说法,但她对米歇尔这个很成问题的行为受到这样矛盾的对待感到不快,而这个行为确实成了问题。每次出游,每个课时,每次洗澡,大多数的活动转换,总是伴随着他或长或短的哭闹(经常是气愤和打人)。他的哭闹和发脾气一直延续到治疗的第二年，这对每个人都是折磨，包括丹尼尔和马莉。如果不是因为他在语言、游戏和社交技能上的明显进步，我们会再一次对行为干预的有效性产生严重怀疑。

这就是你为行为治疗辩护时所处的尴尬境地。你知道它是有效的，也了解它功能强大，如果实行起来，孩子做得会比任何人预料的好得多，于是你就希望做到百分之百的一致性。"无论他什么时候哭，这样做"，没得讨论。然而在实际执行中，因为对象是自己的孩子，在某些方面我做不到百分之百，更多地要依靠主观判断。

然而，是不是总要依靠主观判断？在用精神分析分析自己的孩子以致接受他们的任何行为与塑造和强制行为以致抹杀他们的个性之间，所有的父母都要找到一个平衡点。

有个小女孩到家里来和马莉玩。她妈妈过来接她时，孩子喊叫着"不！"，接着跑到房子的另一边。随后二十分钟双方乞求、讨价还价，恳求。这个四岁的孩子使妈妈在她后面绕圈追赶她，我不得不站在寓所的门边躲避。最后，妈妈劝说小姑娘穿上外衣。小姑娘脱下外衣扔在地上。这个情形后来又重复了两次。在此期间，妈妈不断叹气说孩子"多么亢奋"、如何"倔强"。

我不由得自己也叹气：女士，假如就抱起她去电梯，你是那么害怕吓得她灵魂出窍吗？拿起外衣，给她穿上，向她证明她妈妈的智商高于一块软糖！

拒绝孩子喜欢的事情引起的过度忧虑也让我愚不可及。我看过太多的事例，在"正常的"家庭那些"正常的"孩子中间，妈妈们因为五岁的孩子拒绝穿上外衣而禁不住哭泣；十岁的孩子和爸爸们说很具讽刺的话。唯一让我不能自已的事情是看到大人追打孩子。

父母对什么是对待孩子的"正确"方式感到困惑，无论是特殊孩子还是普通孩子。这样的困惑可追溯到心理驱动说和行为方式之间的冲突，两种观念都广泛地深植于我们的文化里，二者都可能走向极端。我在本书的整个篇幅里为行为治疗辩护，因为孤独症领域长期充斥着精神分析学派最荒唐的观点；另外，由于我见过许多孤独症孩子父母连尝试一下行为治疗都觉得为难。然而，从更广的意义看，这两种方法都有过度使用的可能性。

一方面，有圣经的引言，如可敬的维多利亚式的道德家所说，"放下棍子，惯坏孩子。"我不是说这个极端的说法导向了体罚孩子。棍子、皮带、板子、鞭子、拳头或手掌，不管什么手段，如果把任何这些办法作为主要的纪律规范，我们就是用打孩子迫使他们就范。

我认识的每个父母，也包括我，都曾有过失控、回身拍打孩子的经历。这并不是好的、对的或很聪明的做法。我吃惊的是，我们对孩子做的，却不能那样对待成人。这个国家被判罪的歹徒的身体安全比"调皮的"孩子有更多的法律保护。打人是否有规范纪律的价值？我怀疑。我想多数家庭这样做是因为"我的父亲就这样对我的，而我也长大成人"。

维多利亚式教养孩子的方式类似行为干预的极端模式：父亲具有绝对的权威，打孩子获得绝对服从（一时的）。他会相信体罚是"他们唯一记得住的办法"。多数情况下因为他不知道还有其他办法。

另一方面，我相信在二十世纪流行的对心理学的宠爱，直接促使了今天令人吃惊的"放任"，进而导致小孩子无止境的"表达自由"，不管是否冒犯和伤害他人。儿童教养书籍大多对塑造孩子行为给出简单的建议。的确，"顺从"和"行为"字眼已经失宠，好像这些概念是从前无知年代陈腐观念的残余。"自尊"流行，"纪律"过时。我们同时代的一些父母仿佛担心伤害孩子自尊，结果他们对孩子基本不能说"不"。

在我看来，这样的一个结果使儿童心理专家的生意兴隆：所有心烦意乱的父母都想知道，为什么？为什么？为什么苏兹总打她的小弟弟？我们哪里做错了？她弟弟出生前我们也给她做了准备，带她去参加"弟妹出生"课；我们鼓励她表达嫉妒和愤恨的感觉，她打小弟弟的时候，我们仍然给她很多爱和关注。但是她还是继续这样做！

我们常常是不假思索地向心理专家求助，他们中的很多人会指示我们找出"家里的压力"，毫无疑问它是问题的根源。在我们的帮助者的指导下，我们把每个生活的改变都当作"压力"。我们想知道，我们审视自己，我们分析，我们找理由，到了不可理喻的地步。我们知道小汤米什么时候决定不再洗澡，就是在妈妈开始了一份新的工作的时候；我们理解为什么杰尼使用那些四个字母的词汇[1]：她是因为小弟弟出生而烦恼；我们能接受麦克尔为什么不睡觉：因为他爸爸下班回来晚了让他生气。我们受到驱使，相信生活事件、任何变化、大人的需求和欲望，都成了孩子不良行为的导火索。这不是我们的错，当然仍然是"小提米"［胆小（timid）谐音］这么烦恼。有解决办法吗？专家永远给那些含糊的说辞：给他更多的关注；把话说出来；尊重他的感情；更多地听他说；召开家庭会议："好吧，孩子们，现在是我们家周六晚间会议时间，说说为什么你们不听妈妈和爸爸的话。"哇，天呐，他们甚至拒绝到会议桌前。

  这样的事例足够了。无需给他们的不良行为找各种借口，我们也可以做到敏锐地对待他们的压力和忧虑。我们能够理解孩子的生活可能复杂，有各种担忧，我们的生活也是如此，但是这不妨碍我们依据一定的标准，我们，是的，我们要做出决定。

  父母需要实用的建议，而不是减轻家庭压力的道德说教，或不耐烦地命令"给她一巴掌"。实际的建议，管用的技巧，经过验证的塑造正确行为的方法。

  我当然没有所有的答案，我巴不得！我相信我们进行的行为计划，在如何养育孩子上，马克和我从中可以学到许多东西。我们悟出一件事，我们能够坚决反对打孩子，但仍然是纪律约束的拥护者。

  以行为管理作指导，并不是说我们忽略孩子的情感生活。恰恰相反，我们在他们多样的个性面前恭敬谦卑。

  然而，在家里、生活里和行为举止上，仍可以以秩序和安静为目标要求孩子们。这不仅对我们有益，也是为了他们的幸福和稳定。满身毛病、不受约束的孩子在老师和同学眼里不会是"热情洋溢的"或者"就是孩子气"，他会是一个让人讨厌的家伙。

  行为的技术既不难学，也不陌生，其中很多就是常识，是父母总在用

---

1 译注：指英语里骂人的脏话。

的一些办法，其中有些技术特别需要前后一致。

比如说有哪些？

例如，教孩子时把任务分解为小的、容易做到的单元，让他掌握的每个单元内容都受到强化。这个方法对从穿衣、整理床铺到学校课业都有效果，也可以使孩子少依赖大人，能"全靠自己"做事让他们感到极大的骄傲。我们可以腾出时间来教他们扣扣子、拉拉链、挂外衣；可以利用这个时间让他们练习，直到会做为止。告诉他们怎样擦盘子，送到厨房洗碗盆里不难做到。这不困难，也不算虐待儿童，这只是教他们做一些家务事。

还有，在他们还在学习什么是、什么不是正确行为的同时，说明我们期待他们做的事情。如果要求孩子在餐桌上有规矩，就要求我们站在桌前，讲清楚行为的目标，必要时给予表扬和批评，直到他们知道我们的标准是什么。人们对餐桌上的举止标准会不一样（一个美国人和法国人结婚，我做证这方面有巨大的文化差别），但是孩子们不会知道我们期望他们怎么做，除非我们做到清楚表达，并对他们在餐桌上的行为给予明确的关注。讲清楚行为目标，比不管不问一小时、再也无法忍受他们出格的胡闹之后大发雷霆要强得多。

（任何相信儿童本性善良，最终会变得文明、关心他人、有礼貌和勤奋的人，都是太相信卢梭关于儿童的论述了：让孩子自我教育，会自然达到最高、最好和最高尚的目标。建议花一个下午时间在游乐场看一帮孩子互相从头上跨过去，彼此对骂，再问问自己是否真的相信卢梭的说法。儿童可能生性善良无邪，但是这个世界和他们自己的欲望无情地把他们推向自私。顺便提一句，卢梭身后留下众多子女，他们消失在法国那些臭名昭著、残酷至极的孤儿院里。）

比如，表扬好的行为，一定要非常具体说到表扬的是什么。如果多表扬好的行为，我们就不需要矫正很多不好的行为。"你衣服穿得真好，宝贝，谢谢你。"人们易于陷入这样的陷阱，只有在孩子举止不当时才注意他们，而在他们表现好的时候却忽略他们。

说到动作辅助一个行为，无须叫喊、怒吼或体罚。不管他装模作样的各式表现，只要镇静地带领孩子完成任务，这样做已被证明很有效。我的朋友艾维琳在一个职业要求苛刻的行业工作，这方面她是我的楷模。她似乎从未提高过声音！她的确做到了一以贯之。每次告诉孩子做什么，或者不许做什么，她都要确保他们听从。如果她说："不要再吃客厅里的那盒巧克力冰淇淋"，那么她能说到做到。她不是坐在那里，重复说上十五遍。假如她的孩子没听话，她会立即站起来，拉起这个孩子的手，带到厨房去。

说说一些违反规则的后果（是的，厌恶物！）。我们必须要规则清楚，遵守规则会得到表扬，而破坏规则要承担一定的后果。如果我们建立一个规则，我们也要设定后果并遵照执行。如果做不到，就干脆不要宣称什么规则。我们要宣布后果是什么并坚持推行，做到在不体罚的前提下有规范。想想学前教师的做法会有助于理解这个问题。他们要看管二十个四岁的孩子，但他们不吼叫，不叫嚷，不打人。如果他们看管二十个孩子能做到，我们看管两三个孩子也能做到。使孩子单独坐在椅子上（罚坐时间）或者把他们送回房间都是在孩子身上管用的后果。我认为有爱和尊重做坚实基础，明确否决孩子的行为可能是强有力的厌恶物，至少在孩子达到一定年龄之后。

有爱心的父母并不期望孩子完美无缺。儿童确实吵闹，打碎东西，发疯似的跑来跑去，彼此打架。如果他们不做这些事，他们就不是孩子了：那样，他们就是四十岁的人化身在五岁孩子的身体里。也不要期望父母做得像一个行为治疗师，我们做不到百分之百、一以贯之。我们不得不有些特例，时不时地在规则上做些妥协。但是孩子的行为有时侵犯到大人的基本权利，如父母晚间有自己独处的时间，祖父母有权要求他们可爱的天使造访时不可搞乱房间，或者扰乱家庭的安静。令人惊奇的是，一点点一致性的作用有多大。神奇的是，通过灌输给他们规则和后果，要求承担后果，你可以多么快地转变一个行为。儿童似乎渴求秩序、日常惯例。他们了解它的范围和边际，他们的世界才更安全。

事情都没有那么简单。什么时候激励会变成贿赂？指导变为絮叨？理解成了借口？单纯的后果变成了愤怒的惩罚？父母要不断调整自己的态度，想清楚我们要做的事情。这是在岗培训，而且不幸的是没有练习的课时。我们时常会陷入自我欺骗，说服自己在孩子们失控时我们会"欣然大度"；而实际上我们自己失控时，却说自己在实行"强制纪律"。我们唯一能确定的是，在养育孩子上，没有唯一的程式，没有绝对的事情。如果用绝对的概念思考问题，或许要在相反的方向上做出调整。

然而，马克和我现在比以往任何时候都坚信一件事：关注的价值和力量。我们已经见证了集中、直接的关注在孤独症孩子身上的作用；它对非残疾的儿童也同样有效。假若不给孩子关注，任何行为干预规则、任何精神分析的理解都一文不值。这个世上最难做到的事情之一是真正关注小孩子，它要求把我们热衷的智力上的刺激、同事的认可、富有挑战性的成人谈话放在一边。它要求非凡的耐性：有办法重复听为找到正确的词汇而从头说六次以上的句子；什么都不做，眼泪汪汪地哭诉要得到他的权利和玩具；无数次地重复"请说"、"用自己的话说"、"倒牛奶时用两只手"。

大人觉得和孩子在同一个房间、同一栋房子里，很容易就给了他们关注，其实并不是这样。关注就是关注，它意味着放下电话、搁置工作、阅读、谈话，甚至思考，看着他们，和他们说话、一起玩。

关注也不仅是仓促地问一句"今天上学怎么样"。一个成人会高兴地听到"今天工作怎么样，亲爱的"，但是多数孩子们会觉得这又是一个"课业"要求，要说给妈妈爸爸听。给他们关注要通过某种带来即时快乐、喜爱的东西来实现，简单一个例子就是给他们读故事。

这里我要打住我的演说，给有兴趣的读者介绍一本我找到的关于养育孩子的最好的一本书：《家庭规则》[1]。我很喜欢这本书，因为它给对应的两个方面同样的篇幅：建立孩子的自信并对行为划定界限。作者是心理学家，有与从两岁到少年各年龄阶段儿童工作的经历。从这本书中我得到了期望的帮助。我的另一个朋友是一个心理专家，和她在一起我会笑声不断，她说："孩子小的时候，你没什么大问题（排除一些灾难事故），他们长大后，你要当心！"

---

1 原注：*Family Rules*（1990），Dr. Kenneth Kaye, St. Martin Press.

31

7月，一个风和日丽的日子，我给五岁的丹尼尔和四岁的马莉穿上短裤、凉鞋，走路送他们去学校。马莉的第一所学校下个学年要关闭，丹尼尔的学校接受了她，秋季开始幼儿园预备班。学校学监允许她早些开始，与丹尼尔一起参加六周的"游戏夏令营"。马克和我高兴地看到她参加学校正式开学前的这个短期活动。

由于担心人们对她有成见，我们决定不告知校方马莉的诊断。洛瓦斯的专业人士强烈建议：孩子进入正式学校学习时，不要给孩子贴上标签。他们在康复方面知道的比我们多得多。显然，对一个有标签的孩子，特别对"孤独症"的孩子，教师总会调整他们的期望值、自己的对待方式。无论教师有多么良好的愿望，我们还是担心他们会把马莉当作不同的、有残疾的孩子。

学校无人知晓她的病史，这是马莉的第一次经历。

第一周的游戏夏令营，马莉挺安静。在游戏的自由时间，她喜欢坐在房间的一个角落，用一组塑料动物玩具玩颇复杂的想象游戏。接送她的时候，我看到她这样。接送之间的那段时间，我不知道她是否也是这样，尽管我时刻担心她。

一天，一个教师向我走过来，面带微笑："马莉好可爱！她让我想起我是小女孩的时候。"

"哦，真的吗？怎么会呢？"

"我和她很像。我小时候会坐在一个角落自己玩，就像她这样！"

我强咽了一口气。

"是的，她需要些时间热身。或许你可以……哦，试着鼓励她多参与一些……她害羞，你知道，她要得到鼓励，和别的孩子接触……"

"哦,好的,没问题,我们会做她的工作。这个班里每个孩子都在做东西。"

我谢过这个教师,亲吻马莉和丹尼尔说再见,接着离开。

出门后,我遇见戴安娜,她刚把孩子放下。

"戴安娜……"

"有事吗?"

"她说,温迪说……马莉坐在墙角,一个人……"

我的声音有些哆嗦。可怕的画面相继出现,马莉的形象,一个社会隐士,永远形单影只。她在第一次真实的测试上失败了。

"凯瑟琳,她才刚刚开始!要给她时间!她和丹尼尔一起玩过。你知道她能做到的。我肯定他们这个班级里有其他的孩子一样害羞!"

戴安娜让我平静下来,但是我仍然害怕得很。我感到,是开始给马莉设立常规"游戏日"课程的时候了。

马莉班级里有个小姑娘,她也是从马莉的第一所学校转到现在的学校。凯丽友好热情,四岁半,是班里一个最活跃、有教养的孩子。她的妈妈赞同她和马莉每周有一天游戏日活动。

每周三,两个小姑娘上午在游戏夏令营,结束后一起离开。她们一起吃午餐,嘁嘁喳喳说话,之后一起玩。我会在她们周边来回走动,偷听她们讲话。

"马莉,你想当童话公主吗?"

"是,我当童话公主,你可以当龙。"

"好吧,但是之后我想当童话公主。"

"好吧。"

她们在一起分享,一起扮演,一起吵架。

"我现在要玩小熊,凯丽。"

"不行,该我了。"

"妈妈!(眼泪和悲剧上演)凯丽说该她玩小熊了,但是小熊是我的!"

"是的,但是凯丽是你的客人,记住,要与客人分享玩具。你可以让凯丽先玩,然后她会给你。"

五分钟后,她们兴高采烈地玩在一起。

保佑她们,完全正常。

有一次,在周五,丹尼尔不在家,去参加他的游戏日,米歇尔在上课,马莉走近我,噘着嘴,一双大眼睛布满伤心。

"什么事让我的宝贝这么不高兴?"

我不想伤她的感情,但是她的回答让我露出喜悦的笑容。

"没有人和我玩!"

两个月后,9月,我们去研究所做重估。好消息,非常好!在交流和社会技能等多数重要方面,米歇尔达到了正常值的低端。

在过去的七个月里,米歇尔的社会交流分数有了显著增长,目前已达到正常值的低端。这个孩子在交流上的进步幅度为十八个月,社交技能上为十二个月。

他的适应性技能仍然落后,很可能是我们尚未给他如厕训练的缘故。这个训练在马莉身上花了很长时间,我们决定在米歇尔三岁半时再开始。他的运动技能也落后。我们不确切知道为什么,但我们不担心,只要他在交流和社交方面取得这样快的进步,我们不在乎他三岁半前是否会骑三轮小车。

再说说他姐姐的第一次重估。仍可见怪异行为的痕迹,与陌生人互动有限。我们的战斗并没结束。这一轮我们有些耐性不够,急于看到成果。马克和我心情舒畅,心存感激,但我俩都觉得要做的工作任务很重,战斗未有穷期。

尽管如此,我仍打电话给瑞慕兰博士,分享我们的好消息。

我们长谈了其他孩子康复的可能性。康复率似乎不可逾越,诊断必须提早进行,父母必须要找到好的行为干预课程,或者自己设定,孩子自身要具有康复的潜力。即使在洛瓦斯门诊,那里比任何地方都有更多的经验和专业资源,康复率也只有 50%。这很可怕。"你认为我有理由写我想写的书吗?"我问他,"有价值吗?"

"对那些有早期诊断的儿童,不会有问题,"他回答,"50% 比没有好,比 20% 强。"

"这可能给一些家长带来痛苦。"

"是的,可能会。但这不是哪个人的错误,而且还是可以帮助另一些父母。"

我们判断,在某些方面米歇尔进步比马莉快,但其他一些方面不如马莉。总的看,我们觉得他至少已走在回家的途中。

但是,我们前面还有米歇尔给我们的下一个挑战,他要开始上学了。

32

麦里凯特堡(Merricat's Castle)接受了米歇尔,这个位于东北部的学校,计划招收普通儿童并融合一定比例的残疾孩子。格蕾琴·布肯霍尔兹是学校校董。我们告诉她米歇尔的诊断,我相信米歇尔需要我在教室陪读,和马莉当时的情景那样。她和学校教育总监瑞秋·卡勒顿同意给米歇尔一次机会试试。

但是我要走正常渠道,第一步是给学校社工玛丽打电话,告知她米歇尔的诊断和最新的进步情况。

"这是一个很长的故事。"我开始叙述,"最初,他的姐姐被诊断为孤独症,我们为她制订家庭环境课程计划,她的情况越来越好。现在我们认为她已经恢复正常。"

我讲话很快、很紧张,想让她听完我要说的话。我的故事难以让人相信,我想简明扼要地给她说清楚所有的事实。

"显然是误诊。"玛丽说。

我内心的某种东西一下爆发了。我曾一度听到太多这个说法。

"'误诊'是什么意思?"你了解她的病史吗?你知道我们,或者她的任何事情吗?你对孤独症有多少了解?"你……知道……"

我几乎说不出话来,太多的人像她这样不假思考地反应。太多的人从未见过我的孩子,却有绝对的、现成的和律令式的认定:孤独症儿童不会恢复。

我的整个家庭经历了一场战争,我们被一个叫作孤独症的敌人不断攻击、打击和撕碎,一次一次被瓦解、冲散和围剿。我们尚不确定自己的安全,还在包扎伤口。现在每当我环顾周围,都有人告知我们,没有发生过任何战争,一定是我们想象出来的。一时间我受到太多怜悯的盯看,会意的点头,微笑和拍拍头。呵呵，好吧，如果你想要相信你的孩子是孤独症，也没问题，只要你感觉好就行。

不是我的敏感造成这个问题，绝对不是。如果专业人士拒绝相信洛瓦斯博士发表的证据，不承认我孩子的症状确定无疑；如果他们拒绝相信孤独症儿童能够恢复，那样我们可以绝对相信一件事：没有人恢复过。为什么要为一个你不相信的目标付出巨大的努力？

我与玛丽的交谈因此无法进行下去。她实际上是个了不起的人，今天我喜欢她、尊敬她，但是那天，在我们的第一次电话交谈中，我恨不得掐死她。

后来，我们俩说起这事儿总会大笑不止。

"那次谈话我真的触动了你的一些敏感神经，是不是，凯瑟琳？"

"是的，没错。可我以很平静的方式，有理有节地对我们不一致的地方给予解释。"

"哇，是吗？"

玛丽至少愿意聆听，最终接受了马莉的事实。不少于四位专家，精神病学专家、心理学专家和神经学专家，都具有诊断发育障碍的丰富经验，他们得出的一致诊断是：婴儿孤独症。

关于米歇尔，我们求诊的三位专家[1]也意见一致：婴儿孤独症。

伯曼医生独自发现马莉不满足孤独症的所有标准，他的诊断是"未特定广泛性发育障碍"。

在一个父母看多少医生就会得到多少说法的领域，只有一个不同意见并不意外。出乎意外但很说明问题的是，五位专业人士中有四位诊断意见一致[2]。

开学前，我与米歇尔的班主任教师帕翠夏有一次初步的见面。听到"孤独症"这个字眼时，她有些紧张，后来才接受了康复是可能的看法，表示愿意尽其所能帮助米歇尔。

---

1 原注：实际上是四位，我把科恩医生和苏哈特医生算作一个团队。
2 原注：诊断症状讨论、诊断术语详见附录Ⅰ。

他第一天上学是灾难性的。

马莉那个时候安静、害怕和封闭。而米歇尔，他的性情依然如故，对陌生环境的反应表现出他在第一次行为治疗课上同样的愤怒和攻击性，每次教师接近他，他都大发脾气。

我惊坏了。我看见教师助理脸上的不安表情。他们见过许多不同的孩子，但从未见过一个不能哄骗和分散情绪的孩子。如果他们只是靠近他，他的尖叫就会加倍。帕翠夏不断看着我，期望我会有办法，但是我和他们同样无奈。在家应对他的行为是一回事，在学校看着他起劲儿折腾是另一回事。

我们究竟该怎么办？整个第一天上午米歇尔都在哭闹、发火。我不能要求教师承受这样的极端行为，也不能把混乱强加给其他孩子。

我的心很沉重，就像当时马莉的老师告诉我她孤独的习惯一样。我们遇到了大麻烦，他就是不能适应下来。

上午课后，教育总监瑞秋在走廊碰到我，她看着我的表情，伸出双臂拥抱我。

"坚持一下，孩子。我们一起想办法。"

我还能怀疑上帝刚刚打开一扇扇大门吗？如果你必须拯救一个孩子脱离孤独症，就有治疗师奇迹般地出现在你的门口，就有普通学校接受一个尚不能适应那里环境并且还有严重行为问题的孩子。在需要教师出场时，就有教师挺身而出，愿意付出帮助和爱心。

他们愿意倾听，也确实听取意见。我要求开一次会，他们和我开会不是一次而是多次。第一学期每隔三周，格蕾琴、瑞秋和帕翠夏，还有教师助理和特教教师，与我和马克开会讨论米歇尔的事情。

我紧张，生怕得罪他们。不管如何，他们都是专业人士，其中不少人有多年的教学经验，我害怕他们会忌恨我过来，就是说，告诉他们如何应对米歇尔。

然而，他们热情、认真。我决定通过书面和口头的方式与他们分享尽可能多的经验，这样他们就能够理解这个复杂的情况。我知道，对他们最困难的是天天听到米歇尔喊叫，却无法安抚他。但是我和他一起待在教室，坚持米歇尔要与其他孩子一样跟随课堂活动。米歇尔必须适应课堂日程;我们不打算在日程上给米歇尔任何让步。

例如,"排排坐游戏"时,孩子们坐成一圈,帕翠夏唱歌,这对我俩都是一个考验。我把着哭闹的米歇尔,让他坐在我的膝盖上,不让他走开去做他想做的事情。任何时刻只要他停止哭叫,哪怕是一瞬间,我也轻声地给他表扬和鼓励。如果他真的捣乱,我就会把他带出教室,去走廊坐着,坚定地说:"不许喊叫!"他不停止叫喊就不带他回去。如果他还是哭喊,我就带他回家。他不喜欢回家,他虽然抗拒,但他还是愿意待在学校。

我明白不能要求教师们如此刻薄地对他,特别是这些教师。那样做与他们的训练和付出爱的理想背道而驰。

一天上午,帕翠夏唱着"汽车轮子",我把着喊叫、躁动不安的米歇尔,突然间,他放弃了挣扎。他安静下来,看着帕翠夏,他的手抬起来,跟着她的手做绕圈动作。

"……转弯,转弯……"他发出幼童的声音。

"好孩子,米歇尔!唱得多好听!"我在他耳边轻声说。

我抬头看,帕翠夏继续唱着,此刻她的眼里充满泪水。与孩子们坐成一圈的其他教师彼此交换眼色。我们所有人都松了一口气,彼此会意地微笑。

"一路开过去!"

这之后的几个月里,我从抱他坐在膝上,到坐在他一边,到后来自己坐到走廊里。

12月,终于那一天到来了,帕翠夏和我都觉得他在学校没问题,我可以离开了。米歇尔开始和其他孩子玩一小会儿,教师开始听懂他说的话。他不再发脾气,跟随指令很好,包括那些给整个班级的指令。

1991年4月,马克和我到麦里凯特堡学校最后一次参加有关米歇尔的专门会议。

如往常那样,会议在八点十五分开始。与会人员好似没睡醒,打着呵欠,打开泡沫咖啡杯,为这一整天提提神。

"哦,"我开始说,"在我们可能是最后一次会议开始前,马克和我要告诉大家一件事。"

在场的人期待地安静下来。

"科恩医生刚刚给米歇尔做了重估，他的情况好极了。他说米歇尔的进步'显著'，现在他在各个方面都已恢复正常。科恩医生认为他只有一些症状残余。"

我继续说着，在重估时，米歇尔与苏哈特医生互动良好，用科恩医生的话说，"米歇尔显得喜欢接触，很容易接受苏哈特医生与他互动。他很专心，即时、准确地对多数要求做出反应，表现出对人和他们职业概念的良好理解；对大小、颜色、食物和动词等有良好认知……"

我告诉教师，在评估时，他与我的互动同样显示他取得了很大进步。

与他妈妈接触中，他的情感与情景适宜，他的情绪有变化，从好奇到高兴。他展现出良好的想象游戏能力，表现出对他钟爱的"芝麻街"书籍里"滑稽"性质的理解，有很好的目光接触，面对面互动中出色的模仿（非言语和言语的）与兴趣，表现出他对词汇和手势的推理能力。

与会人士面露喜色，长舒一口气。所有人都经历过米歇尔的哭闹；他们很高兴看到他幸福成长。

我们交谈了更长时间。为米歇尔制定了这学期余下时间的目标后，会议结束。

我们了解他的症状残余是什么：米歇尔的语言现在或许达到"正常范围"，但是与其他三岁孩子比较，他以同样的技巧和速度学会新的句式和语义概念仍有困难，仍有仿说和尖声说话的现象。尤其是对他有要求时，他的脾气还是一个问题。

但是，他的社会联系和目光接触方面做得非常好。他可以用更复杂的句子说话，甚至开始自发问问题。他在普通学校与正常发展的孩子相处不错。他只有3岁4个月大，另外，他的治疗课程只有14个月。

马克和我觉得我们要准备什么东西与教师们一起庆祝一下。我们要与整个世界共同庆祝。

33

1991年12月18日，马莉诊断后四年。我坐在厨房喝咖啡，阳光从寒冷的窗棂上照射进来。孩子们在学校，我去做事前还有两小时的时间。

今天，我有些从前没有的感想。任何主动的帮助，任何提到的"治愈"，都是我们的生命线。今天，我知道世上有多少"奇效治愈"，了解具有可信的科学基础、疗效经过证明的方法是多么少。

或许未来的某个时候会有某种药物，甚至通过手术治疗，真正治愈孤独症。医药研究一直在进行，或许终有一天会生产出安全和缓解症状的药物用于治疗孤独症。在此之前，我们只有少得可怜的一些选择："可怜"是由于没有哪个办法是万能药，他们的效果至多是偶然发生的；多数是昂贵的；无论什么办法都要求父母大无畏地付出努力和时间；哪些孩子对一个特定的疗法有反应，哪些没有，这些都难以预料。

尽管如此，希望尚在——可以改善、进步，在某些案例中，可以恢复正常。即使没有完全康复，通过不同的治疗计划，有些时候非常关键，可以让孤独症儿童得到帮助。今天，父母认真考虑维生素 B_6、镁的作用，就是其中的事例，或者特殊的饮食应对严重的食物过敏症。有大量的研究支持一些儿童对这些不同的方法有积极的反应。

无须多说，强化、结构式的行为干预计划是马克和我推荐给那些咨询我们的父母的方法，它并不排斥试用其他有效方法。我们认识的许多父母同时试用两个或更多的疗法，但是对我们还有其他一些人来说，行为计划代表着我们给孩子的核心治疗方案。我们向父母们强调，尽管他们会觉得自己了解行为干预是什么，或许在一段时间他们需要保持开放的心态。行为治疗包括高度发展的课程，经时间检验、广泛研究和证明的教孤独症儿童的方法,与"惩罚""坏的"行为的简单看法没有任何联系[1]。

然而,在实践领域有一批专业人士,有医学学位的和没学位的,他们借口个别情况的严重后果,始终让父母远离行为干预。他们似乎在强化父母对一个困难的治疗方法的恐惧,他们不是帮助父母着眼于这个干预方法反复呈现的长期效果,而是常常加剧了父母甚至都不愿尝试一下的为难处境。我知道一些父母被概念化的说法误导,认为行为干预不可避免地对他们的孩子造成伤害。

这些反行为主义的人是谁?他们自己的方法和信条是什么?一般来说,他们是各式各样的心理驱动方法的倡导者:拥抱疗法,抉择过程(Option Process)[2],多数的疗育院,还有游戏疗法(Play Therapy)。他们反对行为主义的立场一致,因为他们信奉同样的理论。

心理驱动的各种方法不一定都声称早期的亲子联系失败是孤独症的成因,他们也不一定整齐划一地支持孤独症的心理起源说。尽管不是全部,但确实有一些人强调儿童早期的社会和情感创伤。我称之为心理起源各派方法之间一脉相承、最多谈到的主题是:在孤独症孩子内心有一个受伤的自我:聪明,健全,有意识,能够理解复杂的语言。假若这个孩子不讲话,那是因为他选择不讲话。这个"隐藏"在孤独症孩子身上的普通孩子太害怕也不愿意"现身"。心理驱动各派方法似乎常用的一个词是"突破",完全是因为其延伸的概念是,一个健全、健康的孩子因故"埋没"或"囚禁"在孤独症的外壳里。孩子"破壳而出"是这一派思想最常用的形象说法。

但怎样让他们走出来呢?最有效地"接近"这个孩子的方式是传达给他完全的接受、理解,还有爱。另外,这些心理驱动各派方法,无一例外地主张,试图给受伤的、隐藏的自我强加任何要求,都只能导致进一步的情感伤害。

---

1 原注:我想到一个母亲对我说的话:"我做过行为干预!我女儿行为不当时,我会惩罚她!"我相信,这个说法类似于说,在戴高乐机场待了一晚上就说"去过法国"。
2 译注:人们更多了解的"Option Process"的另一个现代名称是"Son-Rise Program"。

在这样的接受—尊重—理解方式的框架内,行为干预因为严格坚持"对孩子有要求—坚持改变他"而受到普遍蔑视。采用行为方式的父母被抨击为因"一己之利"而操纵孩子。

心理驱动概念存在频繁出现的三种变式主题中。

第一个是强调进入孩子世界的必要性,而不是强迫孩子进入我们的世界。在不少承诺"关怀"或提供其他别的服务的疗育院里,教师围着孩子转,即使是师生比例已达到 1∶10 的情况下也要尽可能多地转;教师尊重孩子的选择,而不是给他强加任何东西。

我的一个朋友露西尔去一家疗育院看她的女儿做得怎样,她给我打电话说:"埃莉森站在一个沙堆边上,一整天就是把沙子从一个杯子倒入另一个杯子,"她的声音里有些害怕,"我该怎么做?那个总监总是告诉我那是她表达自己的方式。"一位父亲告诉我,他儿子所在疗育院的工作人员允许孩子长时间原地打转。"为什么?"我问他。"他们说他需要那样做。"这位父亲回答说。"他为什么需要这样做?"我追问着。"我不知道,但是他们一定知道。他们是专家!"他回答说。

拥抱疗法的信奉者坚信"受伤、隐藏的孩子"的说法,的确允许强迫性的身体搂抱。但是在拥抱课程以外,他们继续谴责把孩子交给结构性强化学习的计划,强加的爱没问题,强加的学习不行。

当然,这些爱与理解的治疗方法宣称的与他们实际做的常有不一致的地方。有一个很出名的心理驱动治疗方法是"抉择过程"。巴利·考夫曼[1],《携生疗法》(Option Process, Harper&Row)的作者记述,他的孤独症儿子罗恩正常恢复,抉择过程的构成如下。

对个人成长完全不做先入为主的判断,有助于人们面对自己的问题,慢慢接受自己作为解决这些问题的最佳途径。这是基于我们形容的"爱就是乐在其中"的完全的接受。这就意味着你决定爱其他人,还有你自己,

---

1 译注:巴利·考夫曼(Barry Kaufman),携生疗法和抉择学院(Option Institute)创始人,作家和教师。携生疗法近年来推荐的治疗课程是 Son-Rise Program。

当然高兴地接受他们的现状,无需以任何方式改变他们,虽然总是想要努力帮助他人成为他们自己想成为的样子[1]。

目前,在马萨诸塞州的抉择学院提供五天的课程,训练父母如何与其孤独症孩子或其他"特别的"孩子的工作方法,收取父母5500美元。我发现某种东西让我困惑,与所说的"按他们现在的样子","完全接受"孩子的戒律相矛盾。巴利·考夫曼的妻子苏兹·考夫曼曾说过,"罗恩是孤独症对我一点问题也没有。"然而,她确实花了"三年多,一天十二小时,一周七天在罗恩醒着的时候和他在一起"[2]。她为什么这样做?考夫曼夫妇怎么知道他们没语言的孩子"想"与他自己那时的状况不同呢?他们为什么想要"改变"他?

抉择过程,在抉择学院邮寄给我们的厚厚一打资料中描述的,是"一个奇迹之地",看上去有爱心,温暖。他们的文献里谈了很多"非先入为主地接受……自我理解……无条件地爱……再选择……"有一些质朴的照片,田园环境,夫妇彼此拥抱,一组一组的人群围坐在草地上,估计在以"非先入为主的方式"一起交流,还有巴利·考夫曼和苏兹·考夫曼夫妇的照片,彼此相拥,很有爱心地面对镜头微笑。

然而,抉择过程是否拯救过孩子脱离孤独症?这是有争议的。有许多来自父母的热情洋溢的信件,包括他们个人的信息介绍,但是没有来自不热衷此方法的心理学专家和神经学专家对其成功或失败案例的客观评估。那些信件里也没有提到过任何一个孤独症或从前是孤独症的孩子进入普通学校的同龄年级学习。没有任何发表在心理学或医学杂志上的文章支持那些奇迹治愈的传闻。有许多改善的证词,但没有治愈的客观证明。

如拥抱疗法一样,抉择的说法一定让父母感觉良好。按照抉择学院提

---

1 原注:An Interview with Barry Neil Kaufman; The Healing Power of Unconditional Love Ron Nelson, repriated from *Science of Mind* Magazine and furnished by The Option Institute and Fellowship.

2 原注:出处同上。

供的家长信函所言，参加学院课程后，他们中有许多人明显地更乐意与孩子在一起，更加接受他们的状况。还有一点不得不说，该方法的哲学蕴意使父母相信孩子的孤独症不是他们生命中无法治愈的创伤，而是代表着他们更大发展和更深刻的爱。

然而，父母也有权了解选择了抉择疗法能期待得到什么。我发现他们的文献里频繁出现的字眼如"治愈"和"奇迹"让我不舒服，特别是这些文献没有提到有症状退步，没有失败比率，没有任何的家长失望。我为家长抱着治愈的希望一天支付一千美元而深感不安，而他们所说的治愈未经任何主流科学杂志发表、专业认可的数据确证。抉择学院散发的宣传材料可与拉考斯塔水疗吧的广告宣传册媲美：图片、书籍广告、宣传页、唱片、磁带、研讨讲座，甚至有特殊的座椅。当然，所有这些都有价格，许多父母乐意支付的价格。

可以想见，这类方法指导人们去理解隐形的孩子的敏感和直觉，抉择疗法推崇者把行为主义诽谤为"难以置信的不人性化"。一个上午，我决定给抉择学院打个电话。一位非常友好的年轻女士接了电话，我要求与能给我有关孤独症课程信息的人讲话。

"你需要预约与辛迪·比亚吉（Cindy Biaggi）[1]谈话，"接电话的人说，"她可以告诉你我们为特殊孩子设立的课程。"

后来，我和辛迪通了话。

我："你能告诉我抉择学院的成功比率吗？你们帮助过的孩子里有多少从孤独症状中康复？"

辛迪："哦，成功率，谈成功率很滑稽。我是说，你所说的'成功率'是指什么？我们这里有许多不同的孩子，他们有不同的问题。我是说你为什么要知道成功率？是因为你想证明你能够成功？"

无论我如何试探，辛迪始终没有提供恢复正常比率的具体数据，特别在孤独症儿童方面。在我试图问她是否能告诉我任何一个孤独症或从前是孤独症的儿童现在能够在普通学校与同龄孩子同级上学，除了考夫曼的儿

---

[1] 原注：此为化名。

子以外,她搪塞、避而不答。

我问她抉择学院如何看待行为干预。

"行为干预完全不符合孩子的天性,把孩子变成了机器人。"

"你读过关于一些儿童通过强化行为干预得到康复的近期报道吗?"

"我没必要读这些。我自己的经验告诉我行为干预完全违背孩子的天性。"

与孤独症相关的心理驱动方法第二种周期出现的变式,围绕"作为先知者的治疗师"(therapist-as-seer)的概念。

这个先知者的主要特点是他的理解、直觉、同情,以及具有某种神秘、更高层次的与受伤害的孩子沟通的能力。先知者是解释者,分析孩子行为隐含的意义,公开这些含义。先知者镇静、知识健全,能够以其他人做不到的方式"读取"孩子的隐秘生活。我的一个朋友称之为孤独症的"草药精华茶"疗法。

这方面的一个事例是,贝特尔海姆拿着一个名叫劳瑞的小女孩画的一些画。这些画开始有圆形的黑色图案,以圆形的白色"空洞"结尾。圆形的黑色图案是"坏乳房/坏妈妈";白色圆形"空洞"是"好乳房/好妈妈"(得不到,缺失)。

玛莎·韦尔奇采取不言自明的治疗师的理解(习得的?直觉的?神秘的?无论什么反正是居高临下的姿态),她写道,治疗师的作用是"观察和解读母亲和孩子发出的信号,而母亲和孩子都没能理解这些信号"。

我认识的一些母亲和我分享了一些有趣的解读,由她们咨询的心理学专家和神经学专家公布出来。

"伊丽莎白开门和关门代表着她矛盾的冲动:她应该把火发出来?还是应该压在内心?"

"麦克尔强迫性敲东西代表他想被允许走进父母的情感里。"

这个先知不仅理解这个孩子,他还命名这种痛苦。他给这个孩子的"诊断"诱人、类似科学或医学术语:"共生性精神病"、"病态母子连体"、"依附障碍",还有一个含糊、概括一切的"情绪紊乱"。通过这样的半医学诊断,先知者的特有才能得到加强。

诊疗孤独症的心理驱动方法,不仅在美国如此根深蒂固。在法国,父母对孤独症孩子的日常表示都被经常性地解读为隐含着敌视信息。一对夫妇被指不想要他们的孤独症女儿。证据是什么?他们给这个孩子起的名字是西拉维,在法语里,西拉维发音像[s'ilvit],其含义是"如果他活着的话"。这对父母在女儿名字上加了条件式"如果",而且使用了男性的代词"il"(他),这样更加暴露了他们不希望孩子存在的想法。

另一对法国夫妇被他们的精神病学专家指责为对他们的孤独症儿子有"潜在的敌对"。还是那一套,敌对明显地表现在名字选择上:他们的姓是布兰科(含义是白色),他们给儿子起的名是布鲁诺(含义是黑暗)。[1]

这样的事例不胜枚举。隐含的意思,加密的信息,都在那里,但是只有少数有天赋的人对此一目了然,能解读那些迹象。"我们选择理解孩子为什么是现在这样的状况,而不是强迫他改变",一个仍然忠于贝特尔海姆的信徒这样解释爱与理解疗法。说法听上去如此仁爱,在所谓的没人能够了解的理解中,永远失去的是把孩子带入正常世界的最佳几年时间。在着力探索孩子假定受伤的心灵迷宫时,数年的时间被浪费掉;在你挣扎着阻止孩子滑入深渊时,时间在飞逝。

心理驱动方法的第三个周期出现的变式是强调治疗师为救星和疗伤者,与父母、通常是母亲形成反面对照。好的情况下,父母是无知、反应迟钝;坏的情况下,母亲是毁灭者,即使不是她引起,也是她加剧了孩子的问题。救星的角色不仅是理解,同时也为情感伤害疗伤,而不是仅仅去教孩子一些技能(或者是更轻蔑的说法,只是"训练"他)。

在专业人士作为情感疗伤者、有些自恋的自我形象里,贝特尔海姆一派的好医生/坏妈妈的主题昭然若揭。必须指出的是,贝特尔海姆的书《空

---

[1] 原注:Veronique Grousset, "La Filette au Moi Dormant," *Figaro*, September 21, 1991.

洞城堡》，不仅攻击了"冷漠、毁灭的"母亲，也对他自己和心理矫正学校的工作人员有长篇的赞扬。他在芝加哥大学创建这所学校，专门治疗孤独症和其他"异常"的儿童。自始至终，每个章节都强调了他和他的员工敏锐的见识和关爱，还有孩子对治疗师—救星的衷心感谢。

在我带劳瑞回宿舍时，她急切地和我跑着回到教师、顾问和同伴那里。可是几分钟后，我告诉她，她要离开学校（和她爸爸）。她瘫倒下来，毫无生气，与她最初过来时一样。

廷贝根夫妇同样以具有对孤独症儿童深刻的直觉理解标榜自己。他们形容自己耐心，不强制，非常尊重儿童。经历丰富的专业人员和有经验的临床医师对他们肃然起敬。

我们的一个人反复示范了她评估和适应那些有非常严重孤独症孩子的"情感年龄"的方式……他们（诊所人员）的反应无一例外的是："我没想到你接触孩子的方式如此谨慎和耐心，还有孩子这么快转变行为，中规中矩，现在我看到你做到了……"他们让我们知道……在不到一小时的一节课里，孩子走出封闭的外壳，之前他们从没有见到他这样的情况。

这样以尊重为前提的慎重、敏感和把孩子"引出他们外壳"的神秘能力，与父母的笨拙形成对比。按廷贝根夫妇的话说："不安全、悲哀或者无经验的母亲或父亲，需要教会他们如何游戏般地活跃。"

我认识的一个心理学家把这些仍忠于心理驱动干预的专业人员称为"神经病余孽"。他们可能是神经病，但不是余孽。相反，他们无处不在，分布很广，存在于当今时代。

---

1 译注：弗吉尼亚·阿克斯兰（Virginia Axline），心理学家，游戏疗法创始人之一，主要著作有《迪布斯寻找自我》（*Dibs in Search of Self*）。当前用于孤独症的游戏疗法主要基于阿克斯兰的理论和方法。

这方面的一个事例是游戏疗法,由临床心理专家弗吉尼亚·阿克斯兰[1]在 1947 年发起。

阿克斯兰的书《游戏疗法》(Play Therapy)支持和传播"理解—尊重—接受"的观点。她后来的著作《迪布斯寻找自我》描述在一个叫迪布斯的小男孩身上运用游戏疗法的原则。阿克斯兰不把他的症状命名为孤独症,而更喜欢用"情绪异常"。但对于任何熟悉孤独症症状的人来说,迪布斯是孤独症这一点没有任何疑问。廷贝根夫妇在他们的著作的后记中提到这本书,称之为那本书的"精华",并且说迪布斯是他们书中所说的典型的那类儿童。

从各个角度看,这本书有很强的影响力,以至于至今游戏疗法还是照惯例推荐给孤独症儿童。事实上,一些家长在最初就被告知,除了游戏疗法外没有其他选择,一周课程里有一次语言矫正课点缀一下就好。

贝特尔海姆用文学技巧打造出的大量的心理术语,用来支持他对父母的攻击。阿克斯兰不屑于这样做。她的信息纯粹、直白。她的两本书都是从第一页开始即宣告:父母是敌人,冷酷自私,虐待他们的孩子。在她的书籍里对那些精神上残害自己子女的人们义愤填膺。她所描绘的儿童无一例外地"被拒绝,不安全,没有爱"。书中引述了一个又一个病态父母的故事。"这本书里许多孩子成为被父母忽视、拒绝和虐待的牺牲品"。

然而,通过游戏疗法的经历,她以自己的方式温和地接受孩子,治愈他们的情感创伤,孩子自主成为自己。在游戏室里,孩子受到有尊严的对待。"大人的建议、规定、反驳、抑制、批评、反对、支持、介入"都不见了,代之以孩子发现。

> 一个接受、理解和友好的治疗师出现,[她]敏锐地对待孩子的感觉……她尊重这个孩子……她传达给这个孩子一个感觉,无论他说什么做什么,她总是接受他。这样,治疗师给了他勇气深入自己的内心世界,发掘出他真实的自我……

但是,阿克斯兰警告任何实施训练的治疗师,摆脱母亲常常是很困难的事。"如果治疗师不防范的话,妈妈会进入到课程结构中。"她建议治疗师对母亲说类似这样的话："你不是与 X 先生有约见吗？"这就足以让妈妈领会含义，不要掺和进来。

一旦打发掉这个忙乱的人，在游戏间要做的事情应该跟随严格的规则，阿克斯兰这样说。治疗师必须接受这个孩子原原本本的样子。

她给他的任何陈述都不是命令式的，只能反映他的感觉。她谨防任何批评和纠正……不表扬他的行为和话语……

不能以任何方式催促孩子，或给他压力。总之，阿克斯兰说，

我们稍微考虑一下孩子被带来诊所是因为父母寻求改变他，我们就会得出这样的结论（而且，或许是正确的[1]）：这些父母如果没有全部拒绝孩子，也是拒绝他的某些方面。

另一方面，这个救星治疗师了解怎样帮到这个孩子。她建立起了一种完全接受和谦卑的感觉，于是这个孩子可以表达内心最深处的感觉，压抑已久的愤怒情绪，且毫无例外地落到母亲的头上。

在课上，比尔抓起一个母亲娃娃，把她倒立着，剥掉她的衣服。
比尔：我要狠揍你一顿。
治疗师：你感觉要打她一顿。
比尔：现在我要把她埋在沙子里。她会憋死的。
治疗师：你要把她憋死在沙子里。
比尔：没有人会再见到她。
治疗师：你摆脱她了。没人会再见到她。

这样无止境的情绪反思是否有助于普通孩子克服他们的心灵创伤都是问题。然而，这样的做法被推荐给孤独症儿童，这让我气愤极了。在《迪

---

[1] 原注：是阿克斯兰的话，不是我的。

布斯寻找自我》一书中,阿克斯兰在攻击母亲、赞美救星治疗师的灵感、强调孩子的情感联系上,达到了一个新的高度。

迪布斯有仿说、代词倒置、异常孤独、重复性怪异动作。作为幼儿,他抗拒母亲的拥抱,无论何时她抱他都引起他身体僵直和哭叫。他有一些早熟的零星技能,比如早期的即兴阅读和数字记忆,但是没有正常地与人互动或交流。不管什么时候有人打扰他的日程,他都会大发雷霆。

他可能是孤独症吗?他的妈妈想知道。

不,书中引述一位心理专家的话,说他是"我曾经见过的最受拒绝的孩子"。

阿克斯兰对此认同。在一幕一幕让人身心疲惫的场景描述后,她刻画出母亲的冷漠、尖刻、知识理性、压抑、愚蠢的女人形象,"没能用爱、尊重、理解与儿子建立亲情纽带。"

这个母亲在阿克斯兰周围显得异常警觉和沉默,因为之前对她做过问询。神经学专家明确告诉她他们对她的看法。她儿子所在学校的教师几乎无法掩饰对她的敌视和怀疑。一位教师在讨论迪布斯的会议上(一个母亲被排除在外的会议)愤怒地爆发:

她宁愿承认他是智力迟钝,而不愿意承认他或许精神异常,而她或许要为此负责!

但是阿克斯兰相信她了解母亲的沉默和防范心理。她想知道这个母亲在隐瞒什么。

如此恐惧地想到可能要被访谈和问询实际情况,这个母亲对迪布斯和自己在他幼年生活的角色到底怎么想,感觉到什么?

终于,突如其来的情绪崩溃之下,这个母亲对阿克斯兰坦白了她的罪状:

突然(这个母亲)哭了起来。"我不知道我怎么能这样对待他,"她哭喊着说，"我的理智抛到九霄云外去了。我的做法是强迫症，不可理喻……我一直不能承认我拒绝接受他……"

不用说，一旦阿克斯兰开始做这个被拒绝孩子的工作，他即绽放、现身、突破、冲破封闭的外壳，等等，等等。经过她的爱心、非介入、非指令式游戏治疗几个小时后，她将"这个聪明的孩子"带进生活，让他成为幸福、适应良好、普通的孩子，也有很高的智商。

该书末尾出现迪布斯父母感谢阿克斯兰奇迹工作的感人场面，迪布斯本人感谢她，称她为他的"特别朋友"，给他带来"一生中最美好的时光"。事实上，阿克斯兰用了一个章节的篇幅论述了她自己在迪布斯生活中里程碑式的重要作用。这些救星多么渴望被崇拜和羡慕！

父母作为替罪羊的角色并非始于贝特尔海姆，也不会终结于玛莎·韦尔奇、廷贝根夫妇以及那些仍然把孤独症作为"情绪障碍"和"母子双重病态"治疗的疗育院。它也不会终结于迪布斯这本书的第五十次再版发行，或者因为一些有见识的心理学家和神经病学专家宣布它已过时就完事大吉。它仍会绵延不绝，以或多或少的毒性和变换的面孔出现。

有几位家长给我看过他们孩子的评估报告，我不安地发现，在这些本应该客观和科学的报告里，开头就直接或隐含地不断批评父母的行为。现在我一点也不大惊小怪，我有备而来。它与把父母的"病态"和孩子的孤独症联系起来的惯性、把生活事件解读为因果联系的思维定式如出一辙。

"麦克尔的父母迟到二十分钟。"

"父母对孩子的症状没有表现出适当的关切。"

"约翰的母亲表现出神经质、控制欲强。"

"父母用医学术语描述迪莫希的行为，明显是在伪科学术语堆砌中掩盖他们的沮丧感觉。"

"在他只有一岁时，父母去度假没有带着他。"

我开始意识到专业人士攻击父母的现象很广泛，为此我打电话给瑞慕兰博士。在我表达愤慨时，他无奈地笑了笑。"我遗憾地说，"他告诉我，"过去二十五年里，我阅读的数以千计孤独症诊断报告里，少有几个不贬损父母！"

如果这些对不同形式的爱与理解方法的推崇者没有给父母推荐心理疗法的话，他们会建议"完全、毫无成见地接受"孩子。然而，他们强烈建议父母不要做的一种治疗就是行为方法。夸夸其谈心理治疗的含糊术语简单得多，更赚钱，更加自我满足。

在这个麻烦不断的世界，我接受存在家庭暴力倾向、漠不关心、不称职的父母这个现实，但是我仍然认为大多数为孩子的孤独症寻求帮助的父母不在此列。事实上，他们为孩子恢复健康愿意做任何事情，做出各种牺牲。

我也接受对行为干预可能的误用这样的合理问询，它不是一个完美无缺的治疗方法，更不是奇迹治愈，某些时候由不太熟练的治疗师实施。但是不加区别地谴责行为方法是另外一回事。父母最易感受到它的影响，今天依然如此。

行为主义者常常被比作为阿提拉（Attila）匈奴王，而心理驱动治疗师被比作为马哈拉吉（Maharaji）大师。行为主义者被描绘为虐待孩子，而疗伤者—救星则将自己表现为爱和接受的天使，对孩子充满着神秘莫测的直觉"理解"。

如我的一个心理学家朋友指出的那样，太多疗育院的功能"像昂贵的婴儿看护服务，由一些自认为他们的个性对孩子有疗育的人管理"。在新泽西有几个专门服务于孤独症儿童的机构，多年使用实用行为分析和回合教学。我认识其中一个学校的员工和学生，对他们不得不去应付的毁谤性批评常常感到气馁。被誉为业内"最好的之一"、纽约一家疗育院的总监前去参观这所学校，不出所料，她感到伤心。"我愿意邀请你去看看我们的课程，"她对这所新泽西学校的总监说，"但是我知道你可能不喜欢我们的课，就像我不喜欢你们的课一样。"可以想见，有多少同样想法的父母失去行为治疗的机会。她依靠过度情感化和爱与理解的原则生存，但孩子们实际上无人照管。

在我审阅和更新这一章节时，辅助沟通（Facilitated Communication, F/C）

是当前兜售的最新版的治疗孤独症的"突破"。(自我女儿1987年确诊以来，平均每一年出现一个孤独症治疗领域的"突破"、"治愈"或者"奇迹"。媒体疯狂关注；争论大战；父母拼命追逐着每个带来希望的线索。)

辅助沟通是一种帮助无语言孤独症患者的方法，通常是重症患者，通过书写、打字，或者一个计算机装置实现交流。它的推行者争辩说接近百分之百（是的，100%）的孤独症个体事实上能够理解复杂的语言，能够交流他们复杂的思想和情感，只要有一个辅助者坐在他们旁边辅助，但在他们敲击键盘打字时不去指引他们的手部动作。

这个技术可以教给家长和教师吗？按辅助沟通疗法推行者的主张，只有家长具有适当的同情态度，协作才能出现。作为一个有效的辅助者，必须要有"信心"和"信任的态度"。

有没有客观数据验证交流的真实性——例如，验证交流确实来自于孤独症个体，而不是来自辅助者的手隐约加力的影响呢？回答似乎是否定的。罗伯特·卡明斯（Robert Cummins）与马戈·普赖尔（Margot Prior）在《哈佛教育文摘》（*The Harvard Education Review,* Summer1992）发表的文章里写道：

对辅助沟通的系统调查在不止一个场合指出一致、确定的证据，即交流来自于客户对象。然而，所有相关的调查揭示，在每个审核的案例中，辅助者有意无意地对记录的反应负有责任。

即使不是完全令人不安但也非常令人困惑的是，1992年9月《新闻周刊》（*Newsweek*）发表了一篇关于辅助沟通的文章，它报告说不仅低功能孤独症患者以完美的结构、语法正确的句子进行交流，而且完全说北印度语和西班牙语家庭的孩子也能够用完美的英语打字陈述。

然而，更惊人的是，一个辅助者提出对一个孤独症孩子父母性虐待的多项指控。仅在雪城（Syracuse）地区（纽约州雪城是美国辅助沟通的中心地区）就有不止四十起类似的指控。在一个案例中，年轻妇女的父亲和两个祖父被控告，事实上，后来确认这两个祖父那时已不在人世。这个诉讼拖了十个月，后法庭因缺乏证据撤销了此案。

总之，似乎这个最新、似是而非的对孤独症治疗的"突破"与各种心理驱动方法有共同的令人不安的特点：

• 孤独症孩子的身体里存在着一个隐身的孩子，他认知健全，有反应能力，有自我意识，受到误解。

• 只有治疗师知道如何通过神秘和直觉的方式接近这个孩子。

• 父母常常成为被告：在当前的环境下，一些父母不仅被控告精神虐待孩子，还有性虐待。

这不能必然地说明辅助交流毫无价值。我信赖瑞慕兰博士的客观性，他告诉我，在他三十年的观察经历中见过五六个孤独症儿童能写一点，虽然非常有限，但不能讲话。

怎么看待本章里讨论的这些方法？我相信其中每一个方法都有某些合理性内涵。然而，同样不错的是，它们的推崇者大大夸大了这些方法的有效性，他们似乎未能用科学的客观性支撑他们的主张；在许多事例中，仍继续传播隐身的孩子／关切的专业人士／施虐的父母这样的有害主题。另外，最让人不能忍受的是，他们怂恿父母专注于一种奇迹方法，打击他们坚持使用包含艰难、无情、枯燥和压力大的行为方法体系。

现在，我已经学会辨识那些有害的说法：如"亲情重建"而不是"教学"，"情绪损伤"而不是"生病"，"神经质的母亲"而不是"伤心的母亲"，"治愈"而不是"恢复"。我也学会了警惕任何人兜售奇迹，然后反复解释失败原因，暗示父母不具备正确的心态，没有正确的"态度"，找个人做替罪羊。

在孩子生命有危险时，无论我们觉得自己多么坚强、机智、客观，我们可能会受到各种可疑主张的诱惑。这里再次强调，证明孤独症儿童恢复正常事例、唯一具有科学文献和公开发表的研究（基于统计分析而不是逸事传闻）支持的是早期进行的强化行为干预方法。即使如此，大多数儿童也没有完全康复。

正如一个为自己儿子设立家庭环境干预计划的父亲对我说的那样："先有技能保持，才会有洛瓦斯；先有了蓄水箱，才会有行为干预。"

34

1991年6月,马莉结束了学前班这个学年。

结束前几周,我们收到了她的教师写的学年报告,我们没有告知他们马莉的病史:

……马莉友好,关心他人。她不断自如地接触同学,而且与他们建立更牢固的关系……现在马莉与教师亲近,与他们分享更多的想法……马莉善于合作,是乐于助人的班级成员,学会承担自己的责任……马莉能力强,渴望学习……她的聆听技能和遵守指令有很大提高……她更容易地集中注意课业并坚持完成……很高兴看到马莉在学校环境里愉快,积极与其他同学分享各种小组活动……

对"机器人"来说,这很不错了,她爸爸和我想。

米歇尔结束在麦里凯特堡学校一年的学习,之后进到一个新的学校,像马莉那样,那里无人知晓他的病史。在我们出席学校的第一次家长会时,教师报告说"没有很多要讨论的,他在学校的情况很好"。

"他和你交流吗?我是说他的语言还好吗?"我问道。

"哦,是的。"

"他和别的孩子一起玩吗?"

"是,他在班里有两个朋友。"

"他打人吗?他过去曾有发脾气和打人的问题。"

"在这里没发生过。"

我们又谈了一会儿。我不好再多问教师,免得他们认为我有些怪。为什么这个母亲总是追问有什么问题?

1991年秋季，科恩医生见了这两个孩子。当时马莉五岁半，米歇尔三岁十个月。

马莉喜欢与她母亲和弟弟接触，是一个高兴的孩子。她的言语和非言语水平与其年龄相当，在给她讲故事、与填充娃娃玩想象游戏"下午茶"时，她非常高兴。她能够很好地等候轮到自己，在弟弟回答问题遇到困难时，她想帮助他。

科恩医生接着告诉我们，在文兰量表测试的所有方面，马莉的分数"达到标准"，与年龄相当。而且——经过相当长时间后终于——他没有观察到孤独症的残余："没有孤独症行为表现。"

关于米歇尔……（他）与他的妈妈和姐姐接触良好。在要求他时，他耐心等待轮候。他很专心，问问题并回答问题，想象式玩玩具（模仿和自发地），按要求讲一个故事（辅助细节），说出来他不明白的事项，比如，"我忘了这是什么（手指着一个滚动玩具）。"他没有仿说。

米歇尔的标准得分继续提高，在正常值区间。在过去的八个月里，他在交流上取得了十三个月的进步，适应性日常技能十二个月，社会技能十五个月，运动技能十二个月。与年龄相当的语言（四岁三个月）与近期语言矫正师的评估接近[1]。……米歇尔不再适合孤独症障碍的标准……他是一个健康、幸福、满足的孩子。

根据科恩医生的观察，残余的缺陷"症状很轻"，似乎主要由发音问题构成，还有"一些短暂的引起翻动手掌的情形"。科恩医生也注意到"他的声调有些像问句式，但是这一点也非持续"。

---

[1] 原注：马格丽·拉帕波特最近评估了米歇尔的言语和语言。在一些分项测试里，他的语言年龄相对值很高，在另外一些项目上他落后同龄人几个月——他的分数与马莉在相应年龄的得分非常相似。他的语言还在"平衡中"。1991年诊断全文见附录Ⅱ，还有1993年2月，本书付梓前几个月做的言语/语言评估跟踪结果。

医生不建议进一步的跟踪回访。"莫里斯夫妇为他们的孩子做了杰出的工作，在一个好的语言矫正师的帮助下（视需要而定），他们是了解如何微调任何社交和语言缺陷残余的最佳人选。"

残余的问题复杂。马克和我尽量做到诚实看待，对孩子们可能有的社交和语言缺陷残余保持警惕。我们知道不止一个父母或专业工作者声称一个孩子"康复"或正常，但仍可见许多症状残余：缺乏目光接触，难懂的仿说语言，主动与其他孩子玩的兴趣很少。我们尽量作为孩子的最苛刻的审视者，也是他们最有力的支持者。

然而，有时"孤独症残余"与正常人格的不同类型之间的区别非常模糊。根据我们的经验，两者间没有一道清晰准确的分界线，标明一边是"孤独症症状"，另一边是"完全正常"。我们见到的是孤独症症状逐渐消失，社交和语言能力逐渐增加，孩子从环境中正常学习的速度逐渐加快。今天看自己的孩子，我们看到他们聪明快乐，表现自然，有同情心，敏感对待他人的感情，能够彼此之间、与其他孩子配合玩耍。正像马莉大约在他这个年龄一样，我们看到了米歇尔某些语言的欠缺，但是我们自信这个差距会在明年一年左右弥合，就像他姐姐那样。与此同时，若仅从说话多少上看，他是家里人话最多的一个。

他们的未来怎样？我不知道。我不能预知任何一个孩子在十岁、十五岁，或二十岁时是什么样子，我也没有一个排的康复的孩子等在那里，让我把马莉和米歇尔与他们做比较。我们听说过有些在洛瓦斯那里康复的孩子继续他们的正常生活，但是我们不认识其中任何一个人。

我确实了解，特别是马莉，常有情感脆弱的时候。这不是说我们觉得她会再出现孤独症的症状，但是我们必须给她一些保护，因为她容易灰心和忧虑。在尝试新的经历前，她需要额外的关爱和鼓励。我们想尽办法"让她坚强起来"。我让她承担更多的家务——自己准备加餐，布置餐桌，全部自己穿衣服——因为她现在比以往任何时候都需要了解自己的长处和智能。

米歇尔没有任何这种脆弱或恐惧。举个简单例子，拿橙汁喝，就能说明两个孩子之间的许多不同。

马莉：妈妈，我能有些橙汁吗？

我：是的，宝贝。

马莉：我要自己拿吗？

我：是，去拿吧。

马莉：我现在自己倒？

我：你觉得呢，马莉？

马莉：（笑起来）哦，是的。我忘了，我能自己决定！

我：对了，聪明的小姑娘！

相比之下，如果米歇尔要橙汁，他通常跑到冰箱那里，拉开门，抓起橙汁和杯子，倒出饮料就喝，没有一秒钟的迟疑。

人们或许就此得出结论，就像那些反行为主义的人毫无疑问地已经得出了结论，马莉接受的行为干预使她过于依赖权威。与此不符的事实是，按此逻辑推理，米歇尔应该比马莉更胆小！我倒觉得忧虑一直是马莉的个性。在有孤独症症状期间，她的忧虑以病态方式表现，现在是正常的个性差异。从各个方面看，每过一个月，她都变得更自信、更有主见。她的幼儿园老师大约在年中和我碰面时说，如果有其他孩子恐吓她，她可以应付。一些小兄弟帮她学会既不退缩，也知道怎样和解。不时地，她表现出一个真正五岁孩子那样的不屈服，挺着小下巴，双手抱胸，在地板上用劲儿跺脚，脱口说出她词汇里能表达最气愤的字眼："臭狗屎！"（马克和我听说后忍俊不禁。）

除了马莉偶然缺少自信外，这也是任何一个"正常"孩子的父母必须面对的。即使这种不自信在马莉身上的表现越来越少，我们也没有紧迫的理由担忧未来。我们有父母都有的对世界和社会的担心，对我们每个孩子从小到大要走过的风险历程的担忧。布里奇特告诉我她想要继续"跟踪"他们几年时间，在他们通过每个学年期间，每六个月左右观察他们的进步情况。我告诉她我们把她作为家庭朋友，永远欢迎她，但是马克和我也需要终止这段故事。我们自己不要再用临床诊断的眼光看待孩子，不再把他们放在显微镜下观察。我们要品味他们的童年，一个被挽救的童年。我们现在期待抹掉过去的眼泪和对未来的忧虑，跟随孩子今天的生活。

目前不错。1992年1月的一个周日，孩子们的话音此起彼伏，那天的话题是恐龙，过去六个月的话题都是恐龙。家里有关恐龙的书比孤独症的书多。马莉觉得米歇尔玩了太多恐龙游戏，她躺在沙发上抱着他。丹尼尔在旁边玩，马克在做周日报纸上的字谜游戏。我坐在扶手椅上写东西。儿童会话的甜美韵律，天真，好笑，深刻，还有简单，整个灿烂的下午喊喊喳喳声不绝于耳。像往日一样，灌进他们和我耳朵里的话，如此惊人地让我们感到敬畏。

马莉：你知道为什么你不能再玩恐龙游戏吗？

米歇尔：为什么？

马莉：你要学会玩其他游戏。你会对恐龙游戏觉得越来越枯燥。（沉默）你知道了这个教训吗？

米歇尔：知道了，但是我还能再玩三次吗？

马莉：可以，如果你不玩得太多。（他们捡起两个恐龙）我是长颈恐龙，不，我是这个小的。

米歇尔：我是独角龙。

马莉：这只龙跑得很快。

米歇尔：我这只跑得慢。我这只走得慢。

马莉：你可以跑快一些。

米歇尔：独角龙是吃肉，还是吃草？

马莉：我不知道，问爸爸。

米歇尔：爸爸，独角龙吃肉，还是吃草？

马克：它们是吃草动物。

米歇尔：他们是吃草动物。

马莉：爸爸，这个小的叫什么？

马克：可能叫翼龙。

丹尼尔：翼龙有长脖子吗？

马克：有一种翼龙像暴龙。

马莉：米歇尔，你猜我是谁？我是吃肉动物！我比你跑得快！

丹尼尔：但你知道吗，马莉？他不能比暴龙快。他可以和人走得一样快，但暴龙比人走得快……

马莉：米歇尔，你知道吗？他真的不能比暴龙走得快。

米歇尔：我把你全吃掉。

（一阵清脆的笑声响彻满屋。）

我们走过了阴郁的峡谷，现在我们与阳光同行。善意和仁慈围绕着我们。有的时候我觉得是我们指引和教育我们的孩子；另外的时候，我看见他们的面庞，听见他们的声音，那是所有儿童最本质的圣洁。一些时候，我觉得是他们在教马克和我，是他们带我们回到一切圣洁、一切光明的源头。

第三部　凯瑟琳的恢复？

1992 年 10 月

我发现，一本书的最终出版是一个冗长的过程。法律上的审读，书稿的编辑，"发行会议"，一些阶段的紧张活动后伴随数月的沉寂。我终于写完最后一章时，距离开始着手这项工作已经过去了一年。

当然，生活仍在继续，故事并没真正结束。怎么会这样？这三个孩子还在他们的生命初期。每一个新的一天到来，我想继续写作，抓住他们最不显眼的爱、夜间最轻柔的窃窃私语。

我认识一个母亲，她的儿子阿莱克斯，现在要五岁了，刚刚接受了再评估，发现他曾有的孤独症症状"没有明显的残余"。他的教学按洛瓦斯课程进行，部分时间在家，部分时间在学校。很明显，现在他所有的问题就是语言上的落后。今晚我给他们打电话，阿莱克斯接了电话。

"你好！"他声音很大，"谁打电话？"

"我是凯瑟琳，你妈妈在吗？"

"谁？"他喊道，典型的五岁孩子的音量分贝，"你是谁？"

"我是凯瑟琳。你是谁？"

"我是阿莱克斯，我是阿莱克斯。"

"阿莱克斯，你好。妈妈在吗？我是凯瑟琳。"

"妈妈！有个凯瑟琳打电话。"

阿莱克斯的母亲，毛里恩，过来接电话。"凯瑟琳，刚才是阿莱克斯，这不是奇迹吗？你听到他了吗？"

我知道她的感觉，我们永远不会对这样的礼物习以为常。他们做的任何事情仍能感动我们，使我们惊喜，让我们流泪。不止一个场合，我自己傻乎乎地抓住几乎是陌生人的胳膊亢奋地谈自己的孩子。"哇，天哪，看看米歇尔！"我对一个也在这个时间接孩子的母亲喊道，"他和其他孩子玩得多好啊！"尽管有些不解，她还是礼貌地表示同意；我在心里告诫自己要冷静一点，常常想起"正常"在母亲身上应该是怎样的表现。

然而，经历、感受喜悦的背后萦绕着软弱和悲伤。一年前我写最后一章时，我写过马克和我对孩子的未来总有做父母的担忧。我觉得这话我说得过早。马克可能会重新获得他一贯的内心平静，然而我发现我的担忧比父母"标准的"担忧多得多。孩子的任何事情都可能伤到我：消极，胆怯，侵犯他人，忘性，心不在焉。抑制自己不做夸大解读、得出悲哀结论并不容易。尤其是把每个这样的特性和倾向看作来源于他们过去的孤独症特有的（极端的）行为时。

马莉容易忘记带书包上学。每天早上在她就要出门时，我必须提醒她回来拿书包。我尝试过"辅助渐褪"。我不说："你记得带书包了吗？"而是问她，"你还需要什么东西吗？"后来我就站在门口说"马莉"。之后我试着什么都不说，但是在她空手出门时，用问询的眼光看着她。她还是总忘拿书包。她到底是怎么回事？她不能保存信息，不能从经验里学习。教师不得不重复三遍、四遍给她的指令。她一年级会留级，她在正常学校不会成功。

忧虑不断折磨着我，直到有两件事发生。第一件事是我随意问了马莉的一年级教师她的情况如何，我被告知一切都好。第二件事是一天早上我突然意识到丹尼尔与马莉一样经常忘记带书包！不同的是我对他不在意，甚至没注意到我也是多么频繁地提醒他回去拿书包。

我不是说孩子在各方面都一样。马莉比丹尼尔和米歇尔有更多遐想。她参与到一群人里需要更多的时间热身。她还需要偶尔的帮助才能集中精力在任务上，尤其是那些她不感兴趣的课业。但是我相信这些特点或许任何"正常"孩子都可能有，而且正常个性差别范围内。是的，我知道这一点，要反复提醒自己"多给孩子们一些时间"。这个时候，我领悟到过分担忧马莉的行为对她有害。对她唠唠叨叨，说个没完，过于强行要求，对她不好，对我也不好。当年同样的忧虑促使我找出错在哪里，得到一个早期诊断，开始无情地改变她，直到正常为止。我的忧虑已达到了目的，但现在是放开的时候，而不是努力去克服它。无论多么委婉的批评，她有足够的聪明和意识知道，她极为敏感。如果我自己放松和给她关爱，她也如此；如果我紧张、担心，她看上去也不高兴。

最近的一个下午，她坐在游艺房的地上，呆呆地看天。我不喜欢她的这个表情，因为这让我紧张。"马莉！"我喊道，声音里包含着严厉。"你在做什么？"

她转过身来看着我，她端正的爱尔兰式眼睛很严肃，随后她轻轻微笑一下，表情放松了下来。她的回答合理、镇静："我想知道花栗鼠有没有灵魂？"

好，好，很公平。马莉是我的哲学家孩子。有时她问我有关存在、生命和上帝的问题，令我吃惊。在一个典型的六岁孩子的咯咯笑声和随意的背后，有一个思考和反省的天性。她沉思、冥想的样子，也增加了她的魅力。只是在我把这些举止与她的过分沉思、过于封闭的时候联系起来时，我还会担忧。如果她在学校有太多的恍惚，听课不专心怎么办？这个想法和问题使我的脑子很乱。我和自己谈这个问题：凯瑟琳，她去年在幼儿园，前年在学前班表现都很好，目前，一年级她也做得不错。一年级老师特别告诉我她没有问题。显然，即使她在学校偶然有些恍惚，老师也不把它看作是偏离正轨，似乎也没有影响到她的学习或交友。请你记住，你多爱她、珍惜她，就会得到现在这个孩子：一个沉思的、有时胆小的、做白日梦的、温柔、甜美、聪明和滑稽的孩子。

同样，我在米歇尔身上也不放心。1992年夏季以来，他的侵犯和固执行为陡然增加。不管要他做什么，比如穿上睡衣或每天末了收起玩具，他几乎毫无例外地坐在原地不动、哼唧、抗拒。还有任何时候与哥哥或姐姐不合，他都会动手打人。

我的烦恼和焦虑累积。我必须提醒自己"正常"四岁半的孩子也会侵犯他人，固执，哭诉，喜怒无常，抗拒。问题是这些行为到了什么程度，还有经过讨价还价、妥协、最后通牒或者任何其他办法，他会多快地摆脱不良情绪。我记得，如果一个叉子在餐桌上"摆错了"位置，米歇尔可能为此闹两个小时；现在朋友们会经常劝我"宽松"一些对待他。但是把他从前的那些行为引起我的反应搁置一边去忘掉并非易事：恐惧，担忧，坚持不能胡闹的行为塑造。假如你恰好不知道他的病史，说一句"这个年龄男孩子都会侵犯他人"没问题。可我经历过，他的侵犯和固执举动仍在我的脑子里敲警钟。他上学前班会没问题？他会总与别的孩子打架吗？他会听老师的话吗？老师会耐心对他吗？

我意识到，我信任老师的时候，会使我更相信孩子。我很高兴接到老师对孩子的积极评语，感谢他们的支持态度，但我曾疑心他们没有非常细致观察孩子，未能捕捉到他们残存病症的轻微痕迹。根据我的经验，除非你专门列入观察事项，否则不容易找到"持续性活动"，甚至目光接触少也不是老师非要写入评语的内容，尽管她或许隐约感到有这个行为的孩子缺少亲近。我过去依靠科恩医生做真正客观评估，他了解如何找出孤独症残余和适应性差的情况。

然而，现在，老师的评价对我更重要。我渐渐地对这些女士说的话更有信心，特别是那些有多年教育经验的人，比如去年儿童班的那些老师。马莉的幼儿园老师有近二十年的工作经验，米歇尔的学前班老师有十年的工作经验。他们的评语充满社会和认知行为的具体观察，给人的印象是，不会有严重的不正常行为逃过教师的眼睛。一旦我对这些专业工作者有更多的信任，他们对我的孩子的观察确实让我欣慰。

马莉是一个甜美、敏感的小姑娘，她可爱的脸蛋和亲切的笑容给我们的每一天增添色彩。

马莉喜欢与其他女孩在"厨房"一起玩，与男孩子也玩得很好，用乐高摆东西。男孩子把她作为玩伴毫无问题，在学校他们可以互补搭建各式造型。男孩子对她带来的参加展出与讲解的乐高造型很羡慕。

马莉的艺术作品尤其出色。她对绘画有天然的鉴赏力，能画出很可爱的画，其他孩子总是在作画前瞄一眼她的画。她总是在作品上有不寻常的东西，颜色或设计。她总是画喜欢的东西，不需要抄袭同学的作品。即使她做一个班级集体艺术作品，她总是加上"马莉作"。

马莉在阅读和数学上进步很快。她能够读所有短元音的课本和图片书籍。她的阅读能力超出年级水平。阅读课上我对她很放心，我会让她读第一页，其他孩子急于接下去读。几天前，（她的一个同学）给了她一个中肯的评价："马莉是班里最聪明的女孩。"

她的数学技能好，理解形状和顺序分类。她无需使用量尺做加减法。马莉从未放弃一个认知活动，直到她完成这个作业。即使告诉她可以后面接着做，她总是回答说："没问题。我现在做。"

给马莉阅读是一件愉快的事……马莉总是说她愿意放弃课间休息时间多听一章内容。在复习时间里，我们总是依靠马莉记得上次读到哪里。

我们非常高兴有幸了解马莉……

摘自马莉的幼儿园评估

1992 年 4 月 [1]

米歇尔是个热情的小男孩。他来到班里，兴致勃勃地开始新的一天。米歇尔自我激励，满足于独自游戏，长时间投入活动。他喜欢班里所有其他孩子，在人际交往上取得进步。偶尔他对某个朋友的关注未得到回应时，他会变得沮丧，但他学会了说出自己不高兴的事情，而不是打人。他交了许多朋友，有朋友到他身边看他做什么时，他会很高兴。

我们时常惊异于米歇尔把想法表现出来的能力。他的精细运动技能突出。他坚持完成好任何课业任务，是个完美主义者。他对自己期望很高，

---

[1] 原注：本书的叙述展开到现在，引用有关孩子健康文献的重要性与保证他们匿名的必要性一直有冲突。马克和我决定，在收到马莉和米歇尔的评语后，我们将告知教师他们的经历。我们信任他们，要求他们理解我们保护孩子隐私的需要。这样安排，我们就可以转载他们的评语。如果教师看到本书，一定会知道评语的出处。

对事实的记忆和他对周围世界的理解总让我们惊奇。他对自己完成的课业很自豪，喜欢与我们分享他的作品。在绘画和搭建造型上他很有创见。画恐龙的场景是他的特长。他能够画出各种恐龙的细节，通常有棕榈树、火山爆发这样的史前情景。米歇尔按记忆写内容、抄写字母和数字的能力很强。有时他喜欢用"美术体"写自己的名字，用很正式的文体书写字母。米歇尔在课堂上最喜欢的事情是画画，玩恐龙游戏，用乐高或木质积木搭建游戏。他喜欢在室外玩，特别是在沙盒游戏区。他对科学、音乐和自然感兴趣。米歇尔喜爱听故事，会被故事完全吸引住。他很好地遵循指令，很快理解新的信息。

我很高兴有米歇尔在班级里。他有学习热情、吸收和理解任何特定知识的能力，我们知道在下一年的学前班里他会继续长足进步。

摘自米歇尔幼儿园评估报告
1992年4月

或许再有几年这样的报告，我就能学会放下使我气馁的忧虑。

忧虑确实使人泄气，我在米歇尔和马莉身上有同样的体会。对他的忧虑侵蚀我和他在一起的快乐，降低了孩子的变化给我带来的应接不暇的幸福：感情丰富，有爱心的小男孩，崇拜他的哥哥，姐姐摔倒时跑过去亲吻她；他的微笑让生人眼前一亮，热衷于"敲门"笑话。米歇尔，我们的宝贝孩子，我们的补偿，我们的欢乐。

对于孩子们在学校的表现，我至少可以应对、分析、理出头绪。深夜的恐惧却完全是另一回事。通常我表现理智，但如果孩子有小病小灾，我会失眠、做噩梦，有大难临头的幻觉。不知何故，黑夜我躺在床上时，信念、希望、逻辑和正常的防卫全都离我而去，世界的各种丑恶一幕一幕出现在床边，所有的创伤和心痛时隐时现，似乎不可避免地落在我们头上。最后的灾难、死亡最终吞噬我们时，思考、祈祷和爱还有什么用？我可以把自己搞到最极度的存在主义危机中去。马克帮我很多，他就是他自己：生活在当下，明日有难明日忧。他知道如何少些忧虑地生活。

我写本书这部分时，米歇尔在生水痘。昨夜我辗转反侧，不时地唉声叹气，后来引起马克的关切："你怎么啦？"他喃喃地说，睡眼惺忪的样子。

"我担心米歇尔患上瑞氏综合征（Reye's Syndrome）。"我说。

"什么是瑞氏综合征？"

"孩子生水痘后有时会发展成一个可怕的并发症，可以致命。"

他胳膊肘支撑着抬起身，"哦，他患病的概率有多少？"他问道。

"不太高，我想。"

"我想起来了，我确实读到过这个病，好像它和阿司匹林有些关系。别给他吃阿司匹林。"

奇怪得很，这段谈话让我镇静下来。不是因为这个病症发生概率的讨论，或者是它与阿司匹林的关系，而是我能够说出恐惧，而马克如他一贯所做的那样，专心地倾听我。

放下悲伤比我预计的要难得多。我不可能一边站在山顶兴高采烈，一边经常提醒自己山谷的黑暗和恐怖。我听见过父母为他们的孩子哭泣，而我在他们面前常常无能为力。我可以给他们信息，但不能给他们找到治疗师，不能告诉他们未来的前景，不能保证他们任何事情。一个母亲打电话向我问询，听到马莉问我问题时，突然她的声音开始颤抖。她话音断续，轻微的哽咽声占据我们之间的空间。我知道她的恐惧，也了解她的期望。一位父亲出差转机时，从约翰·肯尼迪机场急忙打电话给我，一个他不认识的女人。他开始讲他的两岁儿子刚刚被确诊为孤独症。他身后机场的广播声音很响，我听到忙乱的公共区域的嘈杂声。他说到他和他妻子等了很长时间才有这个孩子。他洪亮、自信的声音开始发紧，他停了片刻，竭力保持镇定。"我们非常爱他……"他刚说了开头，机场中心区付费电话突然挂断，他在哭。我的眼睛也有泪水，因为我都还记得。还有，我比他更了解他面临多么艰难的挣扎。我知道我给不了这些父母治愈良药。

相反，我有希望，但没有对任何事情做保证。

"别为我们伤心，凯瑟琳。"在我要对一位父亲说说这个痛苦时，他曾对我这样说。"我的儿子没有像你的孩子那样恢复正常，但是我们也有快乐。有进步就有意义。说到底，这些缺陷不能毁灭一切，而你必须要开始接受。"我高兴听到他这样说，可是我的幸福感总是带有幸存者的负疚和悲伤色彩，一个知道其他人仍在那里、落在后面的人。

"你的经历怎么会伤害我？"一个母亲问，她的女儿接受行为干预，但进步缓慢。她打电话问我马莉在幼儿园的情况，我不太想给她说太多的细节。"我知道预后的情况，听到过可怕的经历。我可以在任何时候听到失败，或读到失败。现在我要听听成功！"

有些时候，我与父母谈话，我们彼此受益：我有负疚感，他们有需要，停止以非白即黑的观点看问题。情况不同了，这么多孩子刚刚开始早期干预，谈恢复和没恢复似乎不太准确，而是应该谈进步快和进步慢的问题，而且没有人能够对任何人的未来做出绝对的预测，不管是积极的还是消极的。强化的、早期的、结构式干预正在改变孤独症方面的谈话用语。一个孩子可能在不到两年的时间达到功能正常，另一个孩子可能需要四年时间的干预才获得交流性语言。麦克尔，一个七岁的孩子，到现在接受强化行为治疗近四年时间，继续缓慢进步，但步伐稳定。这个夏天他终于开始用自发的多字词讲话。他的进步会在某个点上停止吗？他会有一天成为普通的孩子吗？这些问题我没有答案，他的父母也没有，布里奇特或任何其他人也不会有。

现在我不相信我的负疚、忧虑或悲伤对任何人有益，不论对我，对马克，对孩子们，或对孤独症孩子的父母。如果我是一个孩子刚被诊断为孤独症的父母，我可能会想掐死那个孩子刚恢复正常但又拒绝快乐的人。有些时候，我们对庆祝过于小心谨慎，害怕吹嘘、张扬、赞扬、冒险。然而庆祝不必一定要吹嘘，可以是像感恩祈祷那么简单，也可以只是心灵深处的喜悦。

我记录了孩子们的话，我要庆祝我这样做了。我不仅为孩子们的美好，也为上帝的慈爱做证。还是那样,他们的天真谈话、纯净的心灵、折射出的光芒与高尚,远非我能企及。

放学后的夜晚,孩子们一起吃晚餐。七岁的丹尼尔,六岁的马莉,还有四岁的米歇尔都进到餐厅。他们急着快点儿洗完手,好聚到餐桌边。他们脸上通红,早上穿的干净白衬衫印上了褐色手印,漂亮的头发被汗水粘成一团。他们饿了,喋喋不休,生气勃勃,固执己见。

米歇尔:我不喜欢豌豆!

我:米——歇尔!

丹尼尔:米歇尔,我们坐下吃饭时,你不该说"我不喜欢"。

米歇尔:我没说"我不喜欢"。我说,"对不起,我不喜欢豌豆。"

(更多地讨论豌豆和礼貌。之后我们转入文化话题。)

丹尼尔:妈妈,有个小孩,你不会相信他的名字叫"阿特努特"(音同"艺术音符")!他才四岁,他能闭着眼睛弹钢琴!他到所有城堡给国王、女王演出,他们用黑布蒙上他的眼睛让他看不到,但他演奏不出一点错。

我:阿特努特?

丹尼尔:就是,阿特努特。

我:他真的弹得很好吗?

丹尼尔:嗯,当然。

米歇尔:丹尼尔会弹钢琴!他不用拇指弹琴!(不知出自哪里,他们有个观点,不用"拇指"弹琴就是说你弹琴"很快",而且"很快"就是"很好"。他们开始谈论快速弹琴,后来转到了数字的话题。)

马莉:妈妈,是上帝发明了数字吗?

丹尼尔:马莉,上帝没有发明数字,数字是人发明的。

马莉:人发明的数字?

丹尼尔:是(停顿)……数字就像……你知道吧……有各种各样的数字,不同的语言……哎,你知道吗?上帝和数字差不多是一回事。你知道为什么?上帝没有终点,数字也没有终点!(我发誓这个谈话不是我臆造的。）

我：你们知道没有终点叫什么？无限。

马莉：无限？没有终点？（她停顿一会儿，不解的样子）总有一天，我会懂的，对吗，妈妈？

我：对，宝贝。

现在，我们好似在瓶里看，模糊不清，终有一天我们会直面相见。

# 第四部 更多思考建议和父母的声音

有一次，我介绍一个母亲去纽约的一家早期干预机构，为她的家庭环境干预招聘治疗师。她回来后和我讲，那里的总监告诉她，"业余人士"这样做是"非法的和不道德的"。

父母就是业余人士，体现着这个说法的真实含义：业余人士是有爱的人，我们爱自己的孩子，在专业社团给我们提供有效的课程前，我们常常要亲力亲为。

少数父母很幸运找到完善的行为课程可以接纳他们的孩子。但是，从一些父母那里，我了解一些机构比另一些机构好。我相信，一个好的行为干预课程包括下列一些基本特征。

• 一个有知识的治疗团队。他们了解如何改变强化物和课程设计，怎样保持准确、客观的数据，直到他们有理由相信孩子做到了最好的程度。换句话说，他们知道如何鼓励孩子，也知道什么时候减轻要求。

• 日常数据收集。每个孩子有个性化课程，一对一治疗，治疗师受过行为干预的原则和技术训练。一个治疗师对应两个学生或许不是太好，至少在开始阶段。后面阶段，如果孩子达到较高功能水平，他或许会受益于小组教学。然而在开始时，你的孩子可能最需要的是集中、强化、单独教课，这样保证关注点在他一个人身上。

• 一位愿意和你讨论的主管和工作人员。不是一月一次，也不是一周一次，而是任何时候你觉得需要获得信息，或者提供信息，他们都能给予。

然而，无论如何，这些行为导向的课程，优秀的或一般的，现在都少得可怜。我见到的半数以上的家庭不得不设立家庭环境课程，就是因为没有可利用的资源。

谁会恢复正常？

通过行为干预方法谁会恢复正常？我不得而知。到目前为止，我咨询过的人们中间似乎没人知道。没有"标记"指出哪些孩子有恢复的潜力，哪些没有。孤独症肯定是许多不同原因造成的障碍，症状程度范围广。我发现"孤独症"与"癌症"类似，一个总称代表不同形式的病症，有些可治愈，有些则不能。我们对孤独症的知识不完善，现有最好的治疗也不完善；我们离奇迹治愈有很长的路要走。我们的孩子开始治疗时，洛瓦斯博士发表数据表明，接受这个干预、以这个强化程度、在这个年龄段的儿童中只有一半人达到"正常的认知功能"。许多恢复的因素似乎取决于孩子反应的潜力、症状的严重程度，还有在多小的年龄得到确诊。

尽管如此，数据显示，实际上几乎所有的儿童都可取得一些进步，虽然不同的孩子反应速度有很大的差别。我认识两个以同样热情和承诺投入到拯救孩子战斗中的母亲同意分享她们的经历[1]。

莎朗的故事

时间过去了很久，我家的小男孩似乎成小时地坐着，默不作声，排列字母和数字，对其他任何事、任何人都没有兴趣。他在两岁半时被诊断为孤独症，预后前景黯淡。我们埋头找书、找文章。在加州大学洛杉矶分校的一个研究项目中，伊瓦尔·洛瓦斯的名字反复出现，其文献提供了证明，实验项目中接受行为干预的47%的儿童恢复正常。有了这样的数字，毫无疑问，我们知道下一步该怎么做。我们得知他们会派人过来做工作坊，培训我们，消除了我们进不去UCLA（加州大学洛杉矶分校）干预计划的担心。

18个月后，我们有了一个完全不同的孩子。受益于干预提供的结构内容，他进步很大。起初，干预给了他一个手段，通过它显示给我们他知道的东西。现在干预成为一个教他新的、适当技能和知识的从容方式。现在我们儿子的认知技能与他的年龄相当，甚至超出平均水平；他讲完整的句

---

[1] 原注：莎朗（Sharon）要求化名，露西·斯科尔斯（Lucille Scholes）用真名写作。

子，虽然还缺乏应有的自发性，但他的自理能力可以很好地满足他的需要。他喜欢与其他孩子为伴，事实上，他现在的拥抱有些过多，我们的工作目标是使他的情感表现的强度和频率正常化。游戏技能对他仍有些困难，但也有改善。

工作的确是艰苦的。我们用在干预上的时间，一周在二十小时至三十小时之间。一路走来，我们学到了好多东西。妈妈体会到如此艰苦的工作不能一个人承担。心力交瘁是常有的事，它影响每个人，特别是孩子。至少需要两个治疗师（多些更好），每个人一周上课不超过十二个小时。我们还发现干预要取得最大效果，建议由UCLA人士过来监督进展（大约每五个月一次对我们合适）。面见咨询比录像评估全面得多。学院和大学是治疗师的很好来源，一些年轻人在某些训练上是治疗师的好材料。最近，我们达到了以前没有过的目标，学校教育系统接受行为干预作为适合我们孩子的教育方法，学校承担费用为我们提供两个有才能的治疗师。

在消极的方面，最沮丧的经历是与那些最能提供帮助的人打交道，比如专业人士。他们似乎固执于自己的方法，对他们不了解的任何方式采取封闭的态度。给我们孩子做评估和诊断的六位专业人士不仅给出了消极的预后意见，而且并不积极指引我们寻求任何帮助。在我们开始工作坊前，我邀请他们过来，或许他们知道还存在更好的计划，但是他们回绝了我的邀请。我发现他们的做法完全不负责任。其他专业人士和美国孤独症协会某些分会也有先入为主的倾向。我们数次听到与洛瓦斯相关的"有争议"这个字眼，这一度让我们无所适从。这些人大多依据传说、陈旧的信息和错误的观念做出判断。他们中间几乎没有人实际见证过干预治疗，也不认识做行为干预的人。让我们生气的是，父母听从这些负面的看法，仅仅是因为他们是专业人士或者孤独症协会分会的人，并把他们给的意见当作真理。我们正式说过，父母和任何其他可能需要帮助孩子的人都可以观摩我们儿子的干预课程。那些来过的人都惊叹干预的积极特点和它惊人的效果。

早期干预太重要了！我们从不后悔与洛瓦斯博士联系。我们知道我们还有两年的艰苦工作，但是我们确信，我们的孩子在上一年级时与他的同学没有差别（除个性特点外）。

露西·斯科尔斯的故事

当我坐在这里回忆起我儿子麦克尔被诊断为孤独症的那天时,我还记得当时害怕、悲伤、全身惊惧的情绪。我很绝望,真希望它不是真的。上帝怎么会让我的孩子,或任何一个孩子患上这个残疾呢?寄托在儿子身上的所有希望和梦想被一个词击碎了:"孤独症"。

那时他还不到两岁,像许多孤独症儿童一样,有着天使的脸庞。然而,他的行为变了。他在自己的世界里孤独和封闭,完全没有语言,而且听不懂任何对他说的话。我生下的那个曾经"正常"的孩子不见了,取而代之的是一个陌生人。

虽然最初我否认孩子是残疾,甚至不能说出"孤独症"这个词,但我还是大量地翻阅孤独症的资料,每天都在阅读孤独症的书籍,寻找可能帮助我们的专业人士。但一切都没有答案,我发现自己疯狂地单打独斗,竭力寻找救助他的途径。麦克尔确诊后的两年仿佛是我的一生。这段时间里,他的各种孤独症行为开始出现,我逐渐接受了儿子患孤独症的事实。我的主要目标是找到适合麦克尔的早期干预计划。这两年是我一生中最沮丧的时期。

我居住的地区有各种学前残疾课程可选择,麦克尔四岁前上过三个不同的课程。从一个学前班到另一个学前班,每个学校都向我保证他们能提供适合他需要的课程。可这些承诺很少兑现过。他没有进步,我开始质询他们是否知道如何教他需要的技能。因为对麦克尔接受的服务不满意,我成了出了名的"不能接受儿子残疾的母亲"。我想,一定会有更好的办法。

在麦克尔注册进入第三个学前课程时,我认识了另外一个有孤独症孩子的母亲,她介绍给我一个不同的教孤独症孩子的方法。她每天在家里给女儿实施一个教学计划[1]。课程根据伊瓦尔·洛瓦斯的著作《我书》里的内容设计,洛瓦斯博士的这本书对如何教发育障碍的孩子有详细描述。课程完全是行为的,要求运用行为干预、正向强化、回合教学的原则,记录孩

---

[1] 原注:我想这里需要说明一下,露西提到的这个朋友不是我。

子进步的数据。我很好奇,想看看正在实施的课程。我的朋友邀请我去她家观摩课程。

课程好极了。在我看到她的孩子精力集中做适当的活动时,我开始觉得有希望,我儿子可以学习这个孩子学的东西。我的朋友向我解释了怎样在我自己家里设立这个课程计划,于是我这样做了。我以《我书》为指导,聘用了我朋友的一个最好的治疗师帮助我起步。我会永远感谢这个朋友与我分享她的知识,因为后来几个月的成果令人难以置信。

随后几个月我学到了更多的知识,聘用了更多的训练师并教他们如何实施课程计划。这很耗时间,费用也很高,但是很值得。这种治疗为麦克尔打下了学习的基础。我们教他一些技能,例如目光接触、发声、跟从简单指令完成如配对和拼图等这样的简单任务。甚至连麦克尔的私人语言矫正师也同意在她的课上实施行为干预原则。我无法相信我的儿子不能享有这些服务会是什么样[1]。

麦克尔起初进步很快,几个月后开始慢下来,尤其在接受性和表达性语言方面。我不确定是我们实施的课程计划有问题,还是麦克尔的缺陷比我们预计的更严重。我从给我们介绍过《我书》的朋友那里听说过布里奇特·泰勒。布里奇特小姐计划去我的朋友家评估她的家庭课程,于是我请她也来我们家评估麦克尔的课程和进步。

布里奇特小姐来访期间,对我们的家庭课程提出了极有帮助的建议,给我丈夫和我留下了深刻印象。她非常了解孤独症,告诉我们她和琳达·迈耶(Linda Meyer)博士在新泽西要开一个学校。这个叫阿尔派学习团体(Alpine Learning Group)的学校,将服务于孤独症和广泛性发展障碍的儿童,实施行为干预。她还告诉我们,阿尔派学习团体将为每个孩子提供高度结构化、个性化和基于数据记录的教育服务。与泰勒小姐见面并听到关于学校的事情之后,我丈夫和我知道,我们唯一的选择是送麦克尔去这个学校。

虽然我们不确切地知道什么时候学校开学,也不知道麦克尔是否会被接受,但我们已经开始计划从纽约搬家到新泽西。我们给泰勒小姐和迈耶

---

1 译注:指当时公立教育系统未能提供行为干预课程。

博士打电话表示希望麦克尔接受他们的课程,他们告诉我们怎样登记注册。我们把房子租给了我妹妹,花了三个月时间来往于纽约和新泽西,寻找一个我们要租的房子。麦克尔去做了录取评估,并顺利进入阿尔派学习团体。我们认识布里奇特·泰勒后的第四个月搬去了新泽西。搬迁之前,我们要见新学区儿童学习团队的成员,他们很惊讶,因为这个有孤独症孩子的家庭从另一个州过来,只是为了让孩子进到一个尚未开办起来的学校。他们想把麦克尔安置到一个类似我们刚刚离开的课程计划里去。我丈夫和我解释说,之前麦克尔上的学前班的残疾课程未能使他进步,但是他在我们的家庭环境课程上有很大进步。我们来之前准备好了麦克尔的课程计划和数据记录表,用来支持我们的观点。这个学习团队的成员都不熟悉洛瓦斯博士对孤独症三十年的研究,因此很难让他们理解为什么阿尔派学习团体是唯一适合麦克尔的安排。我们证明了一个观点,即只有阿尔派学习团体能够使麦克尔的课程安排能最大限度地发展他的潜力。虽然新学区儿童学习团队对此表示怀疑,但在州教育局批准后,他们最终同意安排麦克尔在阿尔派学习团体。

我们的祈祷得到了回应。1989年7月麦克尔开始了在阿尔派学习团体的课程,这是我们生活中最快乐的阶段。学校开始时有四个孩子,我们觉得幸运,因为麦克尔能成为其中的一个。迈耶博士和布里奇特·泰勒致力于为阿尔派学习团体提供优异的课程,保证每个孩子的个性化需要得到满足。连其他孩子的父母都非常欢迎我们,帮助我们更快适应搬家后的过渡期。

麦克尔适应新学校的同时,我们也在适应新环境的家庭生活。我在当地一家医院找了一份新的工作,我丈夫继续他在长岛的工作,每天往返;我的大女儿在适应她的新学校,结交新朋友;我的18个月大的小女儿玩得很好。我们想念在长岛新装修的房子,我们的家人和朋友。虽然我们放弃了拥有的一切,但我们知道这是唯一让麦克尔得到他需要的教育的机会。搬家之前,我丈夫和我谈得很多,但是我觉得我们仍未估计到压力有多大。

四个月后,发生了一些我们没有预计到的事情。我怀上了第四个孩子,我丈夫失业了(他在这个公司工作了近十年时间)。此刻我们俩都很茫然,不知道我们该怎么生存。搬家用光了我们所有的积蓄,我们没有任何经济实力支撑我们渡过后面几个月的难关。那一年对我们是经济灾难。我是注册护士,开始做全职工作;我丈夫尽力挣些钱,那些工作的收入比他原来工作的收入少得多。我俩错开班次,这样总有一个人在家照顾孩子。那一年,能出问题的地方全出了问题。压力让人喘不过气来。家人和朋友从异地给我们帮助,但我们仍感觉在独撑局面。

那一年有许多不幸,但是也有快乐。我生了一个健康的小婴儿;麦克尔的进步不快,但稳定。我相信上帝在那年眷顾我们。我们结交了许多新朋友,他们帮助我们度过这段艰难时光,给予我们需要的支持。我们不时地问自己,搬家的决定是对还是错,但每次看到麦克尔有点滴进步时,我们都坚信这个决定没有错。

搬家快三年了,我丈夫和我决定有一天一起休班。我们的生活仍然忙碌,承受很大的经济压力,但是事情开始有了起色,特别是麦克尔。刚搬过来时,我们希望麦克尔能从孤独症中康复,然而他没有。他在接受性和表达性语言上的缺陷仍很严重,他最近刚开始辨认、用语言命名物品。这方面对麦克尔来说始终是最困难的,我们为他感到自豪。他学习读写,能长时间地独立做很多练习;他的自理技能大大改善了;他成为是一个有热情个性、幸福的孩子。阿尔派学习团体的教师、我丈夫和我,为了他将来成为功能正常的成人,尽力教给他需要的东西。我们知道,只要麦克尔继续接受现在的行为干预,他就会继续进步。麦克尔不一定会成功地从孤独症中康复,但他已经取得了很大进步。我丈夫和我欣喜地看着麦克尔不断成长、学习。我们感觉我们的儿子失而复得。

在孤独症领域,虽然我并不张扬,但内心常常觉得自己挺了不起,露西·斯科尔斯的故事总是让我感动、流泪。

谁来付钱?

谁来付钱,特别是在父母不得已自己找治疗师入户治疗的情况下?越称职的治疗师，价格越高。多数父母付不起他们最急需的专业帮助。

我们有个好律师，泽恩·詹雷（Jayne Zanglein），他协助我们赢了与保险公司的官司。最终，保险公司支付了我们两个孩子的治疗费用。通过瑞慕兰博士办公室，我们公布了上诉文件副本。需要者可写信索取"里格兰德上诉案（Legrand Appeal）"，只需要支付 4 美元复印和邮寄费用即可。

瑞慕兰博士在他的新闻简报里发表了昆尼与福利信托诉讼案（Kunin v. Benefit Trust）的概要，在该案例中，父母成功地起诉保险公司并赢得对他们儿子孤独症课程费用的补偿。代理昆尼夫妇诉讼的律师，托马斯·博舍尔（Thomas Borcher），给了我引用案件概要的许可，案例的事实和相关人现已开放，供公众查询。

福利信托保单规定，保险公司对与"精神疾患和神经缺陷"有关的疾病最高赔偿额为一万美元。

诉讼审理中，法官同意我们的观点，孤独症不属于心理疾病，判定全额保单福利不限于一万美元。

福利信托生命保险公司对此判决一直上诉到美国最高法院，但是每一级的上诉均告败诉。

如果孤独症儿童的父母向保险公司索赔遭拒，或者赔付的金额受到"心理疾病"的限制（实际上，这在保险公司健康类保单里很常见），可能都是因为受到此案例的影响。上诉法庭维持了法庭发现孤独症不是"心理疾病"而是有机地基于……的原判。

任何父母对孩子治疗孤独症的费用索赔要求因"心理疾病"遭到拒付或赔付额限制的，最好咨询法律顾问，了解保险公司的限额是否适当。

然而，保险公司的保单各有不同，许多父母可能从保险公司那里得不到任何东西。其他的途径是说服当地学区，孩子需要这个治疗，学区根据《残疾儿童教育法（94-142）》应该为所有残疾儿童提供受教育的权利。

"该法律保障每一个孩子免费的公共教育。这意味着每个有特殊教育需求的孩子享有免费的满足他们教育需要的特别服务。"这句话援引自一个很实用的小册子,由儿童保护基金制作。该基金发行的小册子索引号为94-142与504,题为:残疾儿童数量对教育权利的要求。

该手册分步指导残疾儿童获取免费、适当的特殊教育,有西班牙语和英语版本。我最新查询的费用是5.75美元,含邮寄费。

请注意还有两个重要的残疾儿童教育法修正案:《残疾儿童教育法1986年修正案(99-457)》,其中规定了对学前残疾儿童的服务;另外,"法令规定了残疾婴幼儿课程计划(H部分)。该法令具体说明课程计划面对从出生到三岁需要早期干预服务的儿童"[1]。《残疾人教育法1990年修正案(101-476)》"再次授权和扩展可使用的课程,规定儿童和青年的个别化教育计划包括转折期服务和辅助教具服务,可获得特殊教育和相关服务的项目栏里增加了孤独症和脑损伤"[2]。

让地区教育局相信孩子真正需要行为干预而不是普通的学前早期干预计划,你或许需要一个好的心理专家或者社工,帮助说服他们。要让那些决策者认识到,现在他们为两三年的优秀、强化的干预付费,州政府可能就无需为孩子终生的特殊教育或护理买单。

我认识的一位父亲,署名是格兰特·詹姆斯,他的书面诉求成功地说明了他的案例,说服了地方教育当局(一位心理专家曾告诉我,这对夫妇为他们的孤独症孩子大声疾呼,在当地专业人士社团里享有声誉)。格兰特提供了案例的相关内容。

起初,资助由县政府提供。法律规定修改后,资助改由学区继续支付。

人们需要了解围绕我们最初上诉要求资助的各种条件。

(1)我们的孩子已经进入为孤独症儿童设立的"特殊学校"超过一年。他的教育全部由州和县政府资助。在此期间,我们三岁的孩子没有任何实

---

[1] 原注:News Digest,National Information Center for Children and Youth with Disabilities(NICHY),vol.1, no.1, 1991.
[2] 原注:出处同上。IEP或Individual Education Plan,《全体残疾儿童受教育法》(Education for all Handicapped Children Act)规定为每个残疾儿童制订的特殊计划。

质进步。此情况在他的个别化教育计划中都有记录。

（2）我们已经自己研究了洛瓦斯的《我书》和相关录像带。我妻子和我开始实施洛瓦斯的干预技术，成功地教会孩子在"特殊"学校没能教会他的行为。我们使用摄像机拍摄了孩子在学校、在家和在干预课程中的录像，作为文献记录。

这是两个很重要的因素。我们呈示给委员会具有结论性质的证据，说明特教体系的失败。他们对洛瓦斯方法的效果或者我们是否有能力教育孩子上无可争议。我们知道必须要向委员会说明以下几点。

（1）学前特教系统失败，而且会继续失败。我儿子的教育历程（到二十一岁或者毕业时）将使区教育局支付数十万元的花费。

（2）洛瓦斯的方法产生了效果。

（3）我们有能力主持干预课程计划（例如，培训教师，等等）。

（4）行为干预的成本效益显著。

与委员会开会前，我们准备好了每一个细节。一切有关孩子的信息以任何学校都接受的标准格式做好。委员会就是陪审团，我们必须用有效率、说服力强的方式呈示我们的案例。我们有四十五分钟的案例说明时间，这意味着我们要与家人和朋友事先排练和修改案例说明，以保证最佳地利用每一分钟，囊括所有相关的论点。

我们准备了详尽的报告，包括：引言部分，洛瓦斯文章的所有拷贝，所有有信誉的机构和个人的推荐信，孩子原有和新的个别化教育计划的副本，要求资助额的细目，《我书》的一份复印件，结论性陈述，还有录像带。我们给了委员会成员人手一套文件。

录像是呈示成功案例的关键因素。录像剪辑到八分钟，把我们的抽象想法变成具体和现实的画面。录像的每个片段持续时间在十五到六十秒之间。关键是要表现出以下几个方面：

（1）孩子在接受洛瓦斯方法前表现的不良行为。

（2）孩子在"特殊"学校的情况，这更加印证传统教育体系毫无希望。

（3）孩子在洛瓦斯治疗课上，父母和非专业人士成为教育者。录像表现了他学到的最好的那些行为。

录像从孩子最差的行为到最好的行为之间形成了一个必要的对比，以至片子结束后一段时间仍会给人留下印象。在录像中，洛瓦斯的方法得以生动体现，儿子的真实情况得到反映，他的潜力也得到集中表现。

所有这些因素都有助于说服委员会划拨经费支持我们。

一年后，我在停车场偶然遇到委员会的一个成员。她说，我们拿到资助的一个关键因素是这个录像。即使有其他的佐证材料，也没有这个录像真实，这最终促使他们决定试试这个完全不同的方法。

还有一个被诊断为孤独症的孩子的家长莱恩·埃德姆斯也写了关于备好所有的证据和文件参加地方教育局会议的必要性。她的经历与通常的方式略有不同，因为她要见的那些人几乎都支持行为干预，包括儿科医生、当地的心理学教授、心理健康中心总监。尽管如此，她仍需要汇集证据和专业支持说明这个资助案例。莱恩分享了她寻找和培训治疗师的经验。

我们的儿子在两岁半时被确诊为婴儿孤独症。我们开始了解这个障碍期间，看到许多文章和资料都提到了洛瓦斯这个名字。他的工作显示，通过一对一的行为干预，相当数量的儿童取得了惊人的进步。我们向孩子的儿科医生和当地心理健康中心总监了解洛瓦斯。儿科医生不了解洛瓦斯，但她从专业书籍《发展行为儿科学》中抄写了有关孤独症的部分给我。这部分内容数次提到洛瓦斯发现了有效干预幼年孤独症儿童的办法。在我们咨询心理健康中心总监时，他毫不犹豫地说："伊瓦尔·洛瓦斯目前是这个国家孤独症领域的顶尖权威。"

我们立即着手给孩子实施洛瓦斯干预计划。我们联系了教育工作者、牧师、儿童看管机构，以及当地的社区学院，寻找治疗师。后来请主持工作坊的洛瓦斯门诊主管说明了治疗师的标准。她告诫我们，对治疗师的要求，首要的不是必须有教育背景，而是要有愿望和能力学习行为方法。有一个朋友来访时听了我们关于寻找治疗师的讨论，这个朋友有二十年儿童看护的工作经历。她表示有兴趣参与我们孩子的干预工作。在很短时间里，我们看出她具备优秀治疗师的素质。她参加了我们的首次工作坊，每个人，包括洛瓦斯博士的代表，对她学习和实施行为干预的能力印象很深。

一段时间后，我们需要聘用和培训其他治疗师。我们与当地社区学院的一位心理学教授联系，他很热情地帮助我们。经过精心选择和面试后，他送来几个学生。通过他的努力我们找到了优秀的治疗师，他们不仅获得了学院的课程学分，也因此获得收入。后面还有跟踪的工作坊（洛瓦斯门诊人员）不断更新课程，保证每个新聘用的人员得到及时的专业培训。

我们面临经济负担的现实情况，我们的钱，包括我们借钱的能力，很快到了底线。在年龄达到地方教育局资助标准要求前，我儿子要等十五个月之久。

1991年4月，我们与当地教育局正式开始谈判。我们已经提供给教育局官员许多洛瓦斯实验的资料，许多相关信息的文章，儿科医生的推荐信；还有，更重要的是洛瓦斯博士的临床发现：统计数据说明强化的行为干预不仅有效，而且也是给孤独症儿童的最适当的教育课程。

第一次会议正式讨论制订个别化教育计划时，他们提议安置我儿子与其他十一个残疾孩子一起上课（十一个学生一个教师）并保证他会得到（适当的）治疗。我们坚持立场，告诉学校管理人员这样的安排不适合我们的儿子。我们指出，对适合孩子的课程我们做了详尽的研究和文件记录，如果他们提供的课程有任何成功的文献记录，我们愿意考虑。

随后又有几轮非正式的讨论……我们找到一个由智力落后公民协会（Association for Retarded Citizens）赞助的、当地的维权社团，他们的主要目标是在家长与学区教育系统打交道时给家长建议和支持。该社团的一位代表和我们一起参加了最后一次会议。她起到了在各方之间的缓冲作用，对我们很有帮助，所有的父母都应该查查自己那里是否有类似的社团。

会议开始时，校方即提出把我儿子安置到另一个教室环境的方案，但对那里有多少其他学生含糊其辞。我们向他们解释，在课堂上给他和其他几个孩子一起实施洛瓦斯的课程,本身说法上矛盾。指定实施课程的教师宣读了我们一起制订的个别化教学计划(我们从洛瓦斯咨询报告中直接引用)。各方很快就明白了一对一的治疗是达到教学目标的唯一途径。这个教师表示愿意在自然环境里单独给孩子上课,包括在我们家里。她相信行为理论,她在特殊教育专业学习中学过行为的概念。

事情来得很突然,我们坐在那里听到了包括我们所有要求的方案。我们得到了每周三十小时一对一的行为干预治疗,每周两个半小时的语言矫正课,从幼儿园为该课程特别选择一些儿童示范的结构课程,每两周一次会议修改和更新课程。现在他有了能胜任教学、有爱心的专业人员给他上课,接受他应得的"免费和适合的教育"。

谁来负责?

谁来负责孩子的教育?

我坚信父母的正能量。我认识的多数父母了解他们面临的巨大挑战。我们都需要有好的治疗师和心理专家支持。然而,不是把孩子完全交给某个课程计划或者某个机构,也不是绝望地放弃,多数父母要求一件事:教会我们怎么做,加强我们自身的能量。在孤独症的治疗历史上,我们或者因孩子的症状受指责,或者是人家拍拍我们的头,告诉我们一切包在他们专业人士身上,而他们中许多人的最后一节心理学课是在十五年、二十年,或者无论多少年前上过的,他们对孤独症治疗的观念一直没变。如果我们提高自己的期望,要求给孩子最好、最有效的教学,要求专业人士教我们怎么做,那么,这个国家多数孤独症儿童的教育将产生深远的变化。卡瑟琳是一个七岁孤独症男孩格里格的母亲,写到她遭遇的家长式态度,甚至在那些最有知识和愿望良好的专业人士中间也存在。在一封信里,她表达了困惑。在给当地支持团体的一封尖锐的信里,她挑战了这个看法,即所有的父母需要的只是聆听、孩子哭时可依靠的肩膀,还有动情地分享看法。虽然这些团体负责人在行为干预上很能说,但他们似乎不愿给父母"太多的"信息。

亲爱的安德鲁夫人：

我的家庭自从外州搬过来后，一直是你们组织的成员，至今已有两年多。在此期间，我丈夫和我参加过你们为期七周的家长培训工作坊、不少"家长高级工作坊"，还有年会。

几天前的一个晚上，与另外五十位孤独症儿童家长一起，我参加了你们的"社会技能教学"家长培训。我记得培训教师当晚令人不安的谦逊姿态，而这个态度我在这些培训会上会经常遇到。

不管是什么人主持培训，或者培训主题是什么，情况似乎总是这样。我们接受零碎的信息，然后培训教师不鼓励我们太多地尝试用在孩子身上。"不要要求过多，会把你搞乱的。"我可以告诉你，家长不欣赏这些呵护我们的话。"社会技能"工作坊培训中，每次出现实施某个课程的话题时，培训教师总是告诉我们"与学校谈"。换句话说，把实施的事情交给专业人士。有一个母亲提问："有这么多社会技能要教给我儿子。我从哪里开始？"培训教师回答说："别把你自己搞乱了，从一个你能做的技能开始，甚至一周做一次。别把自己搞得压力过大。"

安德鲁夫人，这些家长已经压力过大了。这就是为什么他们放弃一个晚上的个人时间，学习如何改变他们的孩子和家庭生活。这些家长不仅渴望维权，而且渴望在家里实行他们学习的东西。他们有强烈的动机，执着地投入在孩子身上，任何别人都做不到像他们那样。

在工作坊，我也经历了某个家长分享在孩子身上试过的一个想法和做法而引起的激动场面。举个例子，我分享了我刚学到的一个方法，这个方法使我的儿子第一次和他的姐姐玩。我说完后，会场立刻举起十只手，问我问题。所有的家长都想了解怎样把这个课程用在自己孩子身上。他们的问题充满热情，他们非常渴望尝试这个方法。

你的工作坊有忠实、自愿到来的听众。他们想要改变那种被排除在教学过程以外、由专业人士做的方式。他们知道在孩子的发展上可以施加多大的影响力，也痛苦地意识到实施诸多干预治疗时机的重要性。教他们的孩子永远是在与时间赛跑，总要查遗补缺。当告诉家长后退一步，不要参与时，时间也这样浪费掉了。

安德鲁夫人，我请求你，利用培训课给家长必要的技能，促进他们的孩子产生真正的变化。有人说："小小鼓励，无限受益。"这些年来，我很幸运，从各方面得到很大的鼓励和实际的忠告。我相信，有更高的期许、培训、具体的信息和艰苦的工作，在学校和在家里，我们的孤独症孩子会有长足的进步。我在儿子身上的经历无数次坚定了我的这个信念。

我理解你的良苦用心，感谢你对我们大家的支持。但是请相信，孩子的成功取决于我们作为父母是否有能力把每个具体的努力变为现实。我们把自己不仅当作是承担责任的家长，同时也是一个教师，这对改变孩子的生活必不可少。或许孩子从孤独症中康复的一个关键因素是，父母能够在多早期、多快地通过精心计划、完善实施的家庭和学校课程计划对疾患做出反应。我希望，将来你们的组织能够通过告诉家长他们在子女教育中的重要性来面对这个挑战，这也是孩子应得的权利，今天的家长不会在这个问题上做出让步。

最近，我的一个朋友听到一位心理专家表达了他的强烈的愿望："父母不会要求这个每周30到40个小时的治疗办法。"为什么？有人问他。"他们怎么能支付得起？"他恼怒地说，"我不希望看到父母不得不在房贷以外承担另一个贷款！"

这个观点我琢磨了很久。的确，钱是一个非常现实的问题，对许多孤独症儿童的父母也确实是个大问题。我前面说过，治疗有些资助的途径，但即使如此，获得这些资助可能非常不容易。虽说如此，我尊敬地回答这位心理专家：替家长做决定不是他的责任和权利。我愿这位心理专家仅思考一个问题，在他如此热情地"保护"家长免于接触摆在那里的知识时，如果涉及的人是他自己的孩子，他是否愿意有人用同样的方式去保护他？

所有这些经历和意见反映了家长在为他们的孤独症孩子获得适当的干预时面临的各种困难。而适当的干预要求组织、承诺、勇气、时间和金钱。有一点必须反复说明，虽然行为干预的力量强大、有效，但它不是万能的，没有奇迹疗效。

尽管当前的状况艰难，但仍比彻底绝望或几年前还占统治地位的那些虚妄的承诺好。无论结果是完全康复，还是缓慢但坚实的进步，强化行为干预开始越早，就越能够给当今的父母提供与孤独症做斗争、教育孩子的一种手段。让我们努力为所有的孤独症儿童提供教育服务，无论他们的年龄和症状程度如何；为所有的家庭服务，不管他们的收入多寡。

后记

O. 伊瓦尔·洛瓦斯博士
加州大学洛杉矶分校

读凯瑟琳·莫里斯《让我听见你的声音》这本书,让我不由得想到,只有父母能够充分描述与一个孩子一起生活所经历的痛苦和绝望,这个孩子似乎出生在另一个世界,巨大的孤独让任何介入他的努力都归于失败。这些父母看着孩子无休止的仪式性身体动作,不玩玩具,也不与其他孩子一起玩,没有发展出有意义的语言。随着每一天、每一周、每一年过去,他们看到自己的孩子症状加重,越来越落后。然后,在他们为孩子寻求帮助时,他们得到的是矛盾的建议。一些专业人士否认父母关切的真实性("很快就会没事的"),另外一些专业人士以权威口吻声称孩子有严重病症,不可逆转。还有一些人大胆声称他们具备有效的方法,但不能以文献呈示、说明这些方法。还有人在玩指责父母引起孩子症状的把戏。凯瑟琳·莫里斯呈现了我所读过的孤独症儿童异常发展和人们在寻求治疗孤独症时遇到的各种问题有关的最清晰的描述。通过阅读这本书,学生和专业人士会对儿童出现的问题和父母经受的压力获得更好的理解。有了这样的理解,他们就能够提供更有效的帮助。

除了提供与孤独症孩子一起生活和教学的叙述外,此书也阐明了选择那些有科学数据支持的治疗方法的重要性。让临床心理学、精神病学以及特殊教育尴尬的是,始终是儿童的父母坚持让专业人员担责并证明他们的方法有作用。《婴幼儿孤独症》的作者本人,伯纳德·瑞慕兰也是一个孤独症孩子的父亲,他在书中所呈现的证据,中止了那些戕害孤独症儿童以及他们家庭、来源于精神分析的治疗方法。凯瑟琳·莫里斯揭露了近期同样有害的做法,其中专业人士倡导未经证明的治疗,而且他们的"服务"收费昂贵。父母必须具有很大的勇气面对这样的混乱局面，坚持要求更好的办法。一旦压力给了专业人士，就要求他们根据目标和同行评议为自己的治疗有效性搜集数据，并因此奠定治疗取得进步的基础。科学将产生出孤独症的有效治疗，而父母需要找对人选。同样的现象曾发生在其他探索领域，如医学方面。

这本书以赞赏的态度介绍了行为治疗，对这个治疗做了中肯的评价。该方法基于对动物和人类本能和习得的行为研究，始于19世纪和20世纪初达尔文和巴甫洛夫的研究。大量的研究产生出成果，学习的法则被发现。这些法则描述了行为改变的被证实的程式。三十年前，开创者开始把这些法则应用到治疗孤独症和其他发育障碍的人。在一个相对不长的时间里，行为治疗成为这些人选择的治疗方法。

行为治疗的效果可以归纳为以下几个方面：从积极的一面看，所有的患者似乎都可以学习一些适应性行为，包括模仿和语言等复杂的行为。可以降低不适应的行为，如自伤。像莫里斯的孩子那样，一些儿童对行为治疗有突出的反应，他们取得的进步可以达到功能正常：他们的认知、语言还有社会行为不再表现为与孤独症有关的异常。根据我们的数据，我们治疗过的三岁半之前的孤独症儿童中，47%达到正常的智力水平，在七岁前通过一年级的课业学习（O.Ivar Lovaas, "Behavioral Treatment and Normal Educational and Intellectual Functioning in Young Autistic Children," *Journal of Consulting and Clinical Psychology.* 55[1987], 3-9）。我们治疗过的儿童成长至平均十三岁时，新近的跟踪数据表明，他们的治疗效果得到保持；认知、情感、社会功能仍然表现正常（John McEachin, Tristram Smith, O.Ivar Lovaas, "Long-term Outcome for Children with Autism Who Receiced Early Intersive Behavioral Treatment", *American Journal of Mental Retardation, 97, 1993, 359-372*）。

从消极的一面看，相比其他一些儿童，有些儿童学习缓慢得多。即使接受了早期治疗，他们也不能成功地融入普通同伴的行列，如果治疗结束，其症状会出现倒退现象，尽管再次启动治疗，某些进步还可以恢复。也许孤独症最困难的问题还是没有得到解答。

训练有素的治疗师的短缺进一步加剧了问题的难度。理想的训练应该包括学习基础理论研究的学术课程，以及 6～12 个月一对一治疗有指导的实习。专业训练后，胜任的治疗师必须随着课程不断演变和改善更新知识。

一些父母和志愿者为了一个孤独症孩子而成为有效的治疗师时，他们的努力异常艰难困苦。很明显，需要有更多的学术课程，提供这个领域的理论和实践两个方面，学术课程应遵循严格、统一的证书要求。同样明显的是，一旦找到这些治疗师，父母需要雇得起他们。目前，多数家长在承担孩子治疗费用上面临严重困境。

解决这些问题，满足这些需要，有很长的路要走。与此同时，我们仍然可以从凯瑟琳·莫里斯这样的经历中汲取希望和安慰。在承认行为干预的不足和问题的同时，《让我听见你的声音》仍然见证了一些儿童最终战胜孤独症的奇迹。

附录 I 诊断

整个诊断的问题就是一个潘多拉盒子。父母带同一个孩子去看六个不同的精神病学专家，可能得到下列任何一个标签：

广泛性发育障碍（Pervasive developmental disorder）

孤独症特征的广泛性发育障碍（Pervasive developmental disorder with autistic features）

孤独症倾向广泛性发育障碍（Pervasive developmental disorder with autistic tendencies）

有孤独症症状的广泛性发育障碍（Pervasive developmental disorder with autistic-like）

情绪紊乱（Emotional Disturbed）

孤独症（Autistic）

这些用语之间有什么区别？

几乎不可能得到一个直接的答案。但是有人第一次听到不是"孤独症"，而是任何其他这些术语，他会有这样的印象，"广泛性发育障碍"的含义与"孤独症"有性质上的不同。

我查阅了诊断术语，想搞清楚这些术语是否有清晰的区别。标准的参考是《精神疾病诊断与统计手册（第三版—修订版）》（DSM, III-R）[1]。

广泛性发育障碍是一个诊断范围，像智力迟钝、幻觉障碍，或者人格

---

[1] 译注：2013年，新版《精神疾病诊断与统计手册（第五版）》已出版。

障碍。它的主要标准是病症开始于儿童早期或者婴儿期，其主要特征是：

（1）社会互动关系的实质性缺陷。
（2）沟通和想象活动缺陷。
（3）明显狭窄的活动和兴趣能力。

另外，有一个很长的清单罗列相关的特征：固定的怪癖行为，睡眠障碍，对感觉刺激的怪异反应，等等。"一般来说，孩子年龄越小，残疾程度越重，更容易出现相关的特征"。

广泛性发育障碍（PDD）的预后恢复如何？"几乎在所有的病例中，该障碍的症状伴随终生"。

孤独症障碍属于广泛性发育障碍大的范畴，它是这个范畴下的一个分类。孤独症障碍是广泛性发育障碍中最严重的症状，必须在十六项诊断标准中占有八项。

最后还有未特定广泛性发育障碍。这个诊断范围涉及"社会互动关系、语言和非语言交流技能发展实质性的缺陷，但此标准不符合孤独症障碍……有这个诊断的一些人会呈现明显狭窄的社会技能，另一些人则不会"。

这是诊断手册里所说的情况。每个精神病学专家在哪些个案上使用这些标准，常常是令人不解的。我见过一些孩子，感觉他们的症状比马莉更严重，但只被诊断为广泛性发育障碍，或者是"孤独症倾向"。

我认识的多数家长，至少在一段时间里不关注此事，不费力去搞清楚这些术语的含义。他们足够聪明，知道无论孩子的确诊是"广泛性发育障碍"，还是"婴幼儿孤独症"，最好同样给予紧急治疗。但是，还有一些家长不幸地被误导，或者选择性地认为"广泛性发育障碍"不那么严重。我永远不会忘记一个母亲，她的小孩子经过几周心神不定的诊断后，打电话给我，松了一口气，说："他没事。他的诊断不过是广泛性发育障碍！"

对她来说，似乎是说孩子不是孤独症，于是就没有大问题，他只是处在某个过渡阶段。我建议任何家长听到"他不是孤独症，他仅是广泛性发育障碍"这样的陈述，都要请给出这个诊断的专业人士解释这两个术语在预后恢复上有什么不同[1]。

---

1 原注：如果在孩子的诊断上有混乱和矛盾，可寻求孤独症研究所（The Autism Research Institute, 4182 Adams Avenue, San Diego, CA 92116）的帮助。该研究所搜集、宣传与孤独症有关的诊断、原因和治疗的信息，为家长和专业人士提供诊断服务。家长填写四张纸的问卷调查表，E-2诊断检查项目表，发回给该机构评估。检查项目表由计算机评分，还有一个报告发给家长或专业人员。这项服务不收费，至今已为约14,000名儿童提供了服务。

附录 II 教学计划

前言

"行为治疗"的概念有些名不符实。一些读者会有这样的印象,即布里奇特的工作仅限于行为方面,而罗宾只训练语言。事实上,布里奇特的课程大部分集中在语言和非语言交流上:游戏、认知、社会技能。"行为的"这个词指的是这样一种形式的教学:重点在回合教学,细分教学任务,系统使用强化和表扬,等等。"行为治疗"也是一个总的概念,特指在过去的二十五年中,由该专业领域的伊瓦尔·洛瓦斯和其他研究者为学习障碍儿童设计的广泛课程。这些课程适用于有各种诊断的儿童上,从孤独症到智力迟钝,到语言滞后,到"精神错乱",等等。

我决定列出米歇尔的课程摘要。最初我的想法是包括两个孩子的课程计划,后来发现这样做有许多不必要的重复。另外,米歇尔的课程上组织得比较好,记录更加全面和系统。

列出这些课程的目的不是为任何孩子开处方。每个孩子需要的不一样,进步也不同。这里列出摘要有两个理由:一是使读者了解在行为课程上我们的一些工作思路,同时避免普通读者因太多的专业阐述和重复而感到枯燥。重要的是我在整本书中一直强调的一点,这里重申一下:没有"速效"的灵丹妙方,有的只是单调的工作。两个孩子的全部课程记录超过千页。

二是给孤独症孩子的父母提供尽可能多的信息和帮助,特别是为那些找不到好的治疗计划的父母。虽然该课程摘要是特别为米歇尔制订的,经修改,或者重新编写,有一些内容可以用于其他儿童。

但是，我强烈建议，为孩子设立家庭环境干预计划的父母阅读《我书》，书中解释了教学方法，并可以找到这里引用的教学课程。此外，父母需要一个训练有素的行为治疗师帮助示范教学，并为特定的孩子设立课程。

找治疗师很不容易。大学生，特别是特殊教育专业的学生，是很好的培训人选。最近，一个设立家庭环境计划的父亲告诉我，学院和大学职业安置办公室比心理学或特教系有更多这方面的资源。我们最初寻找治疗师的时候，是在几所学院和大学张贴通告。最重要的是要找到一个有经验的人选，他能够训练和监管其他人员。监管是一直要做的事情，可以与洛瓦斯诊所联系，要求他们派出门诊主管主持课程开始前的工作坊，帮助训练你找到的人选。

课程计划的进展节奏非常重要，要让孩子既不感到过快，也不觉得枯燥或不知所措。

开始时，强化的实施要很频繁，还要有变化。要尝试不同形式的强化物和表扬。食物和饮料是天然强化物，但是一旦得到孩子的注意，挠痒痒、拥抱和微笑也可成为强大的强化物。

通过教育资源名录可以订购许多教学资料。我们通过这些名录找到了许多非常好的情感标签图片、顺序卡、行动命名卡，还有许多其他的材料。

显然，关于行为治疗有更多的话可说，写这个附录的目的是分享米歇尔案例里的技术和非常宽泛的课程概念。这里写出的任何东西都不能与观察一个好的治疗师给孩子上课的情形相提并论。

我很抱歉，只有这样一个概括说明。受篇幅限制，这里不能详尽地分析所有的课程计划。

术语

基线 (baseline)：未经任何协助、孩子在某个任务上的表现。治疗师要求他做某事或说某事，没有辅助和协助。有人记录基础数据，用于评估这个孩子已经知道或做到多少。例如，要求孩子把一件东西放在椅子上面或下面，看他在无协助时能否做到，这样获得他理解介词"上面"和"下面"的"基础数据"。

DRA（differential reinforcement of alternative behavior）： 对替代行为的差别强化，作用是通过奖励孩子其他更适当的行为（强化该行为）而消除一个不适当的行为。比如说，一个孩子持续给积木摆长龙，我们不说"不许这样摆积木"，因为在某些情境下，这样做恰恰是增加了这个行为出现的频率。你给他另外一个更容易、他已经会的任务活动，之后表扬他完成这个替代的活动。你的目的是设立一个情境并忽略有孤独症特征的、不适当的行为，奖励一个替代的其他行为。米歇尔在课上喊叫和哭闹时，在他每次有五分钟的不闹时段里，我们用"好安静，很听话"差别强化他。

表达性语言（expressive language）：语言的言语使用。术语"表达性语言"和"接受性语言"，后者或称语言的理解，可以与要教的任何词配对。举例说，你要教他"表达性的'他的'和'她的'"，这就是说你要教他恰当地使用"他的"和"她的"这两个词。如果教"接受性的'他的'和'她的'"，你是在教他理解这两个词的区别。通常先教接受性语言技能，后教表达性语言技能。

辅助渐褪（fading prompts）：逐渐停止动作和语言辅助。孩子不要形成"辅助依赖"很重要。参见《我书》中对使用辅助和辅助渐褪的全面论述。

示范（modeling）：治疗师给孩子示范（显示如何做）正确的答案。在表达性语言最初的训练阶段，可以频繁广泛地运用示范，在孩子变得更熟练后停止示范。示范与语言辅助的区别在于，治疗师示范全部词汇，而不仅仅是一个词的开头部分。说"橙汁"是语言示范，说"橙……"是语言辅助。

辅助（prompts）：治疗师利用动作或者语言协助孩子完成一个任务。举例来说，在你要求孩子说"shoe（鞋）"时，你说"sh…"来辅助他。身体辅助的一个例子是把孩子的手指摆成一个指向的"点"。

随机任务 (randomizing tasks)：在同一个训练里掺入之前学会的任务。事例：首先你教接受性语言"摸头"，然后说"摸腿"，然后"拍胳膊"。在孩子分别掌握了这三个动作后，把它们在同一个训练里混合呈现。

接受性语言 (receptive language)：对语言的理解。参见表达性语言。

区辨刺激 (discriminatory stimulus, S^D)：（我不知道为什么两个词的起首字母倒置！）治疗师给孩子特定的刺激，通常是语言指令，目的是引起一个特定的反应。区辨刺激指令在训练之初时的说法要高度一致，例如："放同样的"；后面可以灵活和变化："你可以把红色积木放在一起吗？"

米歇尔的课程

遵循的总体原则：
（1）目光接触伴随每个训练回合。
（2）每个单独技能掌握后，再转到随机指令。
（3）定期变换强化物，保持其有效性。
（4）克服孩子发脾气和抗拒行为，坚持完成教学任务。

注：在同一范畴的各种技能，按由易到难的顺序安排。然而，每次训练课教不同范畴的多种技能。

1990年2月至6月

1. 关注

"看着我"课程是教会米歇尔如何专注的关键。辅助米歇尔坐在椅子上，手不乱动。教师和他坐得很近，不允许他懒散、倒在地板上，或者转过身去。教师的要求前后一致，坚定，严肃；对他每次的服从都给予表扬，抱一下，挠痒痒一下。获得米歇尔的注意是关键性的第一步。

i: 看着我

面对面

一秒钟

二秒钟

五秒钟

从活动到成人（就是说，让他从事一项活动，在成人说"看着我"时，教他在活动期间抬头，目光接触。）

（教师用手扶起他的下巴，并同时手持食品或其他强化物，和他的视线平行做辅助。）

ii: 对名字反应

在呈现区辨刺激（S^D）"米歇尔"时，目光接触

面对面

从活动到成人

2. 跟随一步指令

指令：

坐下

站起来

到这里

手放下

拍手

举起胳膊

抱一下

转过去

跺脚

招手
……
身体辅助，然后辅助渐褪

身体部位

$S^D=$ "触摸——"
头
鼻子
脚
肚子
眼睛
腿
……

行动指令

$S^D=$ "做给我看"
吃
喝
拍手
招手
抱一抱
转身
站着
坐下
走
跑
……

3. 运动模仿

   S^D= "做这个"

   大肌肉运动

   拍手
   举胳膊
   拍腿
   拍桌子
   摸头
   手拍嘴
   跺脚
   站起来
   摇头（表示不）
   点头（表示是）
   ……

   精细运动动作

   指
   伸开手掌，握拳
   触摸身体不同部位
   ……

   模仿摆积木

   教师把积木摆成一个形状，辅助米歇尔模仿摆这个形状。初始有三块积木，逐渐增加到五块。

   实物模仿

   教师使用实物教模仿技能。辅助米歇尔在杯子里放入一个小勺，用一张纸巾给娃娃擦鼻子，把玩具小车放进玩具车库里，等等。

书写动作模仿

握笔、画线、画圈，等等。

4. **指向反应**

   指向反应：教师拿着他喜欢的东西，说 S^D："指"，辅助他的手直接指着这个喜欢的东西（碰触它），然后给他。辅助渐褪，东西放到离他更远处。

   指着这个东西说 S^D："你想要什么？"
   自发指向。
   指向＋语言模仿。
   指向＋"要"＋东西名称
   指向＋"我要＿＿"

5. **配对**

   物品对物品
   图片对物品
   图片对图片
   颜色对颜色
   字母
   数字

6. **言语模仿**

   元音
   辅音
   元音＋辅音
   辅音＋元音＋相同发音字词和音节
   （训练之初，任何相近的发音都可接受；逐渐"塑造"更准确的发音。）

7. **游戏**

   形状分类

珠子

积木

音乐（录音机带音乐磁带）

儿童书籍

玩偶匣

农场动物拼图

钟表拼图

数字拼图

打击乐器玩具（教师用农场动物玩具发出各种动物叫声和动作。）

8. **物品辨识**

    S^D："给我"

    球

    杯子

    鞋

    ……

    （逐渐增加桌上的物品数量。）

9. **图片辨识（用于接受性词汇）**

    S^D："指向＿＿"

    从两幅图片开始，随后增加到更多。

10. **物品命名（用于表达性词汇）**

    S^D："这是什么？"使用真实物品或图片。开始时接受任何相近的模仿。

11. **是与否**

    摇头表示不：对不想要的食品

    点头表示是：想要的食品

    辅助，然后辅助渐褪。

12. **动作命名（表达性）**

   i. 以教师为参照

   S^D："我在做什么？"
   招手
   跳
   站着
   坐着
   拍手
   跑
   打喷嚏
   亲吻
   大笑
   走路
   睡觉
   打开
   喝水
   吃东西
   哭
   ……

   （示范如何反应，开始时接受任何近似的模仿。）

   ii. 以自己为参照

   S^D："你在做什么？"

   iii. 以其他为参照（图片）

   S^D："他/她在做什么？"
   （要求指令以动词开始，例如"跳"。）

13. **颜色（首先是接受性，然后是表达性）**

    i. S^D："指红色 / 蓝色 / 黄色，等等。"

    ii. S^D："这是什么颜色？"手持物品。

    （示范，然后辅助，最后辅助渐褪。）

14. **归属**

    S^D："指指布里奇特的鞋。"

    S^D："指指米歇尔的鞋。"

    （为教我的 / 你的打基础。）

15. **形状（首先为接受性，然后为表达性）**

    S^D："指指方形（圆形，三角形，等等）。"

    S^D："这是什么形状？"使用适当形状的木质或塑料积木。示范正确的回答，然后辅助渐褪。

1990 年 7 月至 8 月

保持所有计划课程，包括目光接触。

1. **性质**

    大 / 小（接受性）

    S^D："指大车 / 小车。"

2. **行动 / 物品名称（表达性）**

    "喝橙汁"

    "吃点心"

    看图片（S^D："他 / 她在做什么？"）

    以自己为参照（S^D："你在做什么？"）

以教师为参照（S^D："我在做什么？"）

3. **新的颜色（接受性/表达性）**

4. **归属（表达性）**

   "谁的鞋？"——"布里奇特的鞋/米歇尔的鞋。"

5. **做选择**

   "你想要____，还是____？"

6. **连锁模仿**

   "做这个和这个。"（拍桌子和摸鼻子，等等。）

7. **继续摆积木模仿**

8. **给予/寻找两至三个物品**

   "给我____和____和____。"从课桌上开始，之后从整个房间范围寻找物品。这对短时记忆有益。

9. **两步指令：接受性语言**

   "站起来，转过身去。"等等。

   （在每个单项步骤已经掌握的情况下。）

10. **是/否（否定）**

    "这是一个____？"例如，手持玩具熊，问，"这是一匹马吗？"

11. **游戏**

    开始用娃娃玩具小人做游戏：妈妈、爸爸、男孩、女孩、婴儿。示范简单的动作：吃，睡觉，唱儿歌《摇啊摇》，等等。

    和他一起翻看图画书。指着图片。拍球和滚球。辅助把球递回来。初始靠近他坐。一起唱歌。表扬他每次随音乐发声。

土豆头先生玩具。偶然强化身体部位：眼睛、鼻子、嘴、耳朵，等等。

12. **用短句做语言要求（扩展句子）**

   示范："我要＿＿＿。""我可以要＿＿＿？"

13. **识别情绪状态（接受性／表达性）**

   高兴／难过／生气

   S^D："他／她感觉怎样？"使用图片。

   （示范反应，然后辅助，然后辅助渐褪，然后泛化课程内容至杂志图片和故事书籍。）

14. **"我的／你的（接受性）**

   手拿着鞋

   S^D："给我我的鞋。"／"给我你的鞋。"

   这部分或许是最难教的语言课程，甚至比后面要教的表达性语言更困难。"我的"和"你的"很显然是不确定的词，要依据说话人的角度。

   首先我必须教接受性语言，即教师教这个词，仿佛"我的"总是指教师，而"你的"总是指米歇尔。之后，我们教授表达性语言时，我不得不教米歇尔相反的概念：即当米歇尔说话时，"我的"这个词指的是米歇尔，而"你的"指的是教师。

   "我"和"你"也是孤独症儿童语言里经常混淆的词汇。

   爱与理解的各派心理专家和精神病学专家，自然有大量的时间精心构建复杂的观点，即缺乏自我价值和自我认同导致了孤独症人士普遍的代词倒置。任何有兴趣了解更合理解释的人，应该阅读瑞慕兰博士在《婴幼儿孤独症》一书里有关孤独症人士普遍难于将语言抽象出来的有见地的讨论：需要运用非残疾人士天生的能力推理、形式转化、概括，以及加工现有的语言信息，而不是一字不差地重复。

   诺姆·乔姆斯基（Noam Chomsky）著名的语言获得机制的理论认为，

大脑里的某种东西可使我们自然学会"我"和"你"、"我的"和"你的"之间的指代转换。我觉得像马莉和米歇尔这样的儿童似乎不缺这个东西，否则他们不会通过我们的笨办法掌握这些抽象概念。然而这并不需要"思维跳跃"，我们只是严格地进行无数次的训练。两个孩子最后都掌握了人称指代转换。

15. **言语模仿**

    "f"加元音

    "b"开头的词汇

16. **接受性的"哪里？"加表达性的里面、上面、下面**

    S^D："哨子在哪里？"

    示范："在盒子里 / 在盒子下面 / 在盒子上面"

17. **接受性的"谁？"**

    使用照片呈现妈妈、爸爸、丹尼尔、马莉、帕齐，等等其他熟悉的人。

18. **接受性的"＿＿在做什么？"**

    使用家庭成员做具体事情的照片（比如，喝橙汁），还有图片卡。

1990年9月至11月

（课程内容很多，所以每个治疗师在他们各自两小时课时里进行约十个不同课程内容，通常选取前面治疗师没做的课程。）

1. **开始如厕训练**

2. **性质**

    冷 / 热；长 / 短；重 / 轻；等等。

S^D：" 给我看 '重的'。"针对这些不同的性质，使用具体的教学图片。

3. **代词**

    接受性的我的 / 你的鞋

    表达性的他 / 她

    S^D："他在做什么？/ 她在做什么？"

    示范"他在 ＿＿＿ / 她在 ＿＿＿"，之后辅助渐褪。

4. **两步指令（持续）**

5. **介词（接受性和表达性；继续）**

6. **颜色（继续）**

7. **情绪命名（继续）**

    图片

    面对面（S^D："我感觉怎样？"教师做高兴、不高兴、生气等等表情）

8. **辨别 WH 问题（继续）**

    "这是谁（Who）？＿＿＿ 在做什么（What）？＿＿＿ 在哪里（Where）？"等等。

9. **主语 / 动词 / 宾语句式**

    用更完整的句式形容人的举动：初始阶段，接受"男孩吃苹果"，但逐渐示范更完整的句式："男孩在吃苹果。"经过一段时间后，变化 S^D："给我讲讲这个图片 / 这里发生了什么？/ 这个女孩在干什么？"等等。保持该课程包含的表达性的"他"和"她"置首，性质，行动命名，情绪命名，以及表达性介词。

10. 简单句

    "我看见一个 ____。"

    "这是一个 ____。"

    (制作一个"我看见"画册。在册子上粘贴图片。一页一个图片,连续五页;一页两个图片,连续五页;等等。辅助已经掌握的长一些的句子:"我看见一个 ____ 和一个 ____ 和一个 ____。"在增加物品图片前,确定要他说"我看见一个球",而不是只说"我看见球"。)

11. 按要求找到三个物品

12. 要求时要说成人的名字

    "布里奇特,我要涂颜色",等等。过一会儿后,训练增加轻拍的动作。辅助米歇尔轻拍教师,引起她注意。

13. 是/否定式(继续)

14. 简单的社交问题

    名字

    年龄

    兄弟/姐妹

15. 剪贴画板。

    把剪贴画贴到画板上,制作一个情景。

16. 言语模仿

    "r"结尾音

    "l"连缀音

    词的组合

    纠正米歇尔对物品的命名

17. 保持注意力／转移注意力

（以重要性给教学目标排序困难，但该内容必须是最重要的目标之一。）

（1）保持注意力：

教师就一个题目问几个问题，例如，"看见那只狗了吗？它在做什么？什么颜色的狗？它要去哪里？"这不是一个单一训练课程，而是我们的恒常教学目标，在课程个别环节里给予强调，尤其在游戏和读故事书时。

（一段时间后，"保持注意力"将逐渐让米歇尔注意手上的物品，限制无目标的话语和无关的跑题。一些诊断为孤独症的儿童能够使用正常的句式和词汇滔滔不绝地讲话，但是不集中在当下他的听众（朋友、兄弟姐妹、父母）问他的问题，或者希望他说的事情。当然，许多人需要改善他们的聆听技能，但是一些"高功能"孤独症儿童似乎总是在谈话中离题、漫谈、胡言乱语。因为该行为可能造成他们在全部的社会交往中，难以交友或维持朋友关系，我觉得，在他们幼年时，主动教他们突出重点，围绕话题讲话很有价值。）

（2）转移注意

a) 该我了／该你了游戏

b) 教师坐在离课程活动位置较远的地方，继续要求间歇性的目光对视。教师更频繁地在屋内走动，或者使米歇尔在屋内变换位置，并持续要求他的注意力。

c) 教师开始一个课程，然后说，"哦，不，我们做另外一个。"有助于注意力转移和注意力的灵活性。

d) 教师设置一个活动，比如要求米歇尔集中注意在桌上画画，但整个活动时间，教师同时进行对话和提问，鼓励和表扬他不断抬头看她，或回答问题。

18. 监控懈怠、发脾气、哼唧、攻击、自我刺激行为

加快教学进度应对懈怠行为。坐在椅子上的时间不超过五分钟。使用

DRA 奖励"坐得好"、"听得好"、"你没有哼唧"等。增加强化程序。尝试使用不同的强化物。对攻击行为（揪头发）使用"隔离时间"。

  注：解脱他抓在你头发上的指头的一个方法是用力压住他的指关节：他的指头会自然松开。对翻动手掌、身体僵硬和用脚趾走路，每次出现时，教师说"手别动"，双手放在身体两侧三秒钟。表扬他的服从。

19. 保持目光接触

20. 练习"排排坐游戏"

  现在每次课都有"排排坐游戏"时间，教师唱歌和读书，就像帕翠夏在学校做的一样。排排坐游戏时间约十五分钟。

21. 我不知道

  使用卡片，熟悉的物品图片。S^D："这是什么？这是什么？"等。在卡片或图片里混入几张不常见的物品卡片，例如火花塞，示范说"我不知道"。一旦他懂得这个概念后，开始泛化概念，用到书籍、杂志等其他内容上。在他掌握了"我不知道"概念后，辅助他说："我不知道，这是什么？"

22. 开始示范低声说话

  米歇尔开始出现高音、尖声讲话。

23. 在哪里？（表达性）[1]

  在地板上放两个物品，让他拿取其中一个东西两次。第三次时，把该物品藏起来。在他寻找时，辅助他说"____ 在哪里？"使用完整句子，包括动词。把东西给他并表扬他问问题。

---

[1] 原注：所有的表达性问题已经通过接受性问题课程打下基础。

24. 开始用蜡笔画画

简单图形：正方形、圆形、三角形。教师画一个脸型，让他填入特征，头发、眼睛，等等。教师画一个简单物品，让米歇尔辨认（花、球等等）。用身体辅助矫正拿笔姿势。最终逐渐过渡到简笔画，然后开始在画面里有一个人的"场景"。

25. 继续想象游戏

假装你是一架飞机、一只猴子、婴儿、狮子，等等，伴着声音和动作。

26. 类别范围

动物 / 衣服 / 食物

桌上放标志三个类别的卡片。教师从其中一个类别里拿出一个卡片。

S^D："这是什么？"回答："猫。"教师："好。"

S^D："猫是什么？"回答："动物。"教师："好。"

S^D："把它归到动物里。"他这时应把该卡片放到桌上的动物卡片里。开始辅助，之后逐渐辅助渐褪。

1990 年 11 月 15 日至 1991 年 1 月 15 日

1. 继续动物 / 食物 / 衣服归类，增加玩具 / 食物 / 饮料

2. 保持整个课时里偶然使用介词，但不在训练内容中

3. 开始物品的功能使用，使用实物，桌上有三四个物品。问："你用什么剪东西？"答："剪子。"

4. 保持"我不知道 / 它是什么？"课程，以实物为练习内容。

5. 继续接受性"该我 / 该你"，开始接受性的"他的"

使用"小朋友"娃娃，放在椅子上，辅助："我叫什么名字？/你叫什么名字？/他叫什么名字？（他的名字是什么？）"

（数据显示，米歇尔仍然在"我的/你的"课程上有许多问题，我们不得不中止"他的"课程，避免他混淆。然后我们增加一个动词辅助他区别"我的"和"你的"。我们这样调整内容结构："给我我的布里奇特的鞋/给我你的米歇尔的鞋"，在这里"我的"和"你的"要大声说出，而所有者的名字轻轻说出。一段时间后，我们试着渐褪"我的布里奇特的鞋/你的米歇尔的鞋"这样的辅助，最后完全褪除，不再使用所有者的名字。）

6. 保持"是/否"课程

特性："你尿裤子了/没尿裤子/冷，等等？"
身份："你是一只青蛙/一个男孩？"
行为："你在睡觉吗/我在拍手吗？"
情绪命名："他高兴吗/不高兴/生气/等等？"
物品命名："这是一辆卡车，还是一根胡萝卜？"

7. 开始互动课程

（目的是让他对他人的会话开场白有互动反应。通常，开始时非常机械地练习，在他明白这个概念后，会话变得更自然，适合孩子说话方式。这是洛瓦斯那里的人给我们的非常好的一个课程内容。我们在两个孩子那里用得都很好，一旦知道怎么回事，他们好像喜欢说出关于他们的信息。

S^D："我用蓝色蜡笔涂颜色"，示范反应："我用红色蜡笔涂颜色。"
S^D："我穿着白色的鞋。"
S^D："我喜欢早餐的烤面包"，等等。

8. 整个课时里，间或示范表达性的谁、哪里、做什么、什么颜色等问题

9. 引入第一、最后、其次的概念

S^D："第一个是什么？"/"后一个是什么？"/"最后一个是什么？"教师使用数字拼图按顺序排列数字，这样即使米歇尔尚未掌握"2＞3"这样基本的数学概念时，该课程对他仍可使用。此阶段，"第一、其次、最后"仅作为空间关系教学。下一步作为瞬间关系教学。

S^D："你先吃什么？"回答："早餐。"S^D："之后吃什么？"回答："午餐。"S^D："最后吃什么？"回答："晚餐。"等等。变化问题方式，找一些不同的事例。

1991 年 1 月 15 日至 1991 年 3 月 30 日

1. 继续"我的／你的"（仅接受性）课程

2. 寻找三个物品

    开始时找离他很近的物品，之后增加距离。

3. 用顺序卡练习三个场景顺序

    目的：开始教叙事顺序和讲故事，以及为扩展创造性和自发性循环语言教学目标做铺垫。强调"第一个……之后……最后"。以非常初步的概念开始（一个男孩在水龙头接水后喝水）。为每个卡片示范正确的动词形式："去喝水……在喝水……喝了水。"随着他的语言进步，"故事"在句式和概念上更具体（这是我们用了几个月的课程）。教育玩具店或教育书籍索引可找到"顺序卡"。例如，拉文斯伯格公司制作的"讲个故事"游戏。孩子必须要按逻辑顺序摆好一系列图片卡，之后才能根据卡片情景讲故事。一张卡表示一个女孩拿着一个撒了气的气球，第二张卡是她吹气球，第三张卡呈现一个很大的气球，第四张卡出现气球爆炸。我们让米歇尔为此排序，然后协助他"讲这个故事"。他熟练后，我们停止协助。顺序卡可以是三个、四个、五个场景的顺序。

4. **开始表达性语言范畴**

   前置物:"刀子用来做什么?"示范:"你用它切东西。"(等等)一旦有这个概念后辅助渐褪。拿一把刀子开始这个课程。经过一段时间,移除所有视觉辅助,只问,"毛衣用来做什么?小汽车用来做什么?"等等。

5. **功能性物品(表达性语言)**

   "你用刀子做什么?""用刀子切东西。"

6. **房间和家具**

   我们在学习用资源索引找到一个游戏:一个有不同房间的图片板、卧室、卫生间等等,标志家具和用品的一些小卡片。米歇尔要把适当的小卡片放到正确的房间里。开始教更真实的生活信息。

7. **动词模仿**

   以困难的词和发声为目标。

8. **为什么/因为**

   开始讲故事的推理。治疗师首先引导他推理:"这只狗为什么叫?因为它看见一只猫。"

9. **社交问题**

   姓名、年龄、兄弟的名字、姐妹的名字,"你住在哪里?""你多大了?"

10. **谁、什么、在哪里、做什么(接续)**

11. **开始比较**

    哪个更大?哪个更高?哪个更矮(更低)?等等。

12. **继续代词练习**

    他/她/我/你/表达性语言

教师对"我"和"你"提问,"我在干什么?"同时做动作:跳、写字,等等。现在应该用完整句子回答"你在____";要求米歇尔做什么,之后问"你在做什么?"教师以同样方式引发"我在____。"

13. 临时性标志(接受性)

"之后"、"很快"、"后来"、"那时"、"现在"、"以前"。教师在讲故事和表演时强调这些标志。

14. 继续排排坐游戏

15. 复习介词、颜色、冠词"A"和"The"的属性

教师开始给更多的选择,具体的和非视觉辅助的。现在许多课程以不那么正式、非常结构化的形式进行。儿童书籍成为主要的教学资料,可以配合从教育资料索引中挑选的图片卡和游戏。

16. 开始接受性复数课程

17. 开始"同样/不同"课程

从"同样的"开始。课桌上摆着两个同样的积木,一个不同样的积木。前置物:"拿给我同样的。"辅助。表扬和解释。"好,你给了我同样的。它们两个颜色一样。"其他事例:两把调羹,一个叉子;两个盘子,一只杯子;等等。

18. 开始认识字母和数字

从"1、2、3"和"A、B、C"开始。

19. 开始接受性数字概念

从四个一组的数字中挑选,如"给我1、2、3"。

20. 开始"多一些/少一些"

接受性。设置两组，一组多，一组少。前置物："给我多一些的／少一些的。"

21. 回想过去的事件

选择两三个动词，示范过去时。带米歇尔去另一个房间，教师指定他做一件简单的事，回到上课房间，问："你刚才做什么了？"示范正确的回答："我看妈妈了；我去拿叉子了。"这个时候，过去时是规则或不规则没有关系，我们不是要教语法规则，而是在练习情景中的语言使用，目的是理解过去时的基本概念。

22. "我的／你的"（表达性）

S^D："谁的衬衣／鞋子／鼻子，等等？"
（用不同的方法帮助他区别"我的／你的"）

23. 游戏"少了什么东西？"

摆出三个物品，让米歇尔辨认。小石头，半圆形、心形。辅助米歇尔捂住眼睛。取走一样东西。S^D："少了什么东西"，示范正确的反应。

米歇尔很快会玩这个游戏。另一个"少了什么东西？"游戏可以用画画来做。画一个脸型，有鼻子、嘴、头发，等等，但只有一只眼睛。画一张桌子，只有三条腿，等等。

S^D："少了什么东西？"

24. 游戏"该谁了？该你了／该我了"（接受性和表达性）

25. 扩展的互动

教师：我看见一只猫，它说"喵"。
米歇尔：我看见一只猫，它在喝奶。（米歇尔要不断增加新的内容。）
先示范，然后用"和……"辅助。

26. 掌握"我是"后，开始练习"你是"（表达性）

27. 使用常见情景和故事书开始推理

"为什么这个女孩吃东西?""因为她饿了。""为什么我们去看医生?""为什么这个男孩睡觉?""为什么爸爸去商店?"

28. 偶发事件

限制语言的重复和乱讲;课上辅助不同的句子结构;练习同一件事的不同说法(例如:你受伤了。手上破了。手上划了一个小口。它疼。我给你一个创可贴。那里。我们包扎伤口。);继续扭转蹦跳和翻动手掌;"不许跳。"

1991 年 4 月 1 日至 5 月 30 日

1. 强调代词课程

(1) 我的 / 你的,接受性。S^D:"触摸____"

(2) 他的 / 她的,接受性。桌上有两张照片,一男一女。
S^D:"摸她的(鼻子,等等。)"
"摸他的____"

(3) 以上掌握后,随机呈现。

(4) 我的 / 你的,表达性。S^D:"谁的衬衫?"

(5) 该你了 / 该我了,表达性。
使用"班比诺图片拼图"游戏。

2. 有人叫他名字时,以"什么"作反应

3. 用语言辅助和手指放在嘴唇上阻止仿说

"不许重复。"

4. 继续同样 / 不同课程

"___ 和 ___ 哪里一样？""___ 和 ___ 哪里不一样？"使用视觉辅助。

5. **尽可能使用常用语，掺杂一些适合年龄的俚语**

   "酷"，"好极了"，"哇"。

6. **荒唐概念**

   "这张图片哪里不对？"示范答案，强调"不对"这个词。

7. **复习介词 / 形状**

8. **哪一个不属于同一类？为什么？**

   使用系列画册：三种食品和一辆汽车，三个人和一个动物，等等。

9. **开始接受性的"怎样"概念**

   "这个怎样做？""你怎样玩这个游戏？""我怎样打开它？"多数情况通过事件教学。

10. **增加象征性游戏**

    角色扮演与先后顺序。利用"社区服务者"，如消防员灭火，警察追击强盗，爸爸给孩子做晚餐，等等。

    假装：把任何一个东西，如一块积木，当作汽车、飞机、三明治、青蛙、饮料、船等等。每个字表演一番，重点在"假装"这个词，帮助米歇尔理解它的含义。

11. **继续动词推理和演绎**

    帮助米歇尔开始讲故事。三个场景的故事。主要人物去一个地方，做一件事，或者看到什么东西，然后回家。例如："从前，有个小男孩去森林，看见一只黑狗。他把狗带回家来。完。"对每个故事问问题。"谁去森林了？他看见什么了？之后发生什么了？"

12. **继续字母和数字的学前准备工作**

13. **从第三方获得信息**

    三人在一个房间里，比如，教师、米歇尔、妈妈。

    教师：妈妈早餐吃的什么？

    米歇尔：我不知道。

    教师：问妈妈。（示范如何做）

    米歇尔："妈妈，你早餐吃的什么？"

    接着练习直到他有了这个概念，之后用更多的问题泛化。

14. **用故事书，开始问"什么时候"的问题**

    继续强调"为什么"和"怎样"。

    教师：引入更多实际的、真实生活信息：一天里的钟点、季节、假日、城镇的名称。

15. **"告诉我关于……"**

    使用图片、照片或者杂志。S^D："给我说说这个图片。"然后我们说，"告诉我更多一些。"我们用更开放式的问题促进会话。随后两个月，这个课程始终是重点。

16. **开始和马莉或丹尼尔一起在房间活动**

    让马莉或丹尼尔对某个游戏、故事、扮演情景或者活动感兴趣，他们给米歇尔做出了很好的榜样。他对他们越来越感兴趣，我们利用他的兴趣进一步促进他的学习。

1991年6月1日至8月31日

1. 继续画画课程

2. 继续讲故事与顺序

3. 强调"为什么/因为"

4. 强调故事推理

5. 用故事提问问题,"谁/什么/哪里/怎样/什么时间/为什么"

6. 观察学习与融入同伴

   继续与马莉或丹尼尔一起活动。一周有一天与朋友、艾维林的儿子埃里克有共同游戏日。指导游戏日,帮助他们分享、轮流。给他们示范彼此之间获得和给予信息。

   (米歇尔自发学习新语句的速度加快,治疗课进展顺利。现在没有更多的训练项目,目光接触仍然是强调的重点。)

7. 继续角色扮演与先后顺序

8. 开始定义某些词汇概念(语言学的概念)

   示范"____是什么意思?"使用一个发音重的词,然后示范问它的含义。定义要明确、简单,例句:"今天天气很湿热。'湿热'是什么意思?'湿热'就是'热和发黏'。"他有这个概念后,鼓励他问问题。

9. 继续训练灵活性

   顺利地从一个活动转到另一个活动。忽略任何哭闹和抗拒。保持多样性课程和活动。

10. 动词时态(表达性)

开始时分开练习,之后随机呈现:"你在做什么?""你刚才做什么了?""你要做什么?"

"你在做什么?"可以在任何活动中间提问。

"你刚才做什么了?"教师带米歇尔去了另一个房间,在那里和他做了一件很具体的事,例如,带米歇尔去了客厅,从客厅窗户往外看过下面路上的车流,再回到上课的房间。

"你要做什么?"用下面的结构方式提问:教师指示米歇尔做一件事。"米歇尔,去书房帮我拿一本书来。"当他要离开时,教师拦住他,问,"米歇尔,你要去做什么?"

显而易见,这个课程复杂一些,必须是在接受性地掌握和表达性地掌握后,才能随机呈现不同问题。教师协助他所有的表达性回答句式后,才可以辅助渐褪。

11. 创意性搭建

用乐高、橡皮泥、泥土做东西。

12. 保持一个话题

经几个转折后保持一个话题。引入过去或未来的事件。说一些不在眼前的事。如米歇尔需要,可利用一个具体的物品。

13. 找出句型难点,试用推断模式

比如,米歇尔总是在句子里略掉助动词。如果这样,做个游戏加以强调。使用儿乐宝玩具"我们的人"。示范说:"他在跳","她在睡觉"等等。然后提问:"你的人在干什么?"

整个课时时间,注意句式表达。强调"这样"、"如果"、"那么"、"两个都是"等等。

14. 继续所有的接受性和表达性问题课程

如"怎样"这个词,教所有的含义,"味道怎么样?""你怎么做的?""这是怎么玩的?"

15. 教师的活动引发自发的提问

例如：说，"我要做个东西。"辅助"什么？"这个词。

说，"哇，不！"辅助他说"什么？"或"出什么事了？"

边说，"嗯，你看看"，边看着不在他边上的一本书，辅助他过来看并问"什么事？"

教师假装在写东西、跳舞、找什么东西，等等。教他说，"你在做什么？"

16. 自由玩乐时间里让他知道有成人在旁边

继续强化目光接触。在他要求什么时前面说你的名字，或者有目光接触时，才给他要的东西。彼此讲笑话、唱歌等等。

17. 继续分类课程

哪个属于，哪个不属于？马戏团里有什么？一个学校、农场、便利店、卧室、洗澡间等等。

18. 猜猜看游戏

"我想到一个东西，会游泳，有鳃"，等等。

1991年9月1日至12月31日

继续观察学习、融入同伴、互动会话、提问技能、互动游戏和扩展句子结构的课程。与丹尼尔或马莉在一个房间一起活动。继续学前班字母和数字活动，看斑点画书，玩迷宫画和简易图板游戏，如"糖果乐园"、"缺什么？"游戏，玩过家家游戏，上"讲给我"的课程，讲故事，画画。实际上，这个时候任何课程都可以让他和丹尼尔、马莉或朋友埃里克一起做。鼓励他等候，互相分享信息和问题。与另一个孩子做观察学习的机会很多，要求治疗师为两个孩子设计好玩的活动，然后关注进展，协助他们参与彼此间的对话。到这个阶段，其他孩子成为米歇尔治疗课程的重要方面。

米歇尔的言语/语言重估

1993年2月

米歇尔已经五岁了,我们期待着他1993年秋季可以进入幼儿园。我们决定请马格丽·拉帕波特为他做一次言语和语言重估。她在1991年9月为米歇尔做过初次言语和语言评估。我们要求她通过客观的测试确定他的语言是否正常,是否有持续性进步,是否有真实的交流性。下面是她的记述。

在这个办公室,1991年9月我第一次见到米歇尔·莫里斯,那时他是三岁十个月。目前米歇尔每周五天下午上学前班,教师的报告说明他表现很好。莫里斯太太说他的现任教师描述米歇尔"天赋很高"。当前他没有接受正式的治疗。

评估结果

观察。米歇尔仍然呈现突出的注意力广度,而且没有分心现象,善于与人接触互动,完全是这个年龄普通孩子的目光对视。在大量的测试中,米歇尔非常合作,进行过程中表现得高兴和兴奋。在困难的问题上,他表现出很强、不多见的韧性。米歇尔通过预计到一个任务并编造问题问测试者本人,表现出他的创意和玩性。

听力:根据临床估计,听力在正常范围内。

周围言语机制……未发现异常。

发音:采用戈—佛发音能力测试(Goldman Fristoe Test of Articulation)。在首次评估中发现的许多发音错误现已全部克服。当前,除了有与年龄相应的替换发音,比如"th"与"s",米歇尔有轻微的单侧发音,如"sh"、"ch",偶然有爆破音后的"schwa"带有元音[ə]的多余发音。在不知晓话题时,他的理解力有轻微减弱。通过第二次重复后均可改正过来。米歇尔经纠正发音后可发出正确的"ch"音,并可去掉[ə]的多余发音,表现预后前景乐观。

在他面前的闪卡呈示，要求冲突式命名技能，戈—佛发音能力测试也可用于测试命名技能（词语提取）。米歇尔没有困难地快速呈现相关的名词和动词。

流利程度：临床未发现不流利现象。

发声：声高、合声、音质、音量和声调目前判断在正常范围。米歇尔在言语声调上表现良好的变化和表情。

语言：再次使用首次评估的标准仪器对米歇尔的接受性/表达性语言做测试，包括分析当前自发语言的事例，得分对比情况是，当前（2/93）与初次评估（9/91）。使用《皮博迪图画词汇测试（修订版）》（The Peabody Picture Vocabulary Test-Revised, PPVT-R）。此工具用于测试词汇理解能力，按年龄米歇尔获得 28 个月的分数增幅，比较初次测试分数增幅为 14 个月，显示米歇尔的语言知识增长速度远超过年龄平均水平。

	9/91	2/93
标准分数	114	122
百分位数	82	93
年龄分数	4-6	6-10

使用《语言理解听力测试（修订版）》（TACL-R）测试。在此工具测试上，在初次测量后的 14 个月里，米歇尔从 69% 跳跃到 86%。在理解详述句子上，目前获得优异的 97%；在理解语法词素方面超出平均值，但不如他的其他语言技能突出。考虑到米歇尔的总体恢复速度，若给予特别注意，这个相对弱点预计经过 6～12 个月将会克服。

	9/91	2/93
总分	69%	86%
词类与关系	46%	64%
语法词素	74%	58%
详述句子	80%	97%

通过伊利诺心理语言能力测试做了两个分项测验，分别是名词—动词组合理解和完成口语类比技能。同样，米歇尔呈现超过初次测试以来的 14 个月的增长，远高于平均水平。

	年龄分数（9/91）	年龄分数（2/93）
听觉接收	4 岁 7 个月	6 岁 3 个月
听觉联系	5 岁 0 个月	6 岁 6 个月

《学前语言测试工具》（PLAI）可以测试幼年儿童课堂要求应对能力。前次测试，米歇尔在第四组有关感觉推理问题上有弱点；本次测试，米歇尔的儿童会话技能所有分数均在强项范围。米歇尔当前使用语言解释和说明事情的能力仍表现与 14 个月前相同的弱点。测试者："你为什么拿这一个？"米歇尔："因为这个没有洞。"

	质量分数（9/91）	质量分数（2/93）
感知定位	强	强
感知选择性分析	略强	强
感知记忆	略强	强
感知推理	弱	强

米歇尔目前语言技能的非正式评估与上述标准分数一致，表现为丰富的表达性词汇，能够自发、灵活、创造性地使用语言。他的词汇量大，没有呈现困难；发声长度中位数明显超出年龄预期（5～6 岁儿童发声长度中位数为 MLU=6.6 个词）。米歇尔有许多包含 12 个词的发声长度的实例。他的语言内容反映了有关事物现象的高级知识，在下面的语言实例中，可明显看出有些早熟。

米歇尔：抹香鲸和大乌贼打，抹香鲸总喜欢吃掉别人。抹香鲸赢了。

测试者：大乌贼后来怎样了？

米歇尔：沉到海底死了！抹香鲸吃掉了大乌贼。你知道吗？它们只吃掉它，只吃掉乌贼的一条触须，你知道是怎么回事吗？

测试者：怎么回事？

米歇尔：它们要呼吸，水先从嘴里流出来，之后从鳃里出来。

测试者：鳃？

米歇尔：鳃。

测试者：你怎么知道这么多事情？

米歇尔：你说鳃的事？

测试者：是。

米歇尔：哦，在一本鲨鱼和鲸鱼的书里。书棒极了！

这个例子不仅揭示了米歇尔早熟的语言知识，而且也说明了他语言真实交流的性质，他的谈话不断地涉及听众，并把她加进来，比如："你知道吗？""你知道怎么回事吗？"还有"书棒极了！"我们就是期望有米歇尔病史的孩子有这样的发展，这段对话很生动地表现出他语言的进步。米歇尔在句子结构上的发展需要与他其他高度发展的语言能力平衡起来：不规则动词（swimmed, bited）用法时常出错，还有偶然的动词变化错误（"Every fish were"和"Know why he done that？"）。还有迹象说明，虽然他在"首先/最后"的瞬间关系的使用上没有问题，但在首先/最后的空间关系的使用上有困难。

诊断印象

自首次评估以来，米歇尔在交流技能上表现出令人印象深刻的进步。所有正式的测试分值均超出年龄平均水平。进步表现在口语、发音（言语的声调）和接受性/表达性语言上。重估揭示了他语言机能的灵活、自发和真实交流的性质。存在偶然的发音和句子结构不正常的情况。测试期间，他表现出罕见的兴奋、韧性和热情。

建议

莫里斯太太在家庭环境促进语言发展方面很有经验，建议她（在发现）偶然的语法（通常是句法）错误时，示范正确的用法。多数情况下，米歇尔对正确的语言表达敏感，自发的改进可能出现，6~12个月后可再次评估。

建议为他语言早熟、自然知识和学习热情而做出适当的儿童教育内容安排。

马格丽·拉帕波特硕士
CCC-SLP

数据收集与表格

下列图表里"课时1"指的是某个课程的开始日,不是指整个课程的第一天。换句话说,一个课程的"课时1"可以在2月5日;另外一个课程"课时1"可以在7月16日。

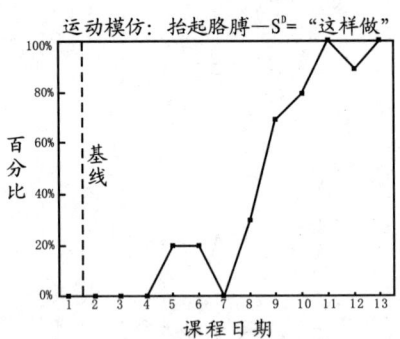

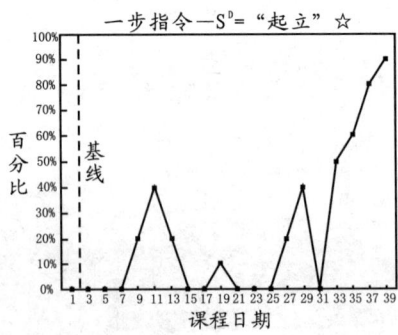

☆ 数据探查:每隔一天进行

马莉

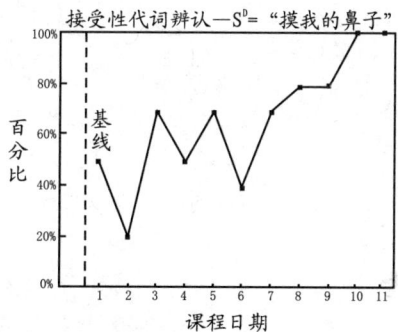

接受性代词辨认—$S^D=$ "摸我的鼻子"

马莉

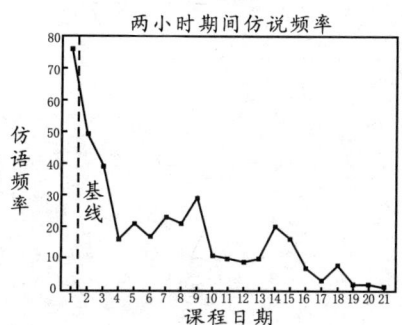

两小时期间仿说频率

行为减少图示

课程：每次她要重复说听到的话时，说"不许重复"并轻触她的嘴唇。

米歇尔

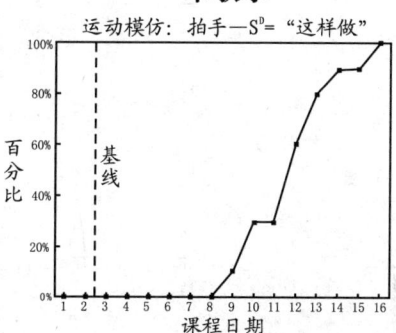

运动模仿：拍手—$S^D=$ "这样做"

译后记

《让我听见你的声音》一书在美国出版，已经是二十年前的事了[1]。在资讯进入网络快速传播时代的今天，把这本书译成中文，其意义何在呢？

同一个家庭诊断出两个子女有孤独症的概率极低。作者凯瑟琳·莫里斯，这位母亲和她的家庭却遭遇了这个人生不幸，特别是两个孩子生命初期似乎正常发育，开始有欢笑、咿呀学语，听到寓所大门开锁声音急着去迎接爸爸下班回来……一段时间后，他们开始沉默，生命活力和个性绽放戛然而止；他们没有语言，躲避目光对视，沉浸在自我封闭的世界里，没有对母亲的依恋、依偎……这样的家庭悲剧，今天仍困扰着数百万的家庭。美国最新的孤独症权威普查结果：儿童人群 1/88 有孤独症谱系障碍，亦有数据说 1/50 的儿童落入孤独症谱系障碍范围。人类历史上还没有任何其他神经发育疾病影响到如此大的人群。

更严重的是，孤独症病因至今不明。自利奥·凯纳于 1943 年把孤独症从精神病中分离出来、定义为独立病症以来，全世界对孤独症的研究和治疗尝试已有半个多世纪的时间，但在二十年前，人们对孤独症的了解仍然很少，几乎找不到相关的资料。是接受孩子的现状，还是拒绝悲惨的命运安排？凯瑟琳在她的书中给出了答案。

从凯瑟琳的叙述中，可以清晰地看出一条主线：在家庭悲剧成为现实时，任何父母都从难以接受，拒绝承认，悲伤、迷惘，到接受事实，采取行动。作为一个知识女性，她首先选择了理性和科学探索，然而疯狂地阅读医学资料没有让她找到答案，大量的逸事传闻、"治愈奇迹"丝毫没有带来拯

---

[1] 注：本书作者援引的专家、联系方式、机构等信息，经历二十多年其中许多已经变更，不能作为实际联系等用途。

救女儿的希望。在她的家庭最危急的时刻,医学无能为力,凯瑟琳诉诸信仰的力量。她的信仰使她坚定,绝不放弃。在各种文献资料和专家几乎一致指出"孤独症不能恢复"时,她并未放弃希望和努力,而是坚信自己的孩子能够恢复正常。

诚如凯瑟琳母亲给她的劝告那样,我们祈祷犹如万事求上帝,我们工作犹如事事靠自己。然而,凯瑟琳的探索要面对各种"科学",其中有一度在孤独症治疗领域占统治地位的心理分析各派疗法,例如"拥抱疗法"。对有家庭悲剧、急于拯救孩子的家长,特别是母亲,类似"拥抱疗法"的方法具有难以抵御的诱惑力,因为尊重—接受—爱的名义总能打动父母,而"治愈"的承诺又是孤独症儿童的父母一致的追求。精神分析师按照弗洛伊德的理论找出生命早期亲子联系失败是孤独症的成因,是母亲有意无意的情感冷漠造成孩子的孤独症;这样一切变得"简单了",无论孤独症孩子有哪些症状:无语言,自伤自残,生活不能自理,对父母没有感情依附等,都可以通过"亲子情感重建"得到"治愈"。如书中拥抱疗法的倡导者和实践者对凯瑟琳提到孩子的任何异常行为问题都是同样的回答:"就去拥抱她。"凯瑟琳一针见血地指出:"无论有什么数据发布,多少科学研究公布,这个谬论会永远流传下去。情感化和简单易行总会战胜复杂的真理。"

相比之下,行为干预没有给出孤独症病因的答案,而且它的强化干预、结构式教学、对良好行为的坚定和一致性要求,看上去"不近人情","违逆"父母对孩子的天然情感和护犊之情。在这种情况下,父母的质询是正当的:爱放在哪里?没有爱在其中,这一切还有意义吗?

经过各种挫折和打击后,凯瑟琳最终选择了行为干预方法。而这个选择,最初对她来说是痛苦、不情愿的。不像精神分析理论那样可以推理出一个孤独症的病因,行为干预理论并"不关心"病因,也没有如精神分析那样"关注"儿童的灵魂;行为干预着眼于孩子的行为改善。

如果简单追溯一下行为干预的历史,可能更让父母难以接受。它发源于达尔文和巴甫洛夫的实验方法,最初是原始的训练动物的方法。二十世

译后记

《让我听见你的声音》一书在美国出版，已经是二十年前的事了[1]。在资讯进入网络快速传播时代的今天，把这本书译成中文，其意义何在呢？

同一个家庭诊断出两个子女有孤独症的概率极低。作者凯瑟琳·莫里斯，这位母亲和她的家庭却遭遇了这个人生不幸，特别是两个孩子生命初期似乎正常发育，开始有欢笑，咿呀学语，听到寓所大门开锁声音急着去迎接爸爸下班回来……一段时间后，他们开始沉默，生命活力和个性绽放戛然而止；他们没有语言，躲避目光对视，沉浸在自我封闭的世界里，没有对母亲的依恋、依偎……这样的家庭悲剧，今天仍困扰着数百万的家庭。美国最新的孤独症权威普查结果：儿童人群1/88有孤独症谱系障碍，亦有数据说1/50的儿童落入孤独症谱系障碍范围。人类历史上还没有任何其他神经发育疾病影响到如此大的人群。

更严重的是，孤独症病因至今不明。自利奥·凯纳于1943年把孤独症从精神病中分离出来、定义为独立病症以来，全世界对孤独症的研究和治疗尝试已有半个多世纪的时间，但在二十年前，人们对孤独症的了解仍然很少，几乎找不到相关的资料。是接受孩子的现状，还是拒绝悲惨的命运安排？凯瑟琳在她的书中给出了答案。

从凯瑟琳的叙述中，可以清晰地看出一条主线：在家庭悲剧成为现实时，任何父母都从难以接受，拒绝承认，悲伤，迷惘，到接受事实，采取行动。作为一个知识女性，她首先选择了理性和科学探索，然而疯狂地阅读医学资料没有让她找到答案，大量的逸事传闻、"治愈奇迹"丝毫没有带来拯

---

[1] 注：本书作者援引的专家、联系方式、机构等信息，经历二十多年其中许多已经变更，不能作为实际联系等用途。

救女儿的希望。在她的家庭最危急的时刻,医学无能为力,凯瑟琳诉诸信仰的力量。她的信仰使她坚定,绝不放弃。在各种文献资料和专家几乎一致指出"孤独症不能恢复"时,她并未放弃希望和努力,而是坚信自己的孩子能够恢复正常。

诚如凯瑟琳母亲给她的劝告那样,我们祈祷犹如万事求上帝,我们工作犹如事事靠自己。然而,凯瑟琳的探索要面对各种"科学",其中有一度在孤独症治疗领域占统治地位的心理分析各派疗法,例如"拥抱疗法"。对有家庭悲剧、急于拯救孩子的家长,特别是母亲,类似"拥抱疗法"的方法具有难以抵御的诱惑力,因为尊重—接受—爱的名义总能打动父母,而"治愈"的承诺又是孤独症儿童的父母一致的追求。精神分析师按照弗洛伊德的理论找出生命早期亲子联系失败是孤独症的成因,是母亲有意无意的情感冷漠造成孩子的孤独症;这样一切变得"简单了",无论孤独症孩子有哪些症状:无语言,自伤自残,生活不能自理,对父母没有感情依附等,都可以通过"亲子情感重建"得到"治愈"。如书中拥抱疗法的倡导者和实践者对凯瑟琳提到孩子的任何异常行为问题都是同样的回答:"就去拥抱她。"凯瑟琳一针见血地指出:"无论有什么数据发布,多少科学研究公布,这个谬论会永远流传下去。情感化和简单易行总会战胜复杂的真理。"

相比之下,行为干预没有给出孤独症病因的答案,而且它的强化干预、结构式教学、对良好行为的坚定和一致性要求,看上去"不近人情","违逆"父母对孩子的天然情感和护犊之情。在这种情况下,父母的质询是正当的:爱放在哪里?没有爱在其中,这一切还有意义吗?

经过各种挫折和打击后,凯瑟琳最终选择了行为干预方法。而这个选择,最初对她来说是痛苦、不情愿的。不像精神分析理论那样可以推理出一个孤独症的病因,行为干预理论并"不关心"病因,也没有如精神分析那样"关注"儿童的灵魂;行为干预着眼于孩子的行为改善。

如果简单追溯一下行为干预的历史,可能更让父母难以接受。它发源于达尔文和巴甫洛夫的实验方法,最初是原始的训练动物的方法。二十世纪二三十年代，行为主义的代表人物桑代克、华生、斯金纳等人进一步推动行为科学的研究和实践，摒弃在心理学领域的思辨传统，以实验和数据为基础，研究和证明人类的行为和学习法则。天才的推测、口若悬河的说服力在北美逐渐失去了影响力；证据、经验、实验方法、统计数据不仅是自然科学的领地，也开始全面渗透到心理学、行为科学领域。如果按惯性思维一定要找出它的哲学根据的话，那就是杜威的实用主义。尽管实用主义受到各种批判，也存在自身缺陷，比如可能抹煞少数天才（也有人说真正的天才总会像金子那样发光），但在多数人生活、学习和工作面临选择时，仍然是避免浪费时间、精力和金钱的最靠谱的办法。在一些人眼里，实用主义过于"眼界狭窄"，但对多数人来说，要求实用可避免许多虚妄、陷阱和诱惑。

斯金纳的研究和实验为当代行为科学干预孤独症打下了坚实的理论和实验基础。他坚持要求行为可定义、可测量，因此，有了行为变化的客观依据；而人们的行为，不是思维（或者是思维的外在表现）才是心理学的研究主体。在经典的条件反射基础上，增加了后果对人的未来行为的影响因素，形成了前提（Antecedent）—行为（Behavior）—后果（Consequence）三者的操作条件反射。他深刻阐明了环境、经历和经验对人的行为的影响，了解人类学习法则的视野由此被打开。斯金纳有关语言是人与环境作用的产物的语言和行为的功能性观点构成了行为干预孤独症的基石。顺便提一句，以大名鼎鼎的乔姆斯基为代表的认知心理学和语言学理论，曾一度让行为主义在美国受到"冷落"。过去十年，行为主义理论重新受到重视，这主要归功于它在孤独症和其他神经障碍干预上的广泛应用，也因此形成了高度发展的干预技术、针对各种孤独症谱系障碍的课程，以及测量、数据搜集、评估的完整体系。

瑞慕兰博士、洛瓦斯博士等一批专业人士的建树，为凯瑟琳的子女康复提供了科学依据，奠定了实践基础。他们的理论研究和实验成果最终结束了孤独症治疗方面精神分析疗法的统治地位，并以明确的证据、文献记载和第三方的跟踪研究证明早期的强化行为干预孤独症的有效性。

虽然国内没有孤独症儿童数量的普查数据，但依据发达国家的普查结果推算，中国孤独症患者人群，保守估计人数在数百万。这不仅影响患者本人，还影响到众多家庭和整个社会生活。与对弗洛伊德精神分析的介绍相比，国内的孤独症干预工作起步较晚，行为科学理论和方法还有待推广，人们对行为科学干预孤独症的了解尚处在初期阶段。《让我听见你的声音》是有两个孤独症子女的母亲的心声，她的家庭故事激励着世界各地[1]众多有孤独症子女的家庭，坚定信念，不言放弃；她的经历启示人们寻找和选择有科学依据、经验证明的干预方法；她的顽强拼搏告诉我们，孤独症的康复是一个艰难和曲折的过程，需要父母付出的爱、坚定的承诺、自身学习的毅力，并寻求真正的专业帮助。

北美人文和社科专业学习有个不成文的规定，作业和参考资料等一般不引述十年前的文献。《让我听见你的声音》一书不属于专业书籍，出版年代相对久远；然而，在北美孤独症行为干预专业学习课程计划里，这本书直到今天仍是必读书。凯瑟琳见证了两个子女有孤独症的现实，承受了巨大的精神痛苦，经历了没有现成答案的艰难选择，也亲历了希望到失望和重振希望的心路历程，最终战胜孤独症。经专家评估，她的两个子女恢复了正常。凯瑟琳的家庭故事感人肺腑，催人泪下。本书译者多次阅读这本书，每次都为这位伟大的母亲肃然起敬。感谢那些行为科学的先驱和实践者为改善孤独症谱系障碍开辟了一条有效的途径。如果前人的经验对类似家庭和孤独症儿童有帮助的话，或许就是《让我听见你的声音》出版二十年后译成中文的重要原因。

---

[1] 注：除了英文原版外，本书相继有德文、芬兰文、日文等多个译本。

关于作者

凯瑟琳·莫里斯使用化名写作。

关于译者

梁海军,海外华人,孤独症行为干预专业工作者。读者可通过关注新浪微博@自闭症北美信箱,了解译者的更多信息和有关孤独症的相关资讯。